警察叢譚

松井　茂著

明治四十年再版

警察叢譚

日本立法資料全集　別巻
1422

信山社

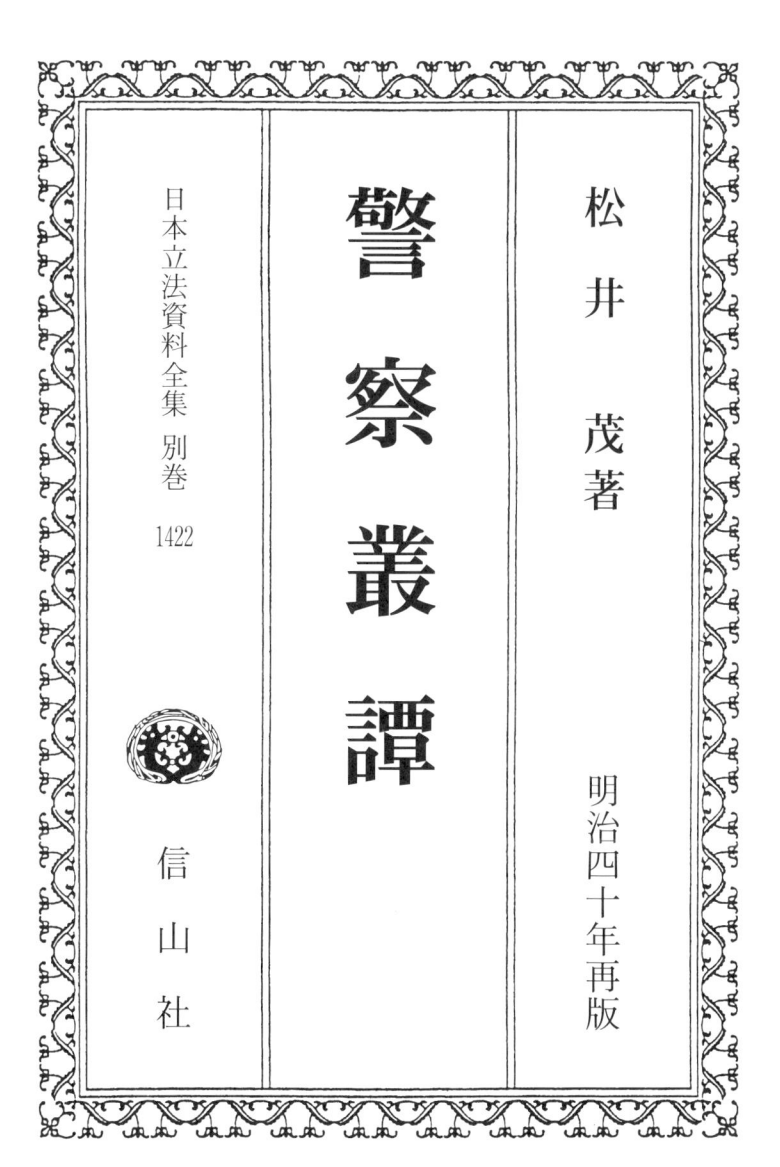

法學士　柗井茂著

再版

警察叢譚

清水書店發兌

警察叢譚

警視廳の騎馬警察官

清國保定府の警察官

英吉利國の警察官

佛蘭西國の警察官

獨逸國伯林の警察官

獨逸國漢堡の警察官

和蘭國アムステルダムの警察官

白耳義國プルツセルの警察官

序

國家行政權ノ作用ニ於ケル其最モ複雜ニシテ、且ツ最モ深ク臣民ノ利害ニ關係スルモノハ、警察行政ト爲ス。法學ノ範圍ニ於テ、最モ至難ニシテ又最モ趣味多キモノハ、警察法ト爲ス。警察ノ事ハ、行政上ノ實際ト學術上ノ理論トニ於テ、深ク研究ヲ要スヘキモノタリ。今世法學ノ各科ニ亘リ、專攻ノ士少カラスト雖モ、警察ノ實務ニ當リ、且ツ其學理ヲ攻究シ、造詣深キ者ニ至リテハ、未タ多ク其人アルヲ見ス。學友松井茂君ハ、夙ニ警察ノ學理ヲ究メ、兼ネテ警察行政ニ從事シ、獨特ノ經驗アリ、出テヽハ則チ警察官トシテ職務ニ鞅掌シ、入テハ則チ警察ニ關スル内外ノ圖書ヲ渉獵シ、專心警察ノ學ト職トニ盡スコト、十年一日ノ如シ、君ノ一身ハ、實ニ警察ト終始スト云フモ不可ナキナリ。君嚢ニ警視廳ノ要路ニ立チ、公務ノ極メテ繁劇ナルニ拘ラス、寸時モ學理ノ研究ニ倦マス、暇アレハ則チ講話ニ論文ニ、警察ニ關スル事項ヲ説述闡明シ、裒然積テ册ヲ爲ス、名ケテ警察叢譚ト曰ヒ、頃日諸レヲ梓ニ上サントシ、序ヲ余ニ囑セラル。余繙テ之レヲ見ルニ、此書ハ普通實務家ノ著書ノ如ク、單ニ事實ノ解説ノミニアラス、又世ノ學者ノ著書ノ如ク、徒ラニ學理ノ辯難ノミニアラス、其説述論究スル所、歐洲諸國ノ制度ヨリ、我國ニ於ケル各種ノ問題ニ及ヒ、事理詳悉、論述明晰、敢テ空斷臆測ニ流レス、行政上ノ實際ト、學理上ノ觀察ト、兩ナカラ兼ネ備レリ。是レ獨リ世ノ學者竝ニ實務家ノ攻究上、必要ノ好資料タルヘキノミナラス、實ニ世人ノ警察思想ヲ啓發スルニ足ルヘキヲ知ルナリ。余ハ常ニ君ノ斯學ニ忠實ニシテ、職務ニ熱誠ナルニ敬服スル者ナリ、因テ喜ンテ一言ヲ卷首ニ辯シ、以テ此書ヲ江湖ニ紹介スト云爾。

明治四十年二月上浣

法學博士　水野錬太郎

警察叢譚目次

警察叢譚目次終

警察叢譚

法學士　松井　茂　著

一　警察權の基礎

余が本書の劈頭第一に於て述べたいと思ふのは警察權の基礎である、是が警察を研究する人に付ては大層にむづかしい問題である。それで此事に付き、拙者日本警察要論にも紹介もして居るが、全體此事はオツト・マイエル氏が熱心に臣民の義務と云ふ方から說いた、詰り是は日本抔で警察法理を研究する上に於ても最も參考に供して宜い事である。所が余がこちらに居る中に、オツト・マイエル氏の說に少し分らない所があつた、氏の說に依ると、臣民と云ふものは安寧秩序と云ふことに、當然服從しなければならぬ、安寧秩序と云ふことが國家に缺けたならば、國家は成立が出來ない、國家の存亡問題になるのである、故に警察權の基礎は、安寧秩序と云ふことであつて、臣民は是非共此權力には服從しなければならぬ事柄である、詰り警察權の基礎を臣民服從說といふ樣な工合に、義務の上から說くのである、所が憲法の上に於ても、租稅の義務徵兵の義務と云ふものがある、租稅は勿論のこと、徵兵も矢張り國家の成立に關係するので、國民が兵隊にならなければ國は亡びるかも知れぬ、亡ぶれば兵役に服する義務も、租稅の義務も兎に角國家の成立に關する問題であつて、獨り警察ばかりに臣民は服從すべきものではないと、余は質問をした所が、マイヱル氏は大に悅んで言ふに、御尤も千萬な質問である、其事は斯う云ふ意味である、全體法律と云ふものゝ基礎は、いつも警察以外の塲合等、例へば徵兵とか租稅の事に付て强行し樣と云ふ時には、特別に法律が出て居る故、それが基礎となつて行く、それは安寧秩序に關係ある警察とは其性質を異にして居る、何せなれば警察は別々の法律が基礎とならなくても宜い、詰り此社會の出來事は、何時どんな事があるかも知れないので、實に警察の範圍は出沒奇變極りない、故に租稅や徵兵の樣に之を法律で以て、どうこうする暇がない、斯う云ふ類の觀念から、警察に對してては別々の法律なきも、臣民服從の義務と云ふ說があるのである。此說は大に重寶なる說で、實際家は餘程注意せねばならぬ、余は初めて法理研究會の席に於て、穗積博士よりマイエル氏の說の紹介を受けたとき、先生は君等の實際家に依り重寶な說を主張されてはと、笑つて居られたことがある。乍併余は著書にも書いて置た通り、此說に依り警察權の基礎を主張するのである、又警察監獄學校に於ける講義も、法令に牴觸せざる範圍内に於てと、第一期生には話をして、第二期生には法令に牴觸せざる限は、警察處分は出來ると云ふことを言つた。今茲に法令に牴觸せざる限りはと言ふ所の最も適切なる例があるから述べるが、先年濱口熊岳問題が警察取締上の事實問題として出た、是は刑法の明文には「妄りに吉凶禍福を說き又は祈禱符呪を爲し人を惑して利を圖る者」とあつて、利を圖ると云ふ場合には一種の宗敎警察として處罰が出來るが、此法文の適用にならぬ場合には、其加持祈禱が公安に害あるときは、別に法令を設けて取締るのが正當ではないかと主張する人もある、然るに別段法令を出さずして、濱口熊岳と云ふ者が安寧秩序を害するや否やと云ふことは、事實の問題であるが、今試に之を安寧秩序を害するものと認定し來つて其行爲を止めるとする、此場合に於てはオットー・マイエル氏の說の方面より論ずるときは、明治八年の太政官の達を基本として解釋を下すことになれば、一刀兩斷警察權の活動は生ずる、そこで何が太政官達であるかと云ふことは、多少議論もあるが、法律の樣な形式を備へて居る現行法と余は解釋する、即ち此達に依て警察官は安寧秩序を維持する權能を持つて居ると解釋する、蓋し警察官は危險を除去すべき責任を有して居るものである、そこで何が警察であるかと云ふことは、此達中に包含して居る、之を普魯西で言へば、丁度普通法典の第二編第十七章の第十條に該當するのである、そう云ふ樣な工合に、今假りに熊岳と云ふ者が公安上不都合なる行爲を致すと云ふ事があつたら、太政官の達を基礎として、此行爲を差止めると云ふ單獨なる……………固より此場合に於ても行政執行法の五條に依り、法令又は法令に基いたる處分と解すべきであるが、詰り此達には警察は何であると規定してあつて、警察官吏の權能で差止ることが出來ると云ふ論結を生ずる、余は普魯西へ往つて警察の實際上取調べた場合に、是はどうも伯林の警察規則には無い樣に思ふが、何に依て御處分になるかと言ふと、例の第十條と答へる、是は何である是も第十條と、實に屢〻十條の適用を聞いた、詰り警察命令がない場合には、單獨なる警察處分はそれで遣つて行く、それは先に述べたる警察權の基礎と云ふ理窟の上より言ふても、そう云ふことが言へるだろうと思ふ、余は此理由に依り太政官達に重きを置て、此の如き解釋を以て臨機の處分は、憲法などに牴觸せざる限りは單獨に警察處分が出來ると思ふ、唯た之が實際上に就ては餘程注意しなければならぬ。そこで我國の實際で斯樣に遣つて居るかと云ふと、斯樣の遣り方はしない、昔は何でも太政官の達を基として解釋して居たが、今日は殆ど原則として命令を發して遣つて居ると云ふ實況である、唯だ余も明治八年の太政官達は法文も多少不完全であると云ふことは信じて居る、故に今日此の如き論據にて處分することは、少くとも多少不穩當であると云ふことはあるかも知れぬから、可成法規を別に出す方穩當には相違ないと思ふが、必ずしも特別の法令がなくてはならぬと云ふことはない、それは内務省あたりの意向も、先づ其樣な方針であることゝ信ずる。兎に角オツト・マイヱル氏の說は、警察には格段なる所の法律の基礎が無くつても、警察の何物たることを示したる概括的の法律規定があれば、宜いことになるのである。

それから尚此警察權の基礎の法源に關する普通法典の第十條即ち我國の太政官達と云ふものに付ては、果して此の如き法文が必要であるや否やと云ふ問題は、頗る研究すべき事柄である、詳言すれば、例へば玆に質屋取締法と云ふ法律がある、こう云ふものを、勅令なり縣令で以て單獨に出すと云ふ權能は憲法上に認められて居る、然るに尚太政官達の如き普魯西の十條の如きものは、必要であるや否やと云ふに、此問題に對しロジーン氏は余に答へて言ふのに、縱し假令此警察の法令と云ふもの、即ち例へば雇人口入條例の如き單獨な規則があろうとも、別に根本として何が警察であるやと云ふ所の問題は規定して置く必要がある、故に此先決問題として、日本で言へば太政官達の如き所の警察權の基礎を定めて置く所の必要がある、是は尤千萬の事であつて、官制抔に警察とあつても、矢張何が警察であるやと云ふ問題は殘る、警察官のする仕事が警察であると言ふては、何が警察であると云ふことは分らない。

第二に余は少しく法理上より警察と消防との關係を一言しよう、消防は警察であるや否やと云ふ點は、頗る研究すべき問題である、消防が警察であつたならば、水防も警察であると云ふ論結を生じなければならぬ、消防は火を消すのである、水防は水を防ぐのである、火を消し水を防ぐと云ふ事柄は、警察の定義の仕方にも依るけれども、個人に對して如何なる强制力を施すものであるかと云ふ事柄に付ては、其要素が缺けて居る。スタイン氏ゲオルグ・マイエル氏などの定義に依ると、危害豫防と云ふ論點より警察を論ずるから、消防も這入つて居る、併し今日では歐米に於ては、實際上に於ても理論上に於ても、大體論の上から研究して、消防は警察の中には入らない。斯く言へば聽く人は或は異様の感覺を抱くかも知れぬ、何せなれば消防上家屋を破壞するのは何であるかの問題を生ずる、之は外形上から批評したる問題である、又交通警察として火事塲の取締をする、之は警察と消防との關係如何と云ふことを研究するに面白い問題である。先づロジーン氏の說を述べて見れば、同氏は消防は警察でないと言つた、然らば伯林に於ては、警視總監の下に消防が屬して居るが、之はどう云ふ譯だろうと言つたら、此塲合の警視總監は、警察權を持つて居る所の警視總監と云ふ意味ではなくて、法理上よりは、警視總監は必ずしも悉く警察の仕事ばかりを遣り居るとは言へぬ、詰り警視總監の職務は、實際の便利上より定めてあるのである、法律上の辭を以て言へば、此場合に於ては警視總監は、警察の長官と云ふ意味でないので、詰り消防の長官である。

それから此點に對して、マイエル氏の余の問に答へた處に依れば、消防は法理上警察でない、消防夫が家を毀つ樣な事があつたからと言つても、此消防夫其ものは警察權を有するから、家を毀つのではない、何ぜなれば家を毀つと云ふ所の行動は、警察權の活動である、故に其警察權と云ふものは、唯だ警察の權能を持つて居る者のみが出來ることであるからして、或は法の立て方に依りては消防權と同時に、警察權を持つて居ると云ふことも出來る、英國倫敦の消防司令長は火事場の交通遮斷權迄も有して居る、兎に角法理上より言へば、消防夫が家を毀つと云ふ樣なことは、別段に法令の基礎がない限りは、警察の手足となつて働きをするのに過ぎないのである、故に是は消防固有の職ではないのである、言葉を換へて言へば、執行警察官よりして、第三者たる消防手をして家を毀たしめると同じことになるのである。

そこで我東京の如きは、消防は警視總監の下にあつて、警視廳の一部になつて居る、乍併一般に歐米に於ける消防は、警視總監の下に立つて居ないで、市長の指揮監督の下に立つて居る、故に消防司令長と云ふ役も、市長の指揮監督の下に立つて居ると云ふ實況である、乍併余は實際論として大阪其他の大都會に於ては、東京や伯林の樣に、消防の組織を改めたいと思ふ。そこで東京の如き警視廳の指揮の下に立つて居る消防官は、警察としては如何なる權能があるかと云ふと、余は消防に於て家を毀つと云ふことに付ては、日本の消防士などは、消防する外に家屋破壞の如き當然警察的の權能をも持つて居る者であると解釋する、それに付ては日本の法文は不完全で、何が消防であるかと云ふことは頗る不明であるけれども、少くも慣習上から是までの實行上に付て考ふればそうなつて居る。そこで法理の上に於ても、警察權にて家を毀つと云ふ點までも、東京の消防士などには委任をされて居るものであると言へる、詰り消防士は官制上其權能を有して居るものである。或は反對論としても、消防士は此點に付ては、警察から委任を受けたのであると說く人があるやも知れぬが、是にはどうも同意が出來ぬ、乍併余の主張に於ても、消防手迄も警察權を有するものとは是認しない、是はどうしても警察の雇人とも稱すべき第三者であると解する方穩當である。東京以外の地方に於ては警務長なり警部が警察權を持つて居るので、消防の場合に家屋を破壞すること等の警察權に付ては問題は生ぜぬ、寧ろ消防と警察との關係は那邊にあるやの點は、頗る研究すべきものである、何となれば外形より言へば、消防は警察の一部分なるに似て居るからである、併し余は此場合に於ては、便宜上消防は警察の部に屬して居るので、法理上より言へば消防と警察は全く別物であると解釋する。

尙又獨逸などに於て、王國的消防士などの名稱の下に於て、消防手を指揮する權能は勿論のこと、家屋を破壞するが如き警察權を有するのは、恰も我國消防士の如き法理上の性質に屬するものであると考へる、詰り此場合に於ては、消防官は法理上消防權の外に、尙消防に伴ふべき一種の警察權を有するものである。

次ぎに消防は一の學問として之を研究し得るや否やの點に付ては、前に言ふ如く、法理上消防は警察の一部分であると言ふことはむづかしい。それで此點に付て余はラバンド氏に質問した所が氏の答へらるゝには、消防は警察でなくて一の技術である、然れば喞筒が何であるか、水管が何であるか、水管の使用如何、速力がどうであると云ふ様な工合に、機械學の上から之を研究し來たつたならば、是亦學問とも言へるでしようと言はれた。詰り學科に法科とか工科とか醫科とか云ふものがあるとすれば、消防は工科に屬するものである、工科も學問であると言へば、消防も學問と言へる、先づ消防に關する學問上の觀念は其位のことに致そう。

次ぎに第三に少しく述べて置きたいのは、國家警察と云ふことに就てゞある、先づ此問題を述べるに先つて參考上どこの國がどう云ふ調子になつて居ると云ふことを、一寸述べて見よう、大きな處の市府には、警視廳と云ふものが置てある、それで獨逸でも伯林の如きは其一例であろう、そこで警視廳と云ふものは此獨逸の組織で言ふと、王國の警察であつて、詰り國の警察であつて、自治體の警察ではないのである、それで警視廳以外に自治體的の警察がある、即ち市長が警察權を持つて居る處が大層澤山ある。それで余が見て來た一二のそう云ふ例を述ぶれば、ウユルテンベルグと云ふ大きな王國があるが、其首府のスッツトガルトでは市長其ものが警察權を有して居る、それからハンブルグと云ふ大きな港があるが、其處は共和國の様な工合になつて居る一種の亞米利加風の處である、其處では十八人の元老を選びて其中の一人が警察の長官で、其下に又警察の部長が居るのである、消防もそう云ふ調子になつて居る、それで此組織は又一種の自治警察に屬すべきものである。それから次ぎに瑞西は矢張り共和國であつて、共和國の中にも州とも稱すべきカントンと云ふものがあるが、ベルンと云ふ處もチユーリヒと云ふ處も、バーゼルと云ふ處も皆一つのカントンである、所がカントンの警察と云ふものがあつて其外に又自治の警察がある、カントンの警察も國柄が共和國であるから、自治の警察である、乍併此カントン警察は又其下にある市の警察などを監督するから、此點より言へば國家警察に該當する。それから維納へ往つて見ると、維納に警視廳の設があつて警視總監は矢張り國の警察として權力を持つて居ることは伯林や東京と同樣である、乍併一般に警察の範圍と云ふことに付ては、處に依り區々になつて居る、全體余は維納などでも營業警察など云ふことは、當然警察にあるものだと信じて居つた、此點に付ては伯林や東京の警視廳では勿論の事で余は疑はなかつたから、維納の警視總監に面會したときも、先づ劈頭に那方は何が見たいかと言はれた故、私は執行警察刑事警察等は勿論のこと、營業の警察なども拜見を致したいものであると言ふた所が警視總監は營業の警察は警視廳で遣つて居ないから私にお頼みになつても其方はむづかしい市長が營業の事に付ては全く遣つて居るとのことである。其外白耳義のブルユッセルへ往つても市長が居つて其監督の下に自治的の警察を遣つて居る是等は唯だちよつとした例であるが以上の實例に依つても略〻實況は分ろうと思ふ此の如く歐洲に於ては王國的警視廳の外に甚だ多く自治的の警察がある王國的の警察と自治的の警察とは御同樣に餘程研究すべき必要なる問題である。此問題に付ては夙に日本でも是まで議論は澤山ある併し一概に日本の國家には自治的の警察はあり樣がないと言ふことは出來ない是は法律の基礎と云ふものから能く之を噛分けなければならぬ。それで是は日本もそうであるが市町村制に於て旣に市長が一種の警察權を持つて居る固より實際上には行つて居らないでも兎に角法律上に於て持つて居る傳染病豫防法の上に於ても市町村長と稱するときは自治團體でない場合であつて市町村長は官吏の資格である之に反して市町村とあるときは自治團體其物を指す場合である。そこで自治の警察と稱しても勿論市町村長等が自治體の性質上固有に警察の權能を有して居ると云ふ事ではない、然れば全體自治的の警察と云ふものは、警察の法理上に於ては、固有の警察の權力と云ふものを自治と云ふ人民相互の集りたる者が有する筈はない、此點より言へば自治の警察などと言ふことは、余は既に語弊があると思ふ、然れば自治警察として市町村長の警察權を有するのは法のきめ方に屬する問題である、詰り主權者が法律又は勅令等の形式に依り、市町村長に或權限を委任すれば、即ち其場合には自治體の長として當然警察權を行ふのでなくして、帝王の委任と云ふことになる故に、普魯西に於ては此の如き場合には、國王の名前に於て行ふのであると規定してある。例を以て言へば、玆に東京市に市長がある、市長は市の行政を握つて居る、そこで假に之に營業警察を握らせると假定したならば、此場合に於ては　天皇陛下が即ち其警視總監の職權の一部を御委任になると云ふことになる、然れば此場合に於ける市長は、自治團體の長と云ふ資格で警察權を行ふのではない、警察の機關として此權能を有することになる。要するに自治警察と云ふ意味は、自治團體の人が其國家の警察權を、國家から委任を受けて行ふと云ふ意味に於ての自治警察である、そこで論より證據に獨逸などに於ても、自治の團體の市町村長抔が警察權を持つて居るのは、法律の基礎に依て遣つて居るのであるから、少しも違法ではない。此點に付てはロジーン先生も余の質問に對し略〻そう云ふ返答をして居られた。そこで此の如き法理論は暫く之を措き、自治の警察と云ふものゝ利害關係如何と云ふことは、立法の上から大に研究すべき問題である、余がロジーン先生に貴下の居られる所のフライブルクの如きは、定めて自治警察でしようから、人民より選出したる市長が兎に角警察權を有して居ると云ふことであると、隨分警察權を行使するに當り、弊害もありましようし、中々純然たる王國的警察などよりは困難であると思ひますと言ふたら、先生は頗る此質問に對しては閉口の形であつて、余は終に要領を得なかつた、唯だどうもそう云ふこともあり得るだろうと思ひますと云ふ位の返答であつた、尤も是等の質問を學者にするのが間違て居たかも知れぬ。そこで日本は日本であるから日本としての此方の問題は言ふ迄もなく、今日の制度が最も完然であつて、純然たる帝國的系統の警察に如くものはない、余は一歩進んで巡査の俸給も國庫になることを主張する。そこで假令一歩を讓つて時世の進歩に伴ひ、我國に於ても自治警察が必要なりとするも、今日では尚其時期が早いと云ふことは疑ひない、實驗家は此等の利害得失と云ふことに付ては、能く研究する必要がある。我國に於ても立法論としては是迄も獨逸の如く郡長に警察權を持たした方が宜いなどと云ふ論もある、臺灣に於ける辨務署長の制度も、其理由であろうと思ふ。

終りに余は第五段に於て警察法を研究する所の材料に付て一言する、余は歐米に遊ばぬ前に於ては、警察法研究の機關は、餘程歐米に於ては完全であろうと思つた、殊に法理上の研究に於て然るならんと想像して居つた、然るに余の失望したのは曾て述べた通り其法理に關係する所の書物は殆どない、固より政治學研究者が種々の方面に於て、社會學に關係せる單獨なる著書を、大に參考すると同じく、警察を研究する者に種々の活材料は澤山あるが、是は警察の爲めに出來て居る書物でなき故、研究する者に於て咀嚼し之を警察的にせねばならぬ、それから警察に關する雜誌だが、矢張りそう云ふ譯であるから、獨逸に於ては特別なる學理研究上の雜誌は見當らなかつた。之に反して消防に關する研究雜誌は、余の知る丈けでも十五六册もある、尤も例外として一つ余も購讀者になつて居るが、行政官吏及警察官吏に關係して居る所の月刊の雜誌がある、是は伯林警視廳の部長たる高等書記官ドクトル・カウッと云ふ人が主筆になつて居る、此カウッと云ふ人は、警察法理を實地上より研究し、有名なるイルリング氏の行政官吏提携をも現今に於ては編纂して居つて、余も世話になつた人である。尤も英米などには實地上に關係する雜誌はある樣である、それで警察法理の事はどう云ふ風に研究して居るかと云ふと、學者は公法とか行政法とかに於て、極く大體を研究して居る位の事で、我國で言へば國家學會雜誌と云ふ樣な、公法や行政法に關する雜誌の一部分で、警察の執行權如何と云ふ樣な工合に、時々論文が掲載してある、だから其材料を發見するのは頗るむづかしい、本屋などに往つても中々個樣な類のことは分らぬ、自分で注意する外仕方がない。余がラバンド氏とオットー・マイエル氏、ボルンハーク氏などに就て聞いた所で、高が行政裁判所の判決例とか、或は公法に關係する所の雜誌、其他公法行政法等の著書位の事で、別段耳新い獲物もなかつたのである。其次ぎに警察を研究する機關としては學校であるが、彼の地には別段國立的の警察學校も無い樣である、それは必要を認めないからであるかも知れぬ、我國で一時警察監獄學校が出來たのは沿革も澤山あるけれども、兎に角美事である、乍併其當時に於ても我國には學校があつたから、彼の地より警察の方は開けて居ると言ふことは言へない、何せなれば其當時我警察監獄學校に聘せられたる普魯西警察中尉クリユーゲル氏は、彼の地にて言へば判任官である尤も判任官であると言つても、日本で意譯すれば高等官六七等位である、何故に意譯すれば高等官であるかと言へば、向ふでは高等官の等級と云ふものが少い、其クリユーゲル氏の如きは日本渡來の時は暫く措き、後には勅任官二等の待遇を受けたのである、我國にも外國の事情に精通せろ外務省があつて、段々取調の結果定めて此沙汰になつたのと思ふが、兎に角此點を以て見ても、警察中尉と云ふ判任官が、日本へ來ると勅任官になれると云ふのは、對等國とは言ひながら隨分位置の懸隔に相異があることに付ては、驚かなければならぬ。余はクリユーゲル氏とは至つて懇意の間柄であつたから、同氏の爲めには悅んだことであつたが、日本の警察官として衷心釋然たらざる點があつたのである、是に付ては當局者に最も警戒を願ひたい、警戒とは外ではない、互に充分に勉强して、そうしてしつかりした警察官の實を擧げ、世界卓絕の警察としたいものである。そこで警察を發達せしめ樣とすれば、充分なる素養もしなければならないと同時に、健全なる精神を養ふことが必要である、是等は悉く實際家の雙肩に荷ひて居る所であろうと思ふ、尤も彼國の警察と我國の警察との利害得失とか云ふ樣なことに付ては、此場合に於て述ぶべき限でない、日本警察に對する外人觀と云ふ題目の下に、日本の警察を外國人がどう云ふ樣に見て居るかと云ふことに付て、見聞の一端を述べて見樣と思ふ、尙東西警察の比較に付て、段々項を分ちて述ぶる場合があるであろう。

二　警察法の位置

獨立せる一個の學科として警察法を研究するの業は、可能的であるか不可能的であるか、是れ頗る研究すべき問題である。

遠く昔時の沿革に徵すると、警察即ち「ポリス」と云ふ事柄は非常に廣漠なる意義を有し、隨つて其關係する所の範圍も頗る多方面に涉るが、爾來年を經ると共に、學說の變遷も亦一ならずして、次第々々に其範圍を縮少し、現時に於ては頗る狹隘なる意義を表示するに至つたのである。

惟ふに是、單り歐洲先進國の沿革の然らしむる所のみに止まらず、我國に於ても古は實際警察の干渉すべき範圍が頗る廣漠であつたことは蔽ふべからざる事實で、現時の支那の警察の如き、又韓國の警察の如き、警察の方面から言へば、隨分澤山に他の部分を浸して居る事があろうと思ふのである。而して社會の進運に伴ひ、次第に分科的發達の傾向を呈する今日、吾人は宜しく學理上殊に比較法學上若は沿革學上より斯法の性質範圍を研究して、果して警察法が獨立學科として之を認むるに足るや否やに付き、確然たる歸着點を發見せねばならぬ。

從來警察學てふ名の下に於て一般に行はるゝ典籍は、汗牛充棟も啻ならざるのであるが、而も其内容に包含する所のものは、悉く廣義の警察即ち廣漠たる範圍に屬して居る、ベルグ氏の如き、フエルステマン氏の如き、モール氏の如き皆是ならざるはなく、今の所謂警察法理學なるものに至つては、之を一の學科として優に獨立の地歩を占むべきものなるや否やに付いては、尙未定の問題である。若し强て例外の例外として幾分かこの旨意に近き著書を求めたなれば、獨逸フライブルグ大學の教授ロジーン氏の手に成れる警察命令法論は、或は以て之に擬すべきである。今試に獨立的一個の學科として認め能はずと謂ふ學者に就て、其論の根底とする所を聞くと、本來行政法なるものは積極消極の二面を含み、而して所謂警察は其消極の方面で、當然行政の一部に屬するものであるけれども、其積極消極の兩方面は互に關聯するもので、實際上畫然之を分離し去つて、個々別々に研究することは到底言ふべくして行ふべからずと謂ふのである。

又他の少數論者即ち一般行政法中より警察法を分離して、獨立せる一の學科と認め單行的に研究し得べしとする者も、絕對的に消極の陣地に割據し、敢て分科の旗幟を樹つべしとは言はぬ、結局積極を客とし消極を主とし、兩々相濟ひ相補ふと謂ふに外ならないので、眞個に强制力の何物たるを彙類分析し、忠實なる斯學の擁護者として獨立獨步の新天地を開拓し、千載不磨の基礎を立つる者に至つては、余未だ之を聞くに及ばずして、實に斯學界の大恨事である。

余は曩に歐洲に遊び公法學の大家ラバンド氏を、獨逸ストラスブルグに訪ふて、質すに警察法なるものが、果して一個の學科として獨立的に研究し得るであろうか

否かを以てした、當時氏は答へて曰く、

警察と言つた所で、別段獨立して分離することは出來ない、全體警察の事を研究するのには國法學と行政法の事とを研究しなければならぬのは勿論の事であるが、尚經濟學の事に付て研究しなければならない、又夫等の中からして公共の利益と云ふ事をも考へねばならぬ、公共の利益と云ふ觀念を彙類分析して、警察の範圍を研究し來たつたならば、或は君の稱する意味の警察法學と云ふものも獨立したる學科として研究が出來ない事もなかろう。

云々と、元來ラバンド其人は、警察の定義中に於て、公共の利益と云ふ事を基本とせる人である。而して余は氏の敎示に付て殊に肺肝を動かしたのは、警察上の研究に關聯し、經濟の研究を忘るべからずとの一語である、此點に關しては近世經濟學者界の泰斗たるシエーベルグ氏の著書中にも、經濟學の一小部分として、警察の事項に論及して居る。

惟ふに警察と經濟の關係の須臾も離るべからざる事は、恰も紙に表裏あるが如く又は油の轂に於けるが如くである。試みに歐洲先進國に於て營業警察の任に當る者を見るに、這般の用意に至つては頗る力めたものである、例へば一の製造場を許可し、或は修繕を命ずる場合にも、先づ其建築部よりは建築の技師が行き、營業部よりは營業監督官が行き、又は其管轄警察署長が行き、共に現場に立會つて、規模の程度や、經營の繁簡や、乃至公安の關係等に就て各擔任する所の職務上から、親切丁寧の調査を遂げた上、互に所見を交換し、均衡其宜しきを得るに至つて、始めて設計施設を見ると云ふ調子で、其事を苟もせずして、國利民福に忠實なる總て此類である。憾むらくは我國警察社會の人たちは、從來多くは經濟の觀念に乏くて、殆ど風馬牛相關せずと云ふ風で、唯だ々々安寧秩序の字義にのみ偏着し、營業停止の命令の如き、往々當事者の苦痛損害をも顧ず輕々に之を處するの弊がある、此等は其影響の及ぶ所決して鮮少の談ではない、宜く大に彼に鑑み將來を愼むべきである。若し夫れ公共の利益と云ふ意義に至つては、果して何等の標準規矩に依り、之を判斷決定すべきかと言はゞ、そは所謂事實問題に屬し、風俗習慣に基き、其適合する所に隨つて之を定むるの外はない。

ラバンド氏の說は、巧妙頗る尊ぶべきであるが、實際未だ能く氏の主旨に根據して、警察法理の研究を實行した者がない、是れ豈公共の利益なるもの、之を學理上より彙類し分析し、碧然として大軛解くるの極所に達することの頗る難事に屬する爲めではあるまいか。

次ぎにストラスブルグ大學の敎授で、警察法理に關しては嶄新の説を唱へたる大家オツトー・マイエル氏を叩き、之に質すに同くラバンド氏に質せる所を以てしたが、氏の答ふる所は吾人の平素主張する所と頗る其軌を同くする所があつて、恰も幽谷に跫音を聞くの感があつた、其大意に曰く、

先づ消極的の事を主として、積極的の事を參考し獨立して研究する、殊に此警察權は、命令を發することも出來る故、能く法律上の境界を研究し何が執行權であるかと云ふことに論究し、秩序を立てゝ研究したならば、警察法なるものも一個の獨立したる學科として、研究する事は出來るであろう。

云々と、更に轉じてロジーン氏……此人はフライブルグ大學の敎授で、公法學其他の學科をも受持たるゝので、警察法を專攻し居らるゝと云ふ譯ではないが、斯學に關する著書ある爲め、一般に關する學者として推重し居らるゝのである……を訪

ひ同く此事を質した所が、氏は答へて曰く、

行政法の範圍と云ふものは、非常に廣漠なるものであるからして、段々分科し來ると云ふことは、時勢の變遷上當然の事である、故に未だ警察法と云ふものが、一般から一學科として認めるまでには至つて居ない所が、社會の進歩と共に別に之を研究する者も出るであろう。

云々と、氏の敎示は余に取つて無上の福音であつた、余は實に氏の敎示に接して、宛も暗夜岐路に立つて、前面一道の光明を認むるの感があつた。蓋し是漫然たる一座の偶語ではなく、頗る根底する所があるので、現に氏は之に關し獨立したる斯道の有名なる著書すらあつて、氏が此種獨創の見ある、固より怪むを用ひざる所である。

余は實に話頭を一進して、獨逸に於ける法學者で、專門的に警察法を研究する者ありや否やを問ふた所が、氏は曰く、

段々學士なども多くあるから、分割して修める人も出來るかも知れぬけれども、是まではない、唯だ余が出來るだろうと思ふのは、今や勞働者の問題とか云ふ樣

な類にしても、經濟學の方では段々別にして研究して居る次第であるから、警察の方も必ず進んで之を專攻する人が輩出するであろうと思ふ。

云々と、嗚呼是實に適切なる觀察である、惟ふに時勢の變遷は、斯道の學者を促して、漸く警察法の獨立に向ひ大に貢獻寄與する所あらしめんとしつゝある、吾人豈意を致さずして可ならんやである。

飜つて我國の學者界を檢すれば、曩には故末岡博士あり、今又一木博士あり、縱令晨星寥々ながらも、共に前後して警察法を行政法より分離し、之を一科の學問として別に研究するを得べしとして、大に其專攻に同情を表せられつゝあるのは、聊か吾人の意を强ふすべき所である。

之を要するに、余の思惟する所では、警察法の獨立せる一學科として之を行政法より分離するは、決して絕對不可能の事ではない、唯だ其研究の方法に至つては固より多大の困難あるを免れない、此點は豫め覺悟を要すべき所で、兎に角學者が警察法理を硏究する場合に於て、徒に狹隘の堡壘に跼蹐し、自ら眼界を縮少して偏屈の管見に流るゝ事は、世の爲めに甚だ取らざる所であるから、宜く廣濶の範圍に逍遙し、別に一個の天地を成し、自ら立つ所を定めねばならぬ、是れ實に時代の要求する所で、抑〻亦學者の天職である。

三　警察の定義

古來學理上に於ける警察の意義は、學者各其見解を異にし、區々一定しないのである、有名なるモール氏、スタイン氏の如きも、警察を以て公法中最も不明で且困難なる部分であると稱して、居る。

歐洲では、通常警察なる語は「ポリス」なる文字を以て之に充て、時代に依り其意義を異にしたることのあつたのは、之を法制の沿革史に徵して明かである。

我國では、警察なる語は維新後に始めて發生したるものであるが、昔時でも警察行政の存したと云ふことは、固より玆に論を待たない所で、行政の分化せざりし爲め、他の行政と混和して居つたと云ふことは明かである。

歐洲では、中世の末葉に當つて、國家は一般干涉主義に據つて、當時の警察學は、實際上國家學の範圍を盡し得ざりしにも拘らず、警察學は國家學と同一なりとの說をなすに至つた、夫れ故に逐次大なる錯雜を來して、或は警察法は公法に等しと謂ひ、或は警察學を以て財政學と混同し、或は財政學及經濟學を除きたる外、凡ての內務行政を包含すと稱する等、學說の統一する所を知らなんだ、而して此終りの見解は、ホイン氏及デラマレー氏に依て祖述せられ、ユスチー氏及ゾンチンフエル氏に依つて唱道せられ、ヤーコツプ氏及モール氏に依つて墨守せられ、近世に至るまで其說を湿くするに至つた。蓋し歐洲に於て警察學の行政學と其區域を同くするに至つた所以は、當時國家施政の方針に於て、之を明かにするを得べきのである、何せなれば「ポリス」なる名稱の始めて起つた時代を考ふるに、社會は漸く封建制の時代から自治制の時代に進み、そうして保安及秩序の二者は、共に近世社會に於て實に必要缺くべからざるものであるからである、夫れ故に吾人は沿革上保安警察中に於て、內務行政の發生を見るに至つたのである。

ベルグ氏は今を去ること百餘年前、其著警察法論に於て、警察の定義に關し、之が二十四說を揭げた、而して今一々之が批評を試むるのは寧ろ徒勞である、之を硏究せんと欲するなれば、宜くベルグ氏、ブツテー氏、ヘンリチー氏、ゾーデン氏、ロツスヒルト氏、チムメルマン氏、フンク氏等の著書に就き、參照すべきである。余は便宜上是等學説を四種に概括して其正解を得ざりし所以を畧述するであろう。

第一種の學説は、國家警察の定義及目的を究めずして、徒に警察の範圍を探究せんとするにある、即ち此説は消極的から見解を下したるもので、警察に屬せざるものを指示する方法を採つて居る、例へばラムプレヒト氏及ドライス氏の如きは、行政中司法宗教財政に屬せざる部分を以て警察であると稱する、又モルゲンステルン氏は、警察とは司法以外に於て人民の利益を進むるものであると言へるが如き即ち是である。

第二種の學説は、定義を掲げないで、警察組織の數を列擧し之が説明を與へた。レッシヒ氏は曰く、警察とは、善美秩序風儀……の點に於て注意すべき國家秩序の制度であると、尚此種に屬する學説を唱へた者は、ロッテック氏、チムメルマン氏、エッセル氏等である。

此の如く漠然として、警察の範圍を定めんとする如きは未だ學理上の進歩せざりし一端を窺ふべきである。

第三種の學說は、定義に於て論理上の誤謬がある、殊に定義を解するに、或は廣義に失するの弊がある、即ち之を廣義に解する者は、警察を以て權利の保全をも含有するものであるとして居る、例へばモーゼル氏の如き、ゾンチンフエルス氏の如きは是である、乍併權利を保全するは警察の目的ではなくて、司法の目的である。又ゲルステツケル氏の如きは、警察の意義中に總ての財政をも含有せしめた、然れども是亦廣義に失するや論を俟たないのである。

マンナー氏は、警察を論ずるに當つて、獨り國家自體に著目し、個人を顧みざるの弊がある。又スタール氏の單り公安に遵據し、個人の利益に關せずと說ける如きは、皆是警察を解する狹きに失するものと言ふべきのである。

第四種の學說は、國家の目的を誤解するに出たものである、而して其中最も普通に行はるゝものは、人類全體の定義を以て、國家の目的とするにある、乍併所謂國家の目的なるものは、到底統一を保つべからざることは欲望し得ざる所である。

右に依り余は古來警察に關する學說の一般を論究したから、是より進んで輓近に於ける警察の定義を批論して、終りに鄙見を吐露しようと思ふ、即ち近時に行はるゝ警察の定義は、先づ之を五種に大別することが出來る、內務行政說、目的說、手段說、危險說、自由制限說が是である。

第一、內務行政說　此說は前代に一步を進めた學說で、モール氏、スタール氏、に依りて主唱せられモール氏は其著警察學第一卷（第六頁參照）に於て警察の定義を擧げて曰く、警察とは、國權を應用して人民の適切なる生活力の發達に及ぼす權利の毀損に非ざる、外部の障害を除去することを目的とせる行爲及造營物を總稱するので、而して其所謂障害なるものは、個人若くは團體の除去し得ざるものでなければならぬと言ふて居る、然ればモール氏の說に從ふと、警察とは消極の目的を有するもので、即ち人力に於ける種々の發達の妨害を防ぎ、又個人若くは團體でなし能はざる場合に於て存すると言ふのである。乍併氏は又公安を積極的に增進せしむる爲め、造營物の事をも含有せしめた、是を以て之を觀ればモール氏の見解に依れば、凡ての國家的行爲中公安を進むるものは、即ち警察であると言ふのである。蓋し公安を維持するには、司法と警察との二者を管掌せば、凡て內務の行政は終れりと稱し、而して氏は財政及軍政なるものは、間接に公安上に關するものであると說明した、夫れ故に氏の論ずる所に依ると、警察とは內務行政と全く一致せるものである。

スタール氏は曰く、警察は國家行政中最も範圍に富むものである、人間生存の目的及利益なるものは皆警察に屬し、殊に警察の積極的義務である、之に反して司法は、唯だ維持若くは恢復を目的とし、唯だ損害の塲合に於て存在するのである、財政は制限的で無限たる能はざるもので、又軍務は唯だ權力を有し、必要なきときに於て之を用ひることの出來ないのである、而して單り警察に於ては、特種の政治的行爲が玆に存するものであると。

以上內務行政說は、其名稱に於て異れるが如くに、今や旣に陳腐に屬して居る、蓋し警察なる意義中には强制なる要素の伴ふべきもので、所謂增福警察の如きは、今や之を國家の管掌事務と稱するに至つた。然れば內務行政の全き行爲は、管掌事務及警察事務より成立するものであると言ふべく、而して此區別はブルンチユリー氏に依りて始めて唱道せられたものである。

第二、目的說　此說は內務行政の全體に通ずるもので、警察を其目的に依りて他の内務行政と區別するものである、其說に曰く、警察とは公共の安寧秩序を保護するにありと、此說は始めてゾーデン氏に依りて唱へられ、其他の學者も秩序を維持するこ𛀁を以て警察の目的となし、以て他の內務行政の事項と區別するに至つた。

乍併此說は頗る漠然たる見解たるを免れない、何せなれば公共の安寧とは或は之を廣義に解し得らるべく、又之を狹義に解し得らるべき故である。又單に公共の安寧を目的とするの行爲を以て、之を警察なりと稱するのは、其當を得たと言ふことは出來ぬ、例へば往來に撒水するを以て警察と稱するのは間違ひである、何せなれば、此場合では其目的公安にありと云ふけれども、警察に必要なる强制と云ふ要素を缺くから、未だ以て警察と稱するを得ないからである。是を以て之を觀れば單に公共の安寧を以て目的とすると云ふが如き說は、頗る廣きに失する見解であると言はねばならぬ。

第三、手段說　此說に於ては、警察は內務行政と同一物ではない、又內務行政の特別の一部を指すのでもなくて、手段に依るものを謂ふのである、而して學者中此說を採る者は頗る多い、レンチー氏の如き、ラバンド氏の如き、マイエル氏の如き、ロジーン氏の如き即ち是である。而して此説はブルンチユリー氏に依りて始めて唱へられた、氏の説に依ると、警察とは全く一種の國家的及官署的の權力で、警察が必要に應じ公けの秩序及安全に對し眷顧するを言ふので、換言すれば、國家が茲に必要缺く可からざることを規定するが爲め、命令及禁令を發するは、即ち是警察の問題で且本義であるとするので、氏は又説をなして、警察とは或意義に於ては即ち之を權力なりと稱するを得べしと言ふて居る。然れば氏の説に依れば凡ての行政行爲中、國家の命令し、若くは强制する權力の發生する所に警察ありと言ふのである、換言すれば、警察は國家强制權の應用なき所には存しないものである、此意義に於ける警察とは、公私の秩序を維持すべき必要ある塲合に於て現存すべきのみならず、又人民の文化及安全に對する眷顧は、强制力の存せざるに於ては、其目的を達し得ないものである、故に警察は全く行政中に侵入することを要する、乍併警察は全き行政その物ではない、故に警察は行政行爲の目的に從ふを要しないで、目的を達する爲め國家權力を用ふべき手段に關係するものである、之に依り警察は凡て公安を眷顧すべき範圍を含み、而して其中國家權力の命令及强制の存する所に於て、警察は玆に存するのである、乍併此説は廣きに失するの譏を免れない、何せなれば、强制ありと雖も危險なきときは、未だ以て警察なりと稱するを得ないからである、例へば租税の怠納者を强制するが如きは、强制なる要素はあるけれども、其直接の目的危險の防禦に非ざるが故、未だ以て警察なりと稱するを得ないのである。

第四、危險説　此種の學説は、ゾーデン氏の所説より脱化し來たつたもので、目的と手段とを併有して論究したるものである、此説はスタイン氏に依りて主唱せられたるものであるけれども、ベルグ氏、ウエーベル氏、ラウ氏の如きも、夙に害惡若くは危險を防ぐことを以て、警察の意義なりと稱して居る。

スタイン氏の説に依ると、内務行政中國家が其權力を應用して危險を防禦する行爲は、即ち警察なりと言ふて居る、氏は尙此意義を詳論して、警察は行政の一部である、殊に天然及人類が一個人及集合體に向ひ、人間生活に對して起す所の危險を防ぐものである、故に凡て警察の本義は、實に危險の意義に於て存するので、

（スタイン氏行政法提携第一九一頁參照）而して第一種の危險に對しては、之を防ぐ爲めに必要なる造營物を設くれば宜いが、之に反して、第二種なる人間の力に於て存すべき危險に對しては、危險を起すべき個人の意志を、國家の意志（即ち危險の行爲を禁ずると云ふの意志）に依り其實際上危險なる所爲に對し、直接の强制力を以て之を抑制するにあると。然れば氏の說に依れば、警察を以て內務行政其物となすのではなく、又內務行政の一部となすのでもなく、內務行政の全體に通ずる一部であるとするのである。

スタイン氏は、此の如く單に危險の種類に依りて警察の分類を試みたけれども、余は寧ろ其廣きに失するを憾とする。余の見解に依ると、單に天然力に對して抵抗するは、未だ警察なりと稱するを得ざるのである、何となれば、此場合に於ては、未だ個人に對する强制力なるものが之に伴はないからである、然れば國家が水難豫防の爲め堤防を建設するが如きは、是未だ警察の範圍に屬せざるものである。蓋し國家が警察として、若くは國家が天然の危險に對し、個人に向ひ强制の權力を用ひしときに於て始めて生ずるものである、而して所謂警察法とは、國家が個人に對抗すべき制規に就て之を言ふのである。蓋し所謂法域とは、唯だ個人に對してのみ存するもので、天然力に對しては單り權力の存するのみで、權利の生ずる所以はない。スタイン氏の如きも、後年に至り前說を飜して、强制とは凡て一個人に對し行政權の意志を行ふ爲めに用ふる方法を言ひ、自然の物に對しては强制なき所以を主唱する樣になつた。(スタイン氏行政法第一卷第三九一頁參照)

第五、自由制限說　此種に屬する學說に於ては、警察とは命令權の作用の一種類を指したもので、其目的を指したものではない、故に學者或は警察なる辭の代りに純粹なる命令と云ふ辭を以てする樣になつた。

オツト・マイエル氏は、警察の本義とは、國家が個人に向ひ其官府的權力を用ひ、公けの秩序を起さしむるにありとし、而して所謂公けの秩序とは、保安、安寧、健康等を指示し、又國家行爲にして純粹なる權力を目的とせざるものは、警察に非ざるなりと言つた。故に例へば道路に點燈するは、公けの秩序に關し、又施藥を分つは公けの健康を裨益するものであるが、權力の應用が之に伴はないから、未だ以て警察なりと稱するを得ないのである。(オツト・マイエル氏佛蘭西行政法第一六〇頁參照)

公法學を以て有名なる我穗積博士の如きも、自由制限說を唱へて、警察の定義を舉げて、警察とは權力の應用にして、直接に人の自由を制限し、其純粹なる制限は法律の希望する秩序を惹起するを云ふと言はれた。博士の所說に從ふと、治安は單り警察に依りてのみ保護せらるゝものではない、然れば警察とは直接に人の自由を制限することを目的とし、以て自由の制限は、他の目的を達する强行手段と區別したのである、例へば車夫に點燈を命ずるは、直接に自由を制限することを目的とする故、之を警察と稱すべきも、敎育を强ゆる爲め兒童に就學を命ずるのは、其目的は敎育にあつて、强迫命令は手段である、故に玆に所謂警察に非ざるのであると。乍併余の見る所に依ると、車夫に點燈を命ずるは、公益を保維し若くは危害を除去することを目的とするもので、自由制限とは警察の目的に、非ずして其手段である、博士の如き意義に依り我國の警察法を解したならば、適合せざることが非常に多きを見るに至るであろう。蓋し博士の意は現行法規を離れ、法理論として立論せられたもので、必ずしも現行官制の稱する所と符合せざるや論を待たないのである。

右に依り余は輓近學說の大要を畧述し畢つた、其他オット・マイエル氏の臣民服從說の如き嶄新の說があるけれども、是が批論は他日に讓り、試みに鄙見に依り、警察の定義を擧ぐれば、左の如くである。

警察は、國家が個人及團體の力の及ばざるときに於て權力を應用し、個人に對する强制に依り、國家及個人の安寧を維持し、以て人爲若くは天然の危險を防禦することを以て目的となすものである。

右に依つて警察の定義を分析すれば、左の如くなる。

第一、警察は個人及團體の力の及ばざる場合に於て、存在しなければならぬ。

人類は、國家なる團體に於ては、獨立自主の人格を有するものである、故に國民として最も尊重すべき所は、其自立心に富み、自ら助くることにあるは玆に多辯を要せざる所である、然れば國家が個人の力の及ばざるとき、若くは個人にして之に當れば非常の力を要する場合、若くは組合又は自治體に於て、政府の遂行し得ざる場合に於て始めて之に干涉すべきのである、故に例へば一個人が火災を禦がんが爲め、堅牢なる家屋を築造するが如きは、警察の本務に非ざるのである、然れども之を個人に放任するときは、火災の虞ありとせんか、警察は玆に始めて干渉すべきのである。

第二、警察は權力の應用である。

警察の法規は、悉く權力の關係である、蓋し警察は當然公法的の性質を有し、國家と臣民との關係を規定するものである、然れば警察とは、如何なる場合に於ても、平等の關係即ち權利義務の關係に於て存することはない、故に彼の營業免許を與ふる如きは臣民は之に依りて權利を得ると云ふのではなくして、寧ろ行政官に權限を與へたものであると言はねばならぬ。

第三、警察には、强制なかるべからざるのである。

故に其直接の目的は、危險の豫防にありとも、强制の伴はざるときは、未だ以て警察と稱するを得ないのである、例へば公共の安寧上藥劑を分配するは、其目的危險の豫防にありと雖も、强制なる要素を缺くが故に、未だ以て警察と稱するを得ないのである。

第四、警察は國家及個人の安寧を、目的とせざるべからざるのである。

所謂警察とは、國家が自巳又は其臣民を保護するの强制力を指示するもので、保護とは安寧を維持するといふに外ならない、我國現行法に於ても、明治八年太政官達行政警察規則第一條に於て安寧を保全するの語がある。然るに學者或は警察とは、其目的の安寧にあるや否やは主眼とする所に非ずと稱する者があるが、是は我國現行法制上に於ては、其當を得たと言ふを得ないであろう、或學者は憲法第九條を引用し論じて曰く、我國警察の目的は、單に安寧秩序を保維するに止まらず、更に積極的に臣民の幸福を增進するに在りと、乍併警察は憲法に所謂安寧秩序を保維すると謂ふの意義中に於て存して、幸福の增進と警察とは何等の關係を有せざるものである。

茲に國家及個人の安寧と稱したのは、警察は單り國家の安寧を保維するに止まらず、又個人の安寧を保維することのあるのは、沿革法理上の斷案に依り明かなことである。

第五、警察は、人爲若くは天然の危險を除去するを以て、目的とせざるべからざるのである。

故に例へば、租税の怠納者を强制して執行するが如き、若くは徴兵を免れんとする者に對して、强ひて之に應ぜしめんとするが如きは、其目的公共の安寧にあるけれ共其直接の目的何れも危險の防禦に非ざるが故に、未だ以て警察と稱するを得ざるのである。又玆に人爲の危險及天然の危險と稱した所以は前に論ずるが如く警察は又自然の危險に對し、個人に向ひ强制の權力を用ひることがあるからである。ステンゲル氏曰く、自由の制限なるものは、唯だ個人に對して行ひ得べきもので、天然力に依りて危險を防ぐの行爲は、個人の自由を妨ぐの目的に於て制限せらるゝ場合に於てのみ、存するものである、然らざれば假令危險を防ぐと云ふと雖も、是管掌事務たるに外ならず、蓋し天然上の危害とは、地震の如き、大雨の如きの類を指し、其性質の如何に依りて學術上の進歩に依り、之を除去し得べきもので、國家の權力に依つて除去し得ざるものである。

余の見解に依ると、警察の定義は大體上右の範圍內に於て之を論究し得べしと信ずるのである、然れども實際上の執務は、到底之と併行し得ざるのは、固より玆に論を俟たざる所である。若し夫れ現行警察法制上憲法との關係に於て、立法を要すべきものは、多々あるべく、隨て警察の定義に論究するは、法制の完全を待ち初めて之を試むべきの問題なるべけれども、是が立法に先ちて鄙見を陳述するのも、亦無益の業に非ざるべしと信じ、敢て淺劣をも省みず、茲に一言した次第である。

四 保安警察及行政警察の分類

警察の何ものたるやは、古來學說紛々未だ一定する所を見ない、乍併其目的の安寧を維持するときは之を保安警察と稱することは、殆ど疑を入れないものゝ樣である。而して所謂保安警察の目的を達する爲めには、國家は特別の官廳を設け、又は特に警察命令を發するの必要がある、蓋し保安警察の目的は、特種の危險に對し特別の方法に依り、團體を保護するに非ずして獨立の境域を有し、以て一般の公私法序を維持するにある、而して茲に所謂行政警察とは、司法警察に對して用ひるが如き廣義の意味ではなく、保安警察に對して之を稱へ、保安警察の如く獨立固有の機關を有するのでもなく、又固有の警察規則を發するのでもなく、唯だ特別の行政に從屬せる事項で、各種の行政に固着せる一部分をなすものである。然れば行政警察は、其性質上一般に治安を維持すると云ふのではなく、唯だ特種の行政の目的を達せんが爲めに命令若くは禁令を發するものである、それ故に行政警察は、其性質上各種の行政と共に學理的に規定せらるべきものである、何せなれば警察中此各部の權利及立法は、之に適せる行政事項の主義に依りて定まるものであるからである、例へば船舶警察は、船舶法なる特種の行政に伴ひ、狩獵警察は狩獵行政なる特種の事務に從屬する樣なものである。蓋し人力に依りて公安を害すべき危險の性質には、二種がある、一は人類の總合力に於て存し、一般治安の狀況に危險を及ぼすもので、而して此種の危險は其性質の頗る不定で、凡ての生活關係を含むものである。又其第二種に屬するものは、或る一定特種の行政事項を害すべき人類行爲に屬する危險が即ち是で、是が保安警察及行政警察の分類の因て起る所以である。此の如く行政警察は保安警察と異り、或る特別なる行政をなす爲めに警察を利用する場合に於て、之を稱するのである、然れば船舶警察狩獵警察の爲め、警察官吏の其事務に從事するは、保安警察として其任に當るのではない、行政警察として便宜上之が委任を受けたものである、故に船舶警察に對する責任は、內務大臣に屬せずして遞信大臣に屬し、府縣知事の發したる山林火入取締規則は、農商務大臣の訓令に基くもので、農商務大臣は其終局に於て責任を有するものである。

現行法では行政警察の意義が確然でない、明治八年の布告に依ると、行政警察の稱は、廣く司法警察に對して之を用ひ、行政警察中には廣く高等警察、衛生警察等をも含有する樣である。然るに明治三十八年四月に發布の現行地方官官制第十六條に依ると、第四部では高等警察、行政警察及衛生の事務を掌ると云ひ、明文上行政警察以外に於て、高等警察衛生警察あるを認め居る樣である、尚通俗的の用語に依ると、警視廳第二部の主管に屬する事務の如きは、一般に之を行政警察と稱して來た而して余の此に稱する行政警察とは、再び其意義を異にして居る。彼の從來我國に行はるゝ行政警察、司法警察の分類は、遠く佛蘭西の法制に基きたるもので、今や學理上陳腐の分類たるを免れない。蓋し警察は行政法の一部分で、司法と全く其性質を異にして居る、故に警察の分類は、學理上宜しく行政の範圍内に於て採るべき筈である、故に假令實際上警察官廳に於て司法警察事務を取扱ふことがあるとも、是便宜上の規定に過ぎないで、必ずしも學理上の分類と一致しては居らない、然れば刑事訴訟法に於て司法警察の名稱があるも、是實務上より此稱を附したのに過ぎない、尙假令今後明治八年太政官達中行政警察、司法警察の分類を廢せらるゝとしても、實際上に於ては毫も差支を生じないのである。若し夫れ保安警察を分けて、高等保安警察、及個人保安警察と稱する如きは、玆に論究すべき限りでない。

五　警察制度視察談

余は玆に全般に涉りて、歐洲警察制度の視察談を述ぶるに當りては、勢ひ多少の重複を免れないが、そは豫め世人の了恕を請はねばならぬ。先づ余は常に何時か機會を得たれば、余の平素研究に從事する警察法の研究が、彼の國に於ては如何になつて居るかを、直接に彼の國の當該敎授等に就き聽き質そうと思ふて居つた、我國に在ても多少此道に關する書物も讀まぬでもないから、此機會に於て其著者に面談し、直接質問を試み、尙進んで警察法理に關する著書の紹介をも受けたいと思つたから、兎に角此旅行に於ては、我專門學科の研究上に付て、多少稗益を得んと樂んで居つたのである。然るに其旅行は主として消防及警察の實地上の事を取調ぶべき命を受けたので、此僅少の期間では、固より既に其責務さへ盡くす事は出來ぬのである、然ればとて法理上の研究を無視することにもいかぬから、多忙中閑を偷み斯學に直接に關係せる敎授方を訪問したる次第である。

偖警察法理に關する著書に付ては、矢張り向ふへ往つたからと云ふて、別段に之に關係する一般の獨立したる法理上の書物とは、ロジーン氏の警察命令法論其他二三の著書の外は、別に紹介を得ることは出來なかつたのである、尙警察法に關する論文は、往々公法及行政法等の學理上の雜誌中に發見することは勿論、行政法及國法論等に於て警察法を併論することは、今更言ふまでもない譯で、然れば是等の點に付ては、唯だ是迄我國に於て想像したる點を、彼の地に於ても益〻確めたのである。

夫れで余は先づ警察法は獨立したる一學科として、研究することが出來るや否やと云ふ問題に付て、調べたが、此事は前に詳しく述べたから茲には暫く省略する。

余は是等の訪問に關して、最も感動したのは、ストラスブルグ大學敎授のオットー・マイエル氏に面會した時である、是れより先き余は比較法制學會の會長マイエル學士の紹介で、公法學の泰斗なるストラスブルグ大學の敎授ラバンド氏に面談し、更に同氏の紹介により、オットー・マイエル氏に面會し、警察に關する質問を試みた。然るに同氏の著書はこちらでも多少讀んだこともある故、折を得たらば直接質問せんと思つて居たので、ラバンド氏より同氏のストラスブルグに居らるゝと云ふことを聞き、大に喜んだのである。同氏は又遠き我國に於て、自己の著書を讀む者があるのを喜び、非常に親切に面談され、自己の研究の方法に關する經過までをも述べられたる程で、余も深く感じたのである。　同氏の居住せらるゝストラスブルグは千八百七十一年以來は獨逸領なるも、其以前は佛蘭西領であつた爲め、行政法の研究なども誠に面白ひ所がある、それに氏は法理の研究をするのには、又實地の方面から研究しなければならぬことを常に主張して居らるゝから、氏の言葉を聞くに自分は此實地的の研究を何時も採つて居るのである、即ち自分は此ストラスブルグに於て、公民より選擧せられた結果、市役所の助役になつて居る、自分は此職に選ばれて以來、實に研究上頗る多忙なる大學敎授の職を帶ぶるにも拘らず、暇さへあれば自分の著書を市役所へ持つて行つて、學理に照して實地上の應用を試み居る次第である、此方法にてストラスブルグに於ける現今の建築警察條例は、三年前に作つたのである、全體佛蘭西法に依れば、行政を執行する所の法の基礎が獨逸と違つて居る、故に建築の規則を此所へ布くと云ふても、佛蘭西行政の基礎から之を行はふとすると、今日の如き既に獨逸國法の下に屬する時代に於ては、執行上に於て非常に困難を來すことゝなる、詰り佛蘭西行政法としては、建築警察上の强制執行は頗る困難である、なぜなれば佛蘭西の規定に依れば、裁判所に於ては附加處分として建築警察に關する行政處分を施行する事が出來るも、獨逸法に依れば、裁判所なるものは、固より獨り處罰の事をのみ處理すべきもので、此の如き附加處分は出來ぬ、故に自分は市長が警察命令權を持つて居ると云ふ獨逸の警察行政の基礎に依り、市長の發布せる警察命令を以て、建築警察を執行する樣にしたのである、而して其現行法は即ち自分の起草に依るものなりとて、其法令を懇切に余に示されたのである。氏は尚又是が實地上の成績に付ては、自分の考へたる學問上の基礎より產出せる結果が、今日のストラスブルグの建築警察令として發表された所が、非常に實際上に適切なる好結果を呈したのである、尚常に此方法により行政法の研究をしつゝあるのであると言はれたが、是は實に吾々の最も注意すべき點であろうと思ふ。尚ロジーン氏オットー・マイエル氏等の著書に付ては、此等の人々に就て段々直接に質問をした點もあつたから、多少學理上の研究の利益も得ないではないそれから大學出身者其他高等試驗及第者と警察官との關係のこと抔も、我國の將來に於て多少の關係があると思ふて、少しは注意しても見たが、其點で最も感じたのは墺國維納である。即ち維納の警視廳では、刑事警察の部分に於ては、各〻專門を分けてあつて、其分け方が外よりも殊に細かく、其主任になつて居る人は槪ね學士であつて、或は高等官の試驗にも及第して居る人が、揃つて居ることも發見したのである、即ち詐欺取財は詐欺取財だけに關係する所の主任學士が居つて、其事件に付ては細大漏さず直接間接に從事して居る、又其隣りには掏摸の事に關係して居る者があると云ふ樣に種々に分けてあつて、是に付ては當該部長も其成績の良好なるを誇つて居つた。維納以外の塲所にも此等の主任のないではないが、此の如く分類を細かにしたるものはない、且維納は此の如く立派な人を用ゆる故、俸給なども他の處に較べたら隨分高いと言つて居つたが、其學士の先生は犯罪事件があれば、自ら日誌も書き又贓物の見別けもするし悉く直接に取調をして物の關係を餘程細かく調べて居る樣な模樣が見へた、全體此刑事主任に關係する樣な警部などの職は、一種の技能であるから、或は學士でない特種の採用の方法を以て、其位地に用ひる處が大分あちこちにあるかの如く見受けた、然るに維納に於ては此有樣であつたから、多少他より特色あることを感じた。以上は、刑事の主任に付ての事であるが、其他各部長等は勿論課長等は大抵高等の敎育を受けた者である、尚獨逸のハンブルグでも大學出身者の多いことを感じた、部長なるジレクトは勿論のこと、セナート(元老)中にもドクトルがある、又少くも書記官に相當すべきラートと云ふ役になつて居る人は、殆ど皆此ドクトルの肩書の付て居ることを見受けたのである、殊に余の最も世話になつた警察の部長ドクトル・ロッセル氏は、曾て刑事の長としてラートであつた人である。それから瑞西のチューリッヒもさうである。此處に於ける刑事警察の長とも稱すべき人は、矢張りドクトルで警察大尉の職を帶び制服さへ著して居る、又其上位に屬する警察及司法部長たる人はドクトル・ステーセル氏と云ふ人で、非常に余に好意を盡くした。次ぎに獨逸中にては稍ゝ田舍なるハイデルベルグの役場のアムツマンと云ふ役を帶びて居るベンデルと云ふ人に面會したが、此アムツマンと云ふ役は、ハイデルベルグ全體の警察の長官とも稱し得べき者で、矢張りドクトルである、乍併其下僚の執行官吏たる警部二三人は、最早系統を異にして居る尚又此アムツマンの上にオーベル・アムツマンと稱する上官、並にゲハイメル・レギールングス・ラートなる總長官がある、此人たちも皆ドクトルである、其オーベル・アムツマンなるドクトル・ホルデル氏は、我金井博士も懇意の人である。

それから和蘭ではアムステルダムでも、ロッテルダムでも、オーベル・コンミッショエルと云ふ役は、其他の國に於けるコンミッセールと稱する役名と異り、大層上位にある官吏で、殆ど警察の長官とでも云ふのであるが、此等は無論立派な高等官試驗に及第した人であることは言ふまでもない。何故に余が大學系統に屬する人がどう云ふ役になつて居るかと云ふことに付て言ふかと云ふと、つまり我國などでは、學士が警察官などになると、異樣の感覺を起す者もある、殊に學士とか高等官試驗の及第者が、警察署長などになることは、どうであるかと云ふことは、段々議論のある點である、そこで此警察署……警察署とて大小の別がある故一概に言ふことは出來ぬが……例へば維納などのコンミッショエルと云ふ樣な警察署の長官は、大分立派の位置であつて、其コンミッショエルの役にある者は、確かに學識のある人たちである、其警察署も大分大きいものであつて、其人は正式の帽劍なども著けて居ない、警察署も少し大きい警察署で、色々の取込んだ行政の方をやつて居る分は、大分頭にそう云ふ人が居る、故に警察署長に必ずしも學士は居らぬと云ふことは言はれぬのである。既に維納抔のコンミッショエルには、確かに其系統の人が居つた、之に反し獨逸伯林警視廳では、巡査本部の方は他の部と系統が違つて居つて、寧ろ日本よりは極端である。我國では一時警視廳の警察署長に法學士が三人居つたが、伯林にてはそう云ふ系統の者は警察署長には一人も見當らぬ。蓋し組織が我國と全く違つて居て、警察中尉とか大尉とか少佐と云ふ役になるのは、一種の任用の方法があつて軍人より採用することゝなつて居る。之に反し余の曾て遣つて居た所の警視廳第二部などに關係する者は、各〻學士でない所が、高等官試驗の及第者を以て澤山充てゝあることは、言ふまでもないのである、劇場だけでも一人の高等官試驗及第者の書記官が居る、森田君水野君などの知らるゝホッペー氏の如きも、曾て劇場主任たりし人である。それで我國などに於ては、又警察署と云ふものが伯林の警察署と多少組織も違つて居るから、或は學士なども必要である、必要であるから居られたことであろうと思ふ、全體我東京府下の警察署に於ては、なか〳〵色々の任務もあるので、强ち學士が不適任であると云ふことは決して言へないのである。

警察官出身者に關する事は此位にして、それから警察の組織に付て一言しよう、組織は色々國に依て違ふが、自治の警察と國の警察と云ふことの區別がさつぱり能く分つて居らぬ、又其區別は何に存するや、是は又充分研究すべきものである、是は隨分我内務省邊りに於ても、是まで澤山議論のある點である樣に見受けるが、つまり國の警察と自治の警察と云ふ事柄は、勿論立法論であるから、極め方に依つてどうでもなろうし、又所に依り時に依ての問題でもあるが、或はそうあるべきことかも知れぬが、最も余がそれに付て感じたのは、瑞西國の警察である。瑞西は沿革上から來たでもあろうが、カントーネン・ポリッアイと稱する一種の國の警察に類似する自治的警察の外に、ヲルヅ・ポリツアイと稱すべき自治警察がある、此兩種類の警察とて、チユーリツヒとバーゼル、ベルンとは各〻大分違つて居て、チユーリツヒの如きは、兩警察が軋轢して居る樣に見へる、チユーリツヒでは、別に市の警察が完成せるにも拘らず、一面に於て學士の人が、カントーネン・ポリツアイの長となつて執行權を持つて居る、併し此カントーネン・ポリツアイは即ち實際上司法警察に該當するものである、それでは市の警察は司法警察の方はやらぬかと云ふと、矢張り補助的にやつて居る、余は此兩警察の方へ行て取調べて見たが、或警察官は余にバーゼルなどゝ違つて、統一を缺いて居ると言ふて憤慨して居た、其意はどうかと云ふと、つまりカントーネン警察とか自治警察とか、何れにか任すとか任さぬとかどちらかへ統一したら宜しかろうと云ふのである、且單り當局者のみならず、一般にそう云ふ氣味があるのではなかろうかと見受けた。其他獨逸の色々の州に於ても、處に依り種々異る所を發見した。又維納警視廳に往つたとき、何が取調たいかと言つたから、余は殊に營業の方を見たいと言つたら、警視總監は維納の營業警察は警視廳の方には屬せぬ、市がやつて居ると言つた。こう云ふ調子で、あちらこちらに市が自らやつて居る事柄と、國がやつて居る事柄と、餘程沿革もあろうが區々になつて居ることを發見した。

我國に於ては市町村等に任せて居る自治警察は、實際上未だないのであるから、此點は前に言つた通り、是まで頗る議論の存する點で、社會の進歩と共に此國の警察と自治の警察は當然分かるべきものなるや、分かつとせば其弊害如何等は、大に研究すべき點であろうと思ふ。此點に付てはロジーン氏にも意見を聞いて見たが一體自治警察には弊はないかと問ふた所、其返答は唯だ立法論の如何に依るとの事で、明解されなかつた、即ち自治警察と稱するも、國王の名に依てやつて居るから法の上で言へば、自治警察上に於ける市長或は町村長は、矢張り國王の警察と云ふ方からやるので、自治警察でも、法律上から言つたら、矢張り國王の委任に外ならざれば、少も之を非難する點はないと言はれた。つまり氏は法の基礎に付ては、王の名に依つてと云ふことが元になつて居るから立法の基礎に於ては少も間違つて居らぬからと云ふ話を、段々して居られた。それは勿論本を讀めば能く分かることであつて、余の尋ねたのは、實は其主意ではなかつたので、立法論としてそう云ふ類の事をすると云ふ事柄が、實際の上から割出して、其結果どう云ふ工合にして居るかと云ふことを聞うと思つたのであつたが、そんな所まで話を進めなかつたのである。要するに國の警察と自治警察とに付ては、餘程我國でも研究すべき點であると思ふ。それから無論これも皮相の見であるが、日本の警察とあちらの警察とどんな工合であるかに付て、日本の特色として良い所があると云ふ點を感じたのは、どうも統一と云ふことは、あちらでは日本の如くよく行はれては居らぬ、日本では内務大臣の下に知事、警務長、警部を初め三萬幾らの巡査が從屬し、打つて一丸となつて、制服も全國一樣で、國家警察の利益として、内務大臣の訓令は、悉く全國中に行ふことになつて居る。之に反してあちらでは前に述べた如く、多くの場所に於ては、市長なり町村長が警察權を持つて居るから、制服の如きも、訓令の如きも區々になつて居る、勿論向ふでも、内務省令とか或は法律とかにて統一になつて居る規定もあるであろうが、概して我國の樣には行かぬ。然れば此統一的の日本警察は益々巧く發達させたらば餘程善さそうに感じた、其結果として全國統一的の警察學校のようなものも、日本にはある……今は一時經費の都合で無いが……のに彼の地にはそう云ふものもない、勿論巡査教習所の如き、其他或範圍内に於ける警察學校はある、又警務長會議の如きものも、彼の地にはない、詰り獨逸全體の警察官が集まつて會議をすることもない樣である。

それから余は全然保證することは出來ないが、大體廉恥心と云ふことに付ては、餘程日本の警察官の方が彼の地に比し宜しかろうと思ふ、現に歐米各國に於て余が目擊した所で見ても、巡査の禁を犯して竊に金錢を受くる者は多い。又米國紐育などの巡査は、巡行の途中で飲食をして居る者をも見受けた、要するに我國の警察に付ては段々向ふの人も褒めて居る、先年亡くなつたハンスと云ふ人は、日本に數年前參つて、獨逸文で日本の事を書いて居つて、近來其二版が出版になつたが、其人が日本の警察のことを批評して居る處に依ると、其人が青森に行つた時に、巡査及憲兵に接したるに、頗る面到なる取調を爲すの風あれども。概して少くとも世界に於ける卓絕したる警察の一に算へることが出來ると言つて居る。そればかりではないちよい〳〵日本通の獨逸人などに遇つて、我國警察の批評を聞いたが、皆評判が惡るくない、勿論不行屆の點も多少あろうが、そう云ふ點に付ては少くも、之を改良してやつたならば、必ず餘所に負けない警察になるのであろうと思ふ。唯だ我國では未だ行政警察の發達彼に比し頗る劣る所があつて、建築警察の如き交通警察の如き、營業警察の如き殊に、最も注意すべき點が多いと思はれる、余の曾て從事した二部長と云ふ位置などが、伯林などで調べると、少くも四五人位でやつて居る樣である、營業部には營業書記官、建築部には建築書記官が居る、其他各部の部長には大抵高等書記官が之に當りて居る、又劇場にしても其主任は一人の立派なる書記官があつて、事務を執つて居る樣な譯であるから、兎に角此點より見るも我國行政警察の劣つて居る點は明かである。次ぎに我國の司法警察も往々世間から攻擊もあるが、勿論完全ではない、先づ之に付て非常に感じたのは、刑事博物館と云ふ樣な物が、あちらこちらにあつて、此點に付ては漢堡及維納は勿論、伯林、倫敦等の外瑞西のチューリッヒにも大層立派なるものがある、又チューリッヒに於ては、其建物に付ても非常に大きな物がある、是は即ちカントーチン、ポリツアイを行つて居る所である、此刑事警察部には刑事警察官の懲戒室の備へさへある、又別に葡萄酒を飮んで欝を散ずる樣にとの趣旨で別室も出來て居る、余も警察長官と共に此室に入り、一杯やつて來た、兎に角チューリッヒの刑事警察に屬する建物の大なるには驚いたのである。 其他岡田博士などの調べられたベルチヨン式の人身測量法の成績は頗る良好の樣に見請けた、是に就ては余は詳に取調べなんだが、臺灣總督府の森孝三君は伯林の警視廳に於て熱心に取調べられた。 又倫敦では兩手の五指の細筋を黑肉にて捺して、其形が色々違ふものであるから、之に依つて犯罪人を發見する方法を採つて居るが、此點に付ては警視總監も兩三年の成績に依ると、頗る簡單で良好であると言つて居つた、之は英語ではフインガー・プリンチングとか云ふて居る。 刑事警察の事は其位に止め其他營業、交通、風俗、建築、工場等の警察、是等を擧げたならば、警察の範圍は極めて廣いことであつて、是等の事柄を僅一個年間で委敷取調べることは頗るむづかしいことであるから、余の研究方法は自分の是まで我國に於て警察の種々の方面に向つて疑つて居つた事が澤山あつた、其疑つて居つた事に就て直接に質問を試み、そうして滯在中は書物を讀むのは、別問題とするの主義を採つた。

序に風俗警察に付て一寸述べるが、檢黴のことは豫て倫敦にはないと云ふことは聞いて居つたが、單り倫敦のみならず、和蘭の如きも或時代までは行つて居つたが此頃は全く廢して居る、例へば風俗警察上最も有名なるアムステルダムの如きである、尙同國ロッテルダムの警察長官の如きは、法令の規定上檢徼するに非ずして、警察は諭告するなりと言つて居つた。又ハンブルグなども豫て我國に居る時に、妓樓を以て名高いかの如く聞いて居つたから、取調に從事すると、妓樓の道筋が總計九つ計りもある、余はハンブルグの風俗警察主任に向つて、ボルデル(妓樓の事)が君の處にはあると云ふことを、豫て日本で聞いて居たがどうかと言ふたら、答て言ふ樣、それは私の方にはない筈だと言ふて平然たるのみならず、余に反問して言ふに、貴國に於ては殆ど婦女はどんな女でも女郎などになることは、餘り不名譽とせぬと云ふことを聞いて居ると云ふ話であつた、余は申すに、それは以ての外の話である、余の處はどうも歐羅巴などゝ較べたら、風俗は餘程良い樣に思ふ、それは貧困にして萬已むを得ない憐れなる者などは、或はボルデルなどに至る者があるかも知れぬ、そこで余は尙重ねて質問するに、君の處にボルデルがないとすれば、風俗警察の事はどうなつて居るかと言ふたら、主任の答へに、私の處には別にボルデルは無れはそれでは夫れ、只だ席を貸すことに付て警察は認めて居ると言つた、そこで余はそれではそれで宜い、然れば此の如き家屋のある道筋は幾つあるかと言ふと、九筋あると答へた、尚警察の監督の下にある婦女は九千人もある、少ない時は六千人までになつたことがある、尚警察の監視以外に屬する者もなか〳〵多いと云ふ樣な話が往々出た。是より先き余は其前の晩に於て、或書籍店で風俗警察と題する書物を發見したから買ひたかつたが、戸が締つて居るので、翌日即ち風俗警察の主任に面會した後に、其店へ行つて買つたのである、すると其時余は其主人に此土地にはボルデルはあるかと聞いて見たのにありますともありますとの返答であつた、然れば警察ではそんなものはないと言つたのは、其土地の體面を維持する爲め、余に對する返答に過ぎないと云ふことを確めたのである。況や余は其後ブレーメンへ行つて警察の長官たるセナートに會つたとき、ブレーメン港は有名なる港であるから、ボルデルは必ず盛であろうと思ふがと聞くと、セナート先生答へて申すに、當地にはハンブルグの樣にボルデルは御坐らぬと述べた。それから余は余を案內さしたブレーメンの日本の領事館のケーニヒと云ふ人に就き、君の所にはボルデルが一筋あると聞いたが、果して然るやと問ふたら、然りと答へた。それから和蘭の方へ行つて見ると、全く變な調子になつて居つた。アムステルダムの警察も取調べたが、此風俗警察に付ては、非常に亂脈である樣に見受けた。

次ぎに警察と云ふものは、餘り人民の方面から褒められたりするものではない、警察が褒められる樣では餘り良い成績はないかも知れぬ、余は到る所に於て試みに人民の警察に對する感念如何といふことを聞いて見たが、何れも警察が人民に愛せらるゝ筈はないと言ふた。日本でも之と同樣で、一般に警察にある人が褒められると云ふが如きことはない、つまり俗に云ふ損の役である、然るに之に反して消防は、火を消し人を助けると云ふ役向であるから、日本でも同じ樣に一般に一種の同情を寄せて居る。

六　實際上より觀たる歐米警察官の種類

歐米に於ける警察官の種類の事を、一言述べて見たいと思ふが、固より之は學理上の分類と云ふ樣なのではなく、單に自分一己の視察上の感覺から、歐米警察の氣風とか外形とか云ふ樣な點を綜合し來つて、差當り「實際上より觀たる歐米警察官の種類」と名づけた迄である。

先づ自分は此觀察點より警察官をば、左の三に分類して見ようと思ふ、即ち第一は軍隊的の警察、第二は準軍隊的の警察、第三に公僕的の警察である。

第一、に軍隊的の警察と言ふのは、警察の組織其ものをば軍隊と同じ調子に取扱ふのであつて、警察官をも軍人其物の中より採用するのであつて、且氣風の上に於ても、姿勢禮式の類に於ても、又一歩進めて言へば、精神の入れ方迄も軍隊的である、斯う言ふのが第一の軍隊的の警察と云ふ意味である。斯う云ふ點に於ては日本の警察などは、未だ余の所謂軍隊的のものではない、獨逸の伯林の如き、或は漢堡の如き、皆此系統に屬するものと言ふべきであつて、巡査其者は六個年以上軍人たりし者でなくてはならない。又巡査を統御する警部即ち向ふの言葉で言へば、警察中尉とか、或は警察大尉とか云ふ如き、巡査を統轄して居る所の直接監督の地位に居る役向きの人も、是亦純然たる軍人から採用するものである、詳言せば曾て陸軍少尉でありたりしとか、中尉であつたとか云ふ者の中より採用するのである、尤も是は豫備の少中尉であるとか、現役の少中尉であるとか云ふ其區別は要らない、兎に角一の士官でなければならない、是が即ち軍隊的の警察の先づ大體の觀念である。次ぎに第二の準軍隊的の警察と云ふのは、即ち日本の如きものであろうと思ふ、形式の上から言つても、稍〻軍人類似の制服を着し、其他禮式の如き大に軍隊に類似の點がある、之を稱して余は準軍隊的と言ふのである。此系統に屬する警察も外國に於て澤山ある、例へば白耳義のブラッセル警察の如き、又和蘭のそれの如きも、余の感覺に於ける第二種の警察である、乍併一言斷つて置くのは、第二種に屬する所の警察と雖も、軍隊出身の者が澤山あることで、是等も準軍隊的の警察と言ふて宜いと云ふ感を抱いたのである。之を要するに和蘭の如き、白耳義のブラッセルの如きも、第一に屬することは出來ない、即ち感覺上規律の亂れて居る點から見ても、精神の入れ方の上から見ても、第一に及ばない、此點に於て余の感覺上の分類から言つたならば、日本の警察は第二の分類に屬するものであると言ふことが出來ると思ふ。

第三の公僕的警察と云ふものは、警察官は猶ほ一種の公けなる所の奴僕の如きものであつて人民あつて警察官があるのである、言はゞ人民の雇人の如きものであると云ふ觀念から、余は之を公僕的の警察と言はんとするのである、故に此方面から見た警察と云ふものは、嚴格なる態度と云ふ樣な觀念は、非常に薄いのである。

勿論學理上から言ふても、方今は警察の權力を有つて居る警察官であるかと疑ふ程、奴僕的警察を想像し得るのである、而して此公僕的の警察と云ふ部類に屬して居る者も頗る多いのである、例へば亞米利加の如きはそれである、又佛蘭西の巴里の棒を持つて、交通などを取締つて居る警察官吏なども、孰れかと言へば寧ろ第三種に屬する、又英吉利倫敦のコンステーブルの如き巡査も、矢張りそうである、試に人民に接する態度を見ても、如何にも公僕的警察であるかの如き感を惹起するのである。

次ぎに余が王國的の警察と言ふものは、一國の主權者が直接に警察權を有つて、警察と云ふものは國王その者の機關であると云ふ考を持つのである、是等の系統に屬するものをば、玆に所謂王國的の警察と言ふのである、例へば獨逸の如き各聯邦國に在ては澤山の國王がある、例へばウュルテンブルグ國王とか普魯西國王とか云ふ様な工合で、國王はそれ〴〵獨立して居るのである、而して警察の組織は各聯邦に依りて異つて居る、故に獨逸の警察を研究しようと思つたならば、獨逸帝國を總轄した警察法を研究することは甚だ困難である、例へば先年我國に聘せられたるグルユーゲルとか、コイデルとか云ふ様な警察官は、我警察監獄學校に於て敎授の勞を取つた事があるが、獨逸帝國の警察の事に付て講義をしたのではないので、普魯西王國の警察と云ふ點で講義したのである。是畢竟警察が王國的であるからである、此意味に於て、王國的の警察と云ふものがある、此所謂王國的の警察と云ふものは、我日本などに於て最も參考に供せねばならぬ所の警察の種類であると思ふ。次ぎに自治團體的の警察と云ふものは、國王其者が權力を應用して、統轄的の警察法を行ふのでなくて、自治團體其物に警察權を委任して、市町村長などが自ら警察の長となつて、そうして警察の事を行つて居ると云ふのが、玆に所謂自治團體的の警察と言ふのである、故に王國的の警察とは餘程趣を異にして居る、尤も法理上より言へば、矢張り國王から委任を受けたと云ふことになつて居るから、王國的警察であるけれども、實際上の分類としては、餘程觀念が違つて居るとせねばならぬ。

法理上の分類に於ては、一般警察（中央警察）及地方警察とか云ふ樣な類の分類があるが、王國警察とか自治團體的警察とか云ふ樣なものは、稍〻此系統に屬する者である、而して所謂一般警察と云ふものは、必ずしも茲に言ふ王國的の警察に限る譯ではない、何故なれば王國警察は一般警察の一部に外ならぬので、例へば瑞西と云ふ國は共和國であるから、一般警察迄も自治團體的であると言ふことが言へる、詳言すれば市町村があつて、之に屬する自治的地方警察があつて、それを統轄する所の中央機關たるべきカントーネン警察なる者がある。既に余は王國的の警察ありと主張したのである、然らば茲に帝國的のそれはあるかないかの問題が起るのである、然り自分は帝國的の警察あるのをも信じて居る、然らば如何なるものかといふに、帝國的の警察と云ふものは、我日本帝國の警察の如きであると云ふ事を深く感じて居るのである、全體此の如く國に依つて警察の組織と云ふものが異り、之と同時に世界には斯く迄多く種類の違つた警察があるものであるかと云ふことを、余は實地上の觀察に於て深く感じた次第である。抑も我日本の警察の觀念と云ふものは、種々の點に於て獨逸あたりに似寄つた所があると云ふことは、疑もない事實である、乍併全體此獨逸と云ふ國は、近世に於ては獨逸帝國と云ふ觀念も段々入つて來たなれども、警察までは獨逸帝國的と云ふ事になつて居ない、獨逸の國が帝國的としての行動は、例へば郵便の事務であるとか、或は軍隊の事であるとか、或は外交上の事であるとか云ふ事が、帝國的の組織となつて居るのであつて、其他の事柄殊に警察のやうな事柄は、縱令統一した所が、王國と云ふ方の系統より以上に上ることは相成らぬと云ふのが、今日の實況である、所で獨逸と云ふ國は、一體官吏と云ふ者が非常に尊ばれる所であつて、其官吏の中でも警察官とか、或は軍人とか云ふ者は頗る尊敬の位置に居るものと言つて宜いだろうと思ふ、何故に警察官が比較的尊敬の位地に立つて居るかと謂ふと、軍人と云ふ者は國家の干城であると云ふ觀念は、何處の國に於てもそうであるが、殊に彼の國に於ては、軍人と云ふ者は非常に人民から尊敬を受けて居る、而して警察官は此軍人の出身者であるから、そこで前に言ふ通り警察官に尊敬の意を表すると云ふものは、恰も軍人に對すると同じ樣な譯であるからである。畢竟彼の國では一度警察官になつた者は、少なくとも六年以上軍人になつた者であると云ふ系統になるものであるから、警察官は或意味に於て兵士よりも尊いといふ感じの起るも尤である。又消防官消防手と云ふ系統に屬して居る役も、同樣である、斯う云ふ譯であるから、警察などの觀念と云ふものは、餘程我國の警察官吏的の所がある、例へば名刺などの書き方が一つの適切なる例である、向ふでは必ず自治團體的とか、王國的とか云ふ事がやかましい、日本で見ると試に名刺を拵へるにしても、內務省で言つたら、內務書記官何の某とか云ふ、之を向ふの言葉で、上に形容詞を附けて云ふと、日本帝國內務書記官何の某と、斯う云ふ調子になる、それであるから一つの警察大尉と云ふ者がある、そうすると普魯西王國警察大尉何の某と書く、そう云ふ調子であるから、吾々の名刺までも、向ふの土地へ行つたならば、其國の事情に從ふと云ふ筆法から言ふと、矢張り日本帝國何の役の何某と云ふ調子に來なければならぬ。之に付て一つ面白い實驗談があるのは、例へば消防司令長と云ふ樣な役は、向ふの筆法から言ふと、伯林の消防司令長であつても、伯林と云ふ所は普魯西王國の一部分である故に、上に被るのは單に普魯西王國消防司令長何の某とするのである、それだから其筆法でやると、日本帝國の消防司令長松井茂となる、所が東京に於けるといふ事を拔かしたから、貴下は帝國一般を支配する消防司令長であるかと云ふ質問があつた、之は畢竟彼の國では、我國の如き帝國的警察の觀念がないからである。

それで日本の警察は、今述べたような類の王國的の警察でもなく、又大體に於て自治團體の警察でもない、飽くまでも日本帝國統一的の警察であるといふ此點が、恐らく世界に卓絶して居る組織であろうと思ふのである、吾々は警察の改良をする上に於て、常に此考を以て統一を圖つてやると云ふことを非常に努めなければならぬことであろうと思ふ。

此に於て乎余は、我國の警察の上に於ては、飽迄帝國的の警察と云ふ思想を注入皷吹する必要があると云ふことを信ずる、斯く言へばそれは言はぬでも帝國であると言はうが、それが今言ふ通り、世界には王國的もあれば自治團體的もあるから、我日本のには特に帝國的の警察と云ふことが、無理でない事になるのである。

兎に角警察の分類上に於て、此帝國的の警察と云ふものは警察上大に我國の特色ではないかと云ふことを、深く感じたから、此話の骨子といふ心持で、此事を一言したのである、尙仔細に實際上の觀察點から分類して見たならば限り無く警察の分類が出來るであらうが、玆には唯だ大體の事を述べたのである。

七　歐米の執行警察

余は玆に警察の組織のことに付て其概略を述べ樣と思ふ、余が彼の地に居つたのは、重に獨逸國で其中にも伯林には最も長く滯在して居つた、それに伯林の警察は、我東京の警察と類似の點もあるから、玆に先づ伯林の事を述べようと思ふ。今日の伯林警視廳の起原は、千七百四十二年即ち今を距ること百六十餘年前に、フレデリック大王の時であつたと謂ふことである、當時其建物は屠獸商より借用せられ、其玄關口には牛の頭が着いて居つたと謂ふことであるが、其後ベルアリアンス・プラッツ街より今日のアレキサンデル・プラッツ街に移つたのである、それで伯林人は警視廳のことを稱して、今尚オクゼンコップ(牛の頭)と云ふ綽名を付して居るのは、全く昔の沿革から言ふのである。　而して此警視廳は沿革の上に於て、昔は國王の警察ではなくして、市の警察に屬して居つたのである、而して千三百九十九年の市廳の記載に依ると、當時巡査のことは、之をビユッテルと稱して、家屋の所有主が之に對し雇料を支拂ひ、日傭人の如く取扱つて居つて、千八百九年迄は市長が警察權を有して居つたが、以來物代はり星移つて終に今日の如き完全なる國王的伯林警視廳の組織が出來たのである。此沿革を余が述べるのは外ではない、世界中警察の模範とも稱すべき伯林の警察でも、以前は市に屬して居つたと云ふ沿革を有するにも拘らず、遂に國立的警察でなくてはならないと云ふ、時勢の必要に迫まられて、今日の如き警視廳の創立を見るに至つたに相違ないと云ふことは、何より沿革が證明して居るのである。我東京などに於ても、往々市に警察權を附與すべきことを説く人があるが、大なる心得違ひであると思ふ。偖其今日の伯林警視廳は段々歩武を進めて、實に大なる建設物と成り、其宏大なることは、殆ど想像するに餘あることである、又官吏の事務を執て居る室ばかりが四百ばかりもあつて、其以外に物品帳簿の置いてある室は、尚其上に超過する次第である、此建物は三階造りで、警視廳に執務をして居る官吏でも、不馴れの新任者は、容易に自己の室を發見するに苦しむ程である、それであるから警視廳の案內記然たる室の番號及其氏名の刷物が出來て居る。又警視廳の内には、給仕たるべき巡査もあつて、室の所在を教へて呉れるそれ程廣き警視廳ですら、今や再び狹きを告ぐるに至つた、そこで騎馬巡査本部丈けは、警視廳所在地アレキサンデル・プラッツ街より、十數町離れたる他の場所に移轉の必要を認め、工事中であつたから、今日は既に移轉したに相違ない。

次ぎに警察官吏の分業方法は頗る整頓して居る樣である、例を以て言へば、劇場觀物場等の事務に從事して居る專任書記官がある、又それに附隨して居る輔佐官があることは言ふ迄もない、尤も劇場は吾々が我國に於て想像する樣なものとは雲泥の差があつて、其他之に準じて執行警察官に付ても、分業の方法は中々整つて居るのである。

執行警察の長官には、巡查本部長として警察大佐クラウゼ氏が多年就職せられ、同氏は既に七十有餘の高年に達するも、實に矍鑠たるものである、倘此警察大佐の下に、三十四年の十月新に警察少佐と云ふ役を三人ばかり置いた、此三人の少佐の分擔は、伯林市全體を分けて三つとした、之を軍隊的の言葉で言ふと三つのブリガードト即ち旅團と稱する、そうして其旅團長に此警察少佐が當り、副官として一人若くは二人の警察中尉が屬して居る、此警察少佐は、己れの管轄區なる旅團區域內を巡視し、日々警視廳にも出勤して事務も執つて居る、又自分の居る所の一種の官舍は其旅團區劃內にある。

其他此巡查本部の系統には、尙十九人の警察大尉、百三十七人の警察中尉、十五人の方面巡查部長、五千六十三人の巡查が屬して居る。

偖又各旅團は更に之を四方面に別つて居る、故に伯林總體に於ては、十二の部分に各方面の長として警察大尉が居る、又其十二の方面の中には、一方面每に八乃至九の小さい警察署が從屬し、其警察署長は警察中尉であつて、總計伯林に於て警察署が百二ばかりある。先づそう云ふ狀況であつて、方面監督署の建物はどう云ふものかと言ふと、日本とは模樣が變つて居る、第一借屋であるから、入口に通常の家屋としての番號の樣なものも出て居り、又看板も出て居る、其中に又第何番目の方面監督署と書いてあるから、吾々の眼には是が獨立したる警察官廳とは見へない、それから入口に這入つても、二階や三階に上つて、漸く方面監督署の札に接したる樣な譯で、甚しきは其事務室は僅に二つか三つしかなくて、警察大尉が事務を執り、一面に巡査部長が事務を執つて、小使らしい者が一人居る、それから此建物を同時に監督署長の官舍として居る。又警察署と云ふものも、是も大同小異であつて、隨分奇麗な物もないではないが、大概建物は古くて借家である、而して此警察署は通常二部に分れて居る、一つは事務を行ふ部分と、一つは警衛交通等外勤事務に從事する分とである、曾て彼の我國に聘せられた警察中尉クリユーゲル氏も、警察署の長であつた人である。今茲に一つの警察署に就き例を擧て言へば、ウイルヘルム街の警察署に往つたが、其處には四人の巡査部長と四十五人の巡査が居る、其四十五人の巡査の中五人は道路警察の事務には與らないで、內勤の事務に從事して居り、或は刑事警察上の輔佐をして居る、そんな工合に事務を執る人は極めて僅である、又巡査の監督に關係する帳簿があるが、是は上官が巡視したるときには、其旨を記して置くと云ふ遣り振りになつて居るので、是は警察大尉迄の人が巡廻の塲合に之に記し置くので、警察少佐とか警察大佐の巡視の場合には記入しないことになつて居る。

右の有樣であるから、兎に角余は伯林の方面監督署又は警察署の建設物に付ては感服しなかつた、尤も伯林も廣いから、もつと立派な所があつたかも知れぬが、余が案内された所は惡い方ではないと、案内者たる警察少佐ヘフテル氏は言ふて居つた、それですら尚且つ此の如き狀況であつて、其中事務の最も重なるものは、身分仕所の移動居或は傭人に關する事抔であつて、之が爲に人民は警察署に澤山來るのである。それから外勤上の事に付ては、交通警察が重なるものである、次ぎに方面監督署は警察署と異り、人民に直接すべきものではないが、警察署に對する訴願は、方面監督署に於て取扱ふことになつて居る、兎に角此方面監督署と云ふものは、人民に直接すべきものでなくて、其部下の警察署を監督すると云ふ趣旨になつて居るのである。

次ぎに獨逸漢堡は歐洲中警察制度の完全の聞へのある所であるが、此處にも余は滯在して取調をしたが、此處は金が多いから警察の設備も大仕掛にやつて居る、例へば建築警察及刑事警察に關係する事柄は、殊に注意すべき點である。偖此漢堡には千八百年にセナートと稱する元老が十八人置かれて、其下に夫々部長があつて、警察も其一人の元老の指揮の下に屬して居つて、其下にはポリッアイ・ヂレクトル………警察部長と稱する官があるのである、其部長はドクトル・ロッセル氏と云ふ人で、余も頗る世話になつた。

次ぎに巡査の俸給のことに付き一言しよう。先づ伯林の巡査の年俸は六百圓から八百圓迄で、其他百二十圓の宿料がある、又特別の功勞に依りては三十二圓五十錢迄は俸給を增加することが出來る、又巡査部長の年俸は百二十圓の宿料の外に、四百五十圓以上九百圓を得るのである、其他七十五圓迄加俸が出來るのである、又方面巡査部長は八百圓以上千圓以下の俸給で、宿料は百二十圓加俸は七十五圓迄である。先づ大體獨逸は何れも大同小異で、其中でも漢堡は善く揃つて居る、又巴丁王國ハイデルベルグ市は小都府であるが、それでも宿料百二十圓の外に七百圓以下の俸給を得るコであある、尤も此金額は日本の物價より論ずれば、左程驚くには足らない。それでも彼の地到る處に於て、警察官に就て取調て見ると、尚多少の缺員がある、伯林などでも缺員多きときは二三百人にも及ぶとのことであつた。又佛國巴里のガルヂアン即ち巡査は一等給より四等給迄あつて千六百「フラン」乃至二千「フラン」の年俸を得て居る、又家宅料として三百「フラン」、衣服料として百二十「フラン」を受けて居る。尚亞米利加の巡査は、一般に歐洲大陸の者に比して多くの給金を得て居る、是は同國では警察官の職務は危険であり又困難であるからである。次ぎに少しく瑞西の警察のことを話そう、余は瑞西に往つて、警察の組織を見たが、段々他の國とは違つて居る點がある、瑞西は元來共和國であつて、二十六ばかりのカントン即ち州があつて、各州には別々の法律が出來て居り、又瑞西全體には更に全體としての法律がある、恰も獨逸には帝國法律の外に各王國の法律があると同樣で、又獨逸には王國に對する警察と云ふものがあると同く、瑞西にも各カントンの警察と云ふものがあり、尚其外に市町村等自治團體に屬する警察がある。而して彼のカントン警察は、今や段々オルツ・ポリッアイ即ち自治の警察に職權を委任しつゝある狀況であつて、余の往つて取調をしたチユーリッヒの警察の如きは、今や昔と其趣を異にして、其所謂カントン警察は、獨り刑事の警察權のみを握つて、居つて、其他の行政警察は一般に自治團體たる市の警察に委任したのである。又同じ瑞西國内でありながら、バーゼル市とベルン市の警察とは又其趣を異にして居る、今試にバーゼル市の警察執行機關のことを言へば、伯林漢堡などと同く軍隊的の名稱を附けて居つて、一人の警察大尉、二人の警察中尉、一人の警察曹長、十四人の伍長、百四人の巡査がある、俸給も警察隊長は四千乃至五千「フラン」、曹長以下の俸給は獨逸抔に準じて相當の給金を取つて居る、余は瑞西警察の視察に付ては、殊にチユーリッヒ市に於てカントン警察に於ける司法兼警察部長ドクトル・ステーセル氏に非常の世話になつた、此人も伯林の巡査本部長と同く、七十ばかりの矍鑠たる老人である。

次ぎに澳太利維納にも暫時滯留して、取調をしたのであるが、維納の警視廳は、歐洲中有名なる警視廳の一であつて、此處では余は非常に親切なる待遇を蒙つたので、警視總監ハブルト氏には大に感謝の意を表さなければならぬ。偖此維納の警視廳は、役向の名前は伯林などゝ違ひ、軍人的名稱を附しては居ないが、軍人相當官と云ふ言葉を以て解釋して居る、例へば警視總監は中將若くは少將に該當するとか、部長は大佐若くは中佐相當官であると云ふが如き類である、此の如き説明を當局者がした所を以て見れば、維納の警察官は名前は軍人的ではないが、矢張軍人的觀念は多少這入つて居ると云ふことは推測が出來る。尤も維納の執行警察官は迚も伯林執行警察官の如き規律嚴肅なる軍隊的警察官と稱することは出來ないのである、維納では警視總監一人、三十三人の警察書記官、四十六人の少佐相當の警視七十六人の警視補(大尉相當)五十五人の警部、二十三人の警部補と稱すべき者がある。又巡査本部に屬する執行警察の系統官吏としては、大佐相當の中央警察本部長なる一人の警察書記官があり、其の下には三人の警部、十二人の方面警部等がある。

次ぎに佛蘭西巴里の巡査隊には、巡査の監督部長二十一人、警部八十人、巡査部長八百八十人、巡査七千百人あつて、尙此外に市兵と稱する者がある、此市兵は劇場の警衞などにも從事し、行政警察の任務にも當るから、其經費は市より支出して居るとのことである。巴里警察隊は其名義組織等は暫く之を措き、其擧動及精神行動より之を察すると、余は之を所謂公僕的警察と批評するのである。

次ぎに英國倫敦は一萬五千八百四十七人の警察官を有して居つて、千六百七十二人ばかりも政府建設物の爲めのみに從事して居る巡査がある、之はコンステーブルと稱し、其外形は軍隊的系統に屬するものではないが、中々親切なものである。

次ぎに亞米利加合衆國の警察は、最も公僕的の性質に屬するものであつて、警察は市の行政に從屬し、保安及秩序に關する警察官は、全洲概して其服裝携帶品等殆ど英國警察と類似する所がある。 亞米利加の警察官は、通常短棒の外に短銃をも携帶して居る、そうして巡査はフロックコートを着し、短銃は其下に帶びて居るから、一見すると亞米利加の巡査は武器を携帶せざる樣なれども一旦非常の事あるに當りては、一擊の下に短銃を以て武力を行使するのである。 亞米利加の巡査は、一般に世界中最も賄賂を以て有名なものであつて、吾々の眼には殆ど異樣の感があるのである、甚しきは盜賊と約束をして、其家宅侵入をさへ知らざる振りをして認めて居る事もあるそうだ、又甚しきは旅館や飲食店等に於ては、巡査は殆ど無料で飲食をして居る、現に余は紐育に於て路上に果物を食して居る巡査を見た、又亞米利加に於ては、多くの市府には公娼は認めて居らぬから、警察の裁量に任かして居る、そこで營業主などは警察官に多額の賄賂を與へて、其醜業を繼續して居ると云ふことである。

以上概略述べた所に依れば、歐米の執行警察機關は、軍隊的と軍隊的に準ずべき者と、公僕的の三種がある樣に見受けた。而して此等の區別は、氣風服裝及官名等の上に於ても識別することが出來るであろうと思ふ。余は我國警察官の爲めに其威儀の嚴肅なることは、伯林警察官の如く、人民に懇切なることは倫敦警察官の如く、精神的の鞏固なるは、明治初年に於ける我國固有の武士的警察官たらんことを希望するのである。

警察の命令をして統一的ならしむるには、警察官の會同が最も必要である、然れば今此に鳥渡警察會議のことを述ぶるも、萬更無益の事ではあるまい。そこで伯林警察會議の摸樣を見た所が、第一種としては警視總監が會長と爲つて、部下の書記官を集めて會議をする、書記官は平服を着して居り、是は高等文官の資格がなければ採用することが出來ない者であるが、此會議は我國警視廳警察署長の會議とは其趣が變つて居つて、主管部長は勿論の事、それに從屬する高等官達が警視總監の前に於て、總監自ら會長となつて意見を鬪はし、そうして總監の諮問に答へるのである、或時代には其多數の決議に餘程効力を置かれたこともあつたそうだが、今日は日本と同く、總監に責任を持たせる趣旨から此會議は總監の參考までに供することゝなつて、別段の權限を其會議に附與することはない、又此席には警察大佐たる巡査部長は出席することもあるが、其以下の執行警察官たる警察少佐以下の人は、其會議には列しないのである。

次ぎに第二種の會議としては、執行警察に屬する巡査本部の系統に屬する會がある、そうして此會には警察大佐自ら會長となつて、部下の警察中尉に至る迄の人を悉く集めて會議をなし、執行警察に關し巡査本部長より訓示をなし、又は協議をなすのである。

尚其外第三種の會議としては、方面監督の區域内に於て、方面監督長たる警察大尉自ら會長となつて、部下の警察署長たる警察中尉を召集する方面會議と云ふものがある。それから其外にも最も吾々が注意しなければならぬのは、相互同志の懇談會である、是は餘程旨くいつて居るのである、其塲合に於ては、巡査本部の系統に屬する警察士官の人達が、互に寄つて麥酒を傾けて愉快に打解けて話をする、つまり一種の倶樂部然たる催しであるので、又或る塲合には書記官に來て貰つて話をして貰つたり、警視總監にも來て貰ふこともあるそうである、是は餘程工合が能くいつて居る摸様である。消防の方にはもつと範圍を進めた會があつて、消防司令長初め消防士官一同皆寄り集まつて、親しく懇談する男性だけの會は勿論、又例外としては、夫婦相携へて會合することもあるのである。

執行警察上、最も注意すべきことは、つまり分業が非常に盛になつて居つて、例へば營業警察には別段の執行機關がある、隨て巡査も專門的に敎授する必要がある。其結果として、警察署に屬する通常執行巡査の外に、更に營業だけの執行警察に屬する巡査の設があつて、其長は之をポリツアイ•デレクトルと稱して、其下に三人の士官、二十二人の巡査部長、七十三人の巡査がある、又其行政區域は通常警察の區畫に依り、之を十二方面に分つて居る。又交通警察には別段の巡査があつて、其巡査は伯林市の一定の區域内に於て、專門的に交通警察の事を直接行ふて居るのである尤も其機關の組織等に付ては、終りに更に述べ樣と思ふ、そうして通常の警察署巡査は、大體尋常のことだけを行つて居つて、專門の事は大概專門的巡査に引渡すことを原則として居る、それと同くゲウェルベコンミッション即ち營業警察署に於ては、麥酒、牛乳等の試驗、度量衡等の取締に關し、別に執行警察官吏を置いて居る。

次ぎに余は執行機關中最も迅速の働をなすべき騎馬巡査のことを述べようと思ふ、騎馬巡査の効用の頗る良好であることは、今更言ふ迄もなきことで、先年有松英義君が内務書記官として伯林に出張せられた時にも、精しく調べられたが、余は其書類を借りて、豫め研究して居つたから、向ふに往つて非常に便利を得た。偖此騎馬巡査は警察大尉が長と爲つて居つて、其下に警察中尉が若干人あつて、伯林を十四の區劃に定めて居る、此騎馬巡査の效用は、道路交通の混雜を防ぐことは勿論、祭典葬式等の場合を初め、或は急に一揆の起りたるとき、又は同盟罷工の生じたるとき抔には、應急上最も必要なる機關である。又火災の種類は大、中、小の三に分けてあるが、大火の場合には、騎馬巡査は十人だけ臨場せねばならぬ、つまり大火は人命に關係があるから、大火の警報に接すると、直ぐに其場所に出掛けねばならぬのである、又中火の場合にも之に相當する人員が出掛ける、尤も小火の場合には別段出掛けないことになつて居る。此騎馬巡査の人數は段々增員して來て居る、漢堡も今では人數を增して、立派なる騎馬巡査隊を有して居る、澳太利の維納も同樣であつて、和蘭のアムステルダムの樣な處でも、僅少ながら騎馬巡査を有して居る。目下伯林には二百二十八の騎馬巡査があつて、是に屬する巡査部長が十八ある、馬も立派なもので、一頭に付き五百圓ばかりの者を用ゐて居つて、二百頭ばかりある、伯林では囚人護送馬車の方も、便宜上騎馬本部の管轄であつて、警衛の役に立たない馬をば、是に使用して居る、それから亞米利加の紐育に於ても、非常に立派なる馬を用ひて居つて、馬車抔の馬の止め方は實に巧妙なものである。

其次ぎに余は鳥渡警視廳の事務取扱方に付て、一言しようと思ふ、我國にも今や文書簿册類等山を成して頗る捜索に苦みつゝあるが、伯林に於ても同樣で、現時の伯林警視總監フォン・ウィンドハイム氏は、近年繁文縟禮の弊を防ぐ爲めに、刷新を行つたのである、即ちそれが見出しを能くする爲めに、簡單なる書物を作る抔は、其方便として最も必要な事とし、例へば職員錄にしても其拔萃を編纂するとか、或は規則でも大體の綱領を書いた物を持つのが必要であるとか、或は餘り人民が官廳に對し鄭寧過ぎる文辭を用ひると縟禮になるから、其言葉遣ひをも簡單にすると云ふ方法を、採つたのである。　余は伯林警視廳官房の書類の取扱方を見たが、日に六七千の書類を取扱つて居る、先づ一々番號を附けないで、唯だ是は晝間に於て取扱つたか、夜間に取扱つたかと云ふ事の印判を押すのみである、そうして之を机の上に一部二部三部四部と云ふ樣に分けて置いて、警視總監の秘書官に持つて往くと、秘書官が見分けをする、つまり是は總監に早く見せなければならぬと思ふと、直ぐ總監の所に持つて往く、そうすると總監は是は部長に委任すべきものならば、部長に委任する旨を自書して、或は此結果が分れば直ぐに報告せよと書添へる、そう云ふ調子に最も重要のものは、先づ總監に持參し、それから下僚に往くことになつて居る、是は警察の職務上から言つても、又上官が迅速に重要なる警察事故を知らなければならぬと云ふ上から言つても、大に注意しなければならぬことゝ思ふ。そこで其書類には前に述べた通り晝とか夜とか云ふことの印を押し、番號は附けないで、部分けに赤とか白とか黑とか、色の變つた紙挾みに挾んで置く、そうすると給仕が其處に來り之を請取り各部に配當する、そこで官房に備へて置かなければならぬものは官房に備へて置く、茲に於て初めて各〻紀律整然たる方法に依つて日附も附け番號も附する次第である。　余は獨逸政府より許可を得尚政府よりの紹介に依り、警視廳に於て取調の許可を得たのである、故に余に關する書類は警視廳にては公文として扱ふのである、そこで試みに松井の頭文字Mの字で帳簿を捜索すると、忽ち余の名前が出て來る、又一面には別に警察研究上の事であると云ふ點で、其事柄の上からも索引することが出來て居る、又或る一定の日限内で文書を處理することは、最も必要であるから、別に三日又は四日又は五日等の中に於て處理すべきことも、日限の上から分類してある。余は我國の事情に徵し、受附に際し初めに番號を附けないと聞き、或は書類は無くなりはしないかと云ふことを怪んだ然るに是迄一通も左樣なことはないと云ふことを秘書官は余に語つた、尤も金錢とか印紙の如き有價物は、幾らの印紙なりとすれば幾らの印紙と云ふことを紙上に書き、尚更に帳簿にも控へ書を取つて置くが、是は例外である。

次ぎに余は少く警察官の採用方法の事を述べ樣と思ふ、伯林の警視總監の位置は我國と同く高等官二等若くは一等であつて、時に或は高等官四等位から拔擢されて二等になつた人もあつたと云ふことである、そうして此官に任ぜらるゝ者は、獨逸一般に或は郡長から採用せられたる人も中々多いとのことである尤も向ふでは郡長の位地は、中々高いから、我國の頭腦で評することは出來ない。伯林現時の警視總監フォン・ウインドハイム氏は、七八年前に就職せられた人であつて、ステッチンの警視總監から榮轉せられた、中々官民間に評判善き有爲の人である、獨逸中伯林以外の警視總監は、高等官三等位の奏任官のものもある、其他諸處の市府に於ては警視總監は初めポリツアイ・デレクトルと稱し、二三年の後にはポリツアイ・プレヂデントなる名稱を得るに至るのである。それから伯林の執行警察士官を採用する方法に付て言へば此系統に屬する役人には最も規律と云ふことが必要である故、軍人出身者からして警察中尉を採用するのである、即ち軍人出身と言ふのは、獨り現役のみならず、豫備でも宜い、又志願兵出身者でも宜い、尤も此者と雖も豫備の少中尉と云ふ資格が必要である、偖此警察中尉と云ふ役は、高等官ではない判任官である、それで一體從前は一般に高等官には我國の如く、澤山の等級があつたそうだ、此等級は未だ規則の上には殘つて居るらしいが、兎も角今日では通常高等官五等以上位を高等官として取扱ひ、縱し法の上では古い規定があるとしても、高等官八等とか七等とか云ふことは、今日の實際上に於ては行はれていない、此意味に於て警察中尉は判任官として居る、乍併警察大尉抔になると、稍〻高等官に準ずることが出來ると、秘書官は余に話した、故に日本にて言へば警察中尉は高等官の七等位に該當するのであろう。偖又此警察中尉に採用する方法は、漢堡などでは前に述べた軍人出身者中より直ぐに警察中尉に擧げるが、之に反し伯林では先づ見習生として相當期間平服を着せて、書記官又は試補などの室に入れて事務を練習せしめたる後に、初めて之を執行士官に任命する狀況である。それから巡査とか巡査部長とか、警察中尉とか云ふ系統に付ては、吾々としても頗る研究するの價値あることゝ思つて居ることは、巡査は巡査、警察中尉は警察中尉と云ふ觀念が强き點である、つまり巡査が警察中尉になると云ふことは、既に身分其物が違つて居ると云ふ方から、巡査たる者は、初めより警察中尉にはなれぬ者と覺悟して居る、丁度今伯林消防の例を以て言へば、消防士は一の立派なる判任官である、即ち警察中尉に該當する役である、然るに之には軍人中工兵又は砲兵の少中尉中より任命するも先づ以てウオロンテール即ち志願士官となし、消防に入れて消防上の練習を行はしめ、自ら練習服を著して習ふのである、其教師に成る人は、巡査部長の位置に相當する消防曹長又は上等消防手なども教へ込むのである、而して六個月計りも習つたる後、缺員あれば直に消防士になり、又缺員なければ豫備消防士になるのである故に一度消防士になると、今迄の先生は忽ち部下に成る次第である、然るに曾て敎師たりし上等消防手などは、決して消防士を羨まない、なぜかと言へば今言ふた通り系統が違ふからである、素養が異るからである、尤も巡査は巡査部長には成れるが、之には試驗を要し又敎習の必要もある、兎に角向ふでは各〻其堵に安んじて、熱心に其分を守つて居る、今日の如き我國過度の時代に於ては、とても左樣の譯にはいかぬが、早晩其時代も來るべきものであろうと思ふ。

次ぎに巡査採用の方法は、普魯西は殆ど同一である、例へばケルン市の警視廳は伯林と同樣に、大抵巡査は下士官から採用して居る、少なくとも六個年の間軍務に從事して、身體强壯で醫師の診斷を經たる上に學術上の試驗があるのである、それから六個月の間は俸給を與へて見習生とし、其初期四週間の後は二人の巡査本部長が敎師となつて、之を敎へ込むのである、又一方に於ては實際上の事務を見習はせる、そこで獨逸にては往々あちらこちらに路上に於て巡査が二人立つて居ることがある、是は全く新拜命者が練習の爲めに、老練巡査と共に一緒に立つて居るのである、尤も交通取締の必要上二人立つこともある、是等は我國に於ても注意すべき點であると感じた。又不馴れの巡査には、直に犯人を逮捕させる樣なことは禁じて居る、そう云ふ場合には時期を失はぬ樣直に他に移牒して取扱つて居る。

次ぎに余は少しく巡査教習方法の事を述べて見樣と思ふ、余の見た所では伯林の巡査教習所及巡査部長養成所に往つても、又ハイデルベルグの巡査教習所に往つても、概して巡査教習の方法が餘程生き〳〵として居る所がありはしないかと感じたのである、例を以て言へば、或時に伯林の警視廳の巡査教習の傍聽をして居つたが、教師は老練なる巡査部長が大概やつて居つて、其教師の位置は容易に之を變へないのである、そうして教習所長には專任として老練なる警察大尉が之に當り、時々教習生に對し訓示を試みて居る、又稀には警察大佐なる巡査本部長も訓示することがある。今其教習中の一例を言へば、其巡査部長たる教師が巡査に向つて言ふのに今茲に一人民あり、路頭に於て巡査に道を聞く者があつたと假定せよ、然るに汝は巡査として其道を知らない、然るときは汝は如何に其人民に答ふべきかと言ふに、知らなかつたら私は新拜命故知らないと言へ、警察官は道を知らないのは恥である、けれども廣き伯林故新拜命の者には急速の塲合は帳簿を取調る暇もないこともある、さりとて單に知らないと言ふて居つては不親切である、そこで汝は路傍の然るべき人にそを紹介すべき責任がある、そうして全體警察官は色々の事件に遭遇すべき者であるから、一應紹介を終れば其任務は終つたのである故、汝はぐづ〳〵其處に立留らずして直に舊位置に復すべきものである云々と、懇切に言ふて居つた、此話は新拜命の巡査に對する訓示で、世故に慣れない警察官を敎授するには、最も適切なる示し方であるが、斯く迄もくゝめる樣に敎授して居るのは感心の外はない。余は常に我國警察上の敎習が、機械的に流れて居る事を嘆じて居つたが今試に余が曾て某縣警部長として其巡閲の際巡査に質問を試みた事を言ふが、實は警察としては恥づかしいことである、余は先づ新拜命の巡査に、司法警察の系統に屬する檢事正の役はどう云ふ役かと云ふことを尋ねると、大抵一通りのことは答へたが、偖其上官たる檢事長、檢事總長のことを問ふと、大分困まるものが有り勝らである、それのみならず何が警視總監であると云ふことに付ても、府縣などにては新拜命の者には隨分迂濶千萬の者がある、警視總監は日本の警察を掌つて居るものであると云ふ返答をしないものでもない、是は巡査の罪でない教習の罪である。そこで刑法憲法等のむづかしき事ばかりを教へても、此の如き平たいことの教授は、我國では頗る缺けて居るのである、其點に付ては我國の巡査教習所たる者は、大に鑑みなければならぬと思ふ。

それから余はベンデル氏の案内で、巴丁王國ハイデルベルグ巡査教習所にも往つたが、夜間或る小學校を借り受けて、警部が教師となり懇切に教へて居つた、又警察の長官たるベンデル氏も訓示した。今警部の巡査に對する質問の一二を擧ぐれば、國會と云ふものはどう云ふものであるか、國會は誰が召集するか國會議員に成る資格はどう云ふものであるかと云ふ樣な事を尋ねて居つた、それから刑法、刑事訴訟法も實地的に教へ込んで居るのである、つまり教官より巡査に質問して、教官は之を訂正し自然に記憶せしむる方法である。それから獨逸のズユッセルドルフには、知事が警察學校を發起して立派なる成績を奏せんとしつゝあると云ふ事を、伯林滯在の當時新聞紙上で讀んだが、其中に書いてある所に依ると法令が山の如くに出で、巡査も困る、故に此學校の成績は必ずや觀る、可きものがあるであろうと云ふことであつた、此點より觀れば我國の警察監獄學校の如きは、實に美學言とはなければならぬが、夫れも今は廢止せられて、警察教育の爲めに遺憾千萬の事である。

次ぎに佛國巴里の警察に就て見ても、巡査をくゝめる樣に敎へて居る、其一端は監督局次長ベルナー氏に就て問ふて見ても分かる、頃日同氏の書いて居るものに就て見ても如何に巡査の養成に付て苦心して居るかと云ふ形蹟は、其紙面に溢れて居る、是はほんの一部分であるが、例へば公けの道路に於て、巡査は重大なる義務を有するから、どんなことがあつても他人に暴行を加へるとか、暴言を發してはいけない、又警察官は餘計に物を禁じてはいけない、けれども又過度に物を許可してもいけない、調和と云ふことを注意しなければならぬ、又警察官は充分に威力を以て當ることは必要であるが、冷い頭を以て職務の事を考へなければならぬ、警察官は權力を代表して居るものであるから、人から輕侮されてはいけない、故に用意周到にして言葉は愼まなければならぬ、又私行上に於ても人から指さゝれない樣に充分尊敬を受ける樣に注意しなければならぬ、と云ふ樣なことがある、尙道路取締に付ても、通牒とか訓令とか云ふ樣なもの丶外に、親切に之を示めす方法を採つて居る樣に見受けたのである。

次ぎに執行警察上交通の取締は最も必要と思ふから、少しく述べて置こうと思ふ、全體交通警察は文明の進むに隨つて、注意しなければならぬことは、今更言ふ迄もないが、交通警察に付て、倫敦警視廳千九百年の報告に據ると、晝間に於て八千十八人の負傷者、及百五十八人の死亡者、夜間に於ては千二百四十二人の負傷者、及二十一人の死亡者があつた、又六百人の自轉車乘が乘り方の亂暴の爲めに罰せられたと云ふことである、倫敦の如き秩序的人民の生活する所ですら尚且つ此の如き有樣であるから、倫敦に於ける交通頻繁の一般は察するに餘りある。又亞米利加の紐育の交通の頻繁なるのは一層驚く外はない、警察も此點に付ては、可なり注意して居る、我國でも今日では交通警察は大分進んで來たが、彼の國の實驗に照しても、尚益〻之が發達を圖らねばならぬ。伯林の警視總監は最も此途に熱心なる人であつて、態〻倫敦に四人の警察士官を派遣して倫敦式の交通取締を研究させた、つまり倫敦の交通取締は世界中最も名高いのである、尤も是は人民の公德が大に發達して居ると云ふ點もある。そこで伯林では目下倫敦式交通取締の方法に依つて、フリードリッヒ街ウンテル・デン・リンデン街に於て之を試驗しつゝある、其倫敦式と言ふのは、四角が有れば巡査を四方に車道の中央に立たしめ、尚人道にも巡査を立たせる、先づ車が縱道に行くと、暫時にして巡査が手を以て之を留める、そうすると其間に横道の方に其方面の車が行き出す、それと同時に人間も此方の人道より彼方の人道に車道を經て渡る、又騎馬巡査も監督して居る、伯林では未だ倫敦程には旨くいかないが、其成績は良好の方である。それから巴里の交通取締も、棒を持て巡査が車馬の交通を整へて居るが、倫敦の如く旨くはいかないのである、東洋でも上海の警察は、此點に付ては我國よりは大分進んで居ると云ふことを感じた。それから例の我國に於て一時やかましかつた左側通行のことも、日本人の觀念と同じ様に、彼の國でもそう云ふ樣なことは實際上行へるものでないと言ふて居る人もある、例へば維納の警視廳では此の如きことは到底警察の力では、出來るものではないから、そう云ふことは取り合はないと言ふて居つた。乍併歐洲に於ても處によると、吾々と同意見で、此習慣は警察の方から改めていかなければならぬと、主張するものも多い、併し日本と同樣に直に警察權を行使しないで、勸誘的に告諭でやらして居る、例へば伯林は人間は人道の右側を歩むことゝ定つて居る、是は慣習であつて警察規則には明文はないのである、尤も車の通行に付ては日本と同く、道路取締規則中に規定がある、そこで伯林警視總監は告諭を以て此慣習を常に養成して居る、例へば或は近日大祭典がある、或は近日觀兵式が始まるからと云ふが如き、一種の掲示を出し、或は新聞紙上に告示して、懇諭的に一般に公示するのである。

乍併理窟上に於ては、警察の命令權を以て遣つても宜いのである、此點に付ては、余はケルンの警視總監ウエグマン氏に面談して愉快に感じた、同市にはホッホストラッセと稱する東京銀座に相當する道筋がある、すると余は右を步めと云ふ掲示のあるを認めた、又車は通ることは出來ないと書いてある道筋もあつた、そこで余は警視總監に會つて彼處を通りましたが、斯う云ふ掲示がありますが、どう云ふ沿革があるのでありますかと云ふことを問つた所が、警視總監は非常に此質問を喜んで、得意に其沿革を語つて言ふのに、實は此事柄は私は非常な勇氣を以て行つた、それで私は勿論右側通行に付ては、之を命令する職權を持つて居るから、違犯者は之を罰することも出來るのである、併し私は左樣には取り計らはぬ、詰り警察は人民に右側通行を勸誘するのである、そこで此の如き掲示があるのである、それから車は或時間内はケルン塔の方向丈けにしか往くことが出來ないとか、又或時間は絕對的に車體は通ることが出來ないとなつて居る、そこで之を定めたる當時に於ては、ケルンの人民は非常に自分を恨んだが、今や慣習も出來て、交通上大層便利になりましたとのことである。余は此話を聞き我國の左側通行のことを思ひ出し、愉快に感じたのである、其外荷車の通行を禁じた所抔も澤山ある、例へばバーデンの如き、又伯林にては自轉車の通行を禁じたる道筋は頗る多い、尤も我國では人道車道の區別はないのに、彼の地では是があるのであるから、取締の仕易いのは言ふ迄もないことである。それから馬車、自轉車、自働車、電車等の取締抔は、吾々の最も注意しなければならぬ問題であつて、多少之に付ても取調をしたが、是等の事柄は他日又之を述べる機會もあろうと思ふ。終りに交通警察の執行機關に付ては、前に述べたが尙詳しく一言したい、伯林の交通警察の執行機關は、長官として警察大尉が一人、警察中尉六人、巡査五十二人ばかりである、それから訴願、抗告等の事も交通警察の事務に關しては、皆此官廳で行つて居る、又馬車等の營業の許可などのことも、言ふ迄もなく此處で取扱つて居る、そうして其勤務時間に付ては外勤巡査は、午前七時より同十時迄は馭者の許可證を取調べ、それから營業馬車に付ては其車の置き方、馬を虐待せざるやと云ふ樣な點に注意し、尙十時から十二時迄は交通警察本部に歸り、復命書等を調製し、午後になると、交通取締巡査四分の三丈けは、巡廻の爲めに外勤事務に從事する樣な譯である、それから巡査部長も又其管轄區劃に依り、巡廻して巡査の交通警察執行方法如何を監督して居る。又營業馬車の馭者抔が餘程能く道を知つて居ることには、余は頗る感心した、警視廳に往つて其内幕を取調べて其偶然でないと云ふことを感じた、つまり馭者に許可證を下附するには、馬の馭し方は勿論の事、尙又馭者が町名又は道筋の所在を諳んじ居るや否やと云ふことを悉しく取調べる、其他有名なる旅館、寺院抔をも承知せるや否やをも試驗をする、而も警察中尉が自ら責任を負ひて試驗をする、そうして此試驗をする前には、志願者に八日間ばかりは、警視廳内で馭者の心得べきことを敎へ込む、それで及第すると採用するし、落第すると又八日間も續けて敎へ込みて馭者にするのであるそれ故此馭者は非常に能く道を知つて居るのである、それに一面には馭者は往々悪事をする、故に執行警察機關は平素注意に注意をして居る、又一面には訴願の途を開いて人民をして訴へさせるのである。

八　司法警察視察談

偖此司法警察の組織は、處に依て頗る異つて居る、先づ伯林に就て述ぶれば、司法警察と云ふ事柄は警視廳の直轄と爲つて居つて、日本の警察の遣り方とは違つて、通常の警察區域と異り、別段に司法警察の區劃と云ふものを定めて、命令の二途に出でぬ樣にして居る、尤も通常の警察署の中にも、刑事巡査は居るけれども、此刑事巡査と云ふ者は、中央刑事部の出張員と云ふ資格を持つて居るのである、此組織は我國に於ても頗る參照に供しなくてはならないことである、余は是まで彼の國に往かない時から、此事を聞いて居つたが、此成績は今日の我國の如き組織よりは宜かろうと云ふことを感じた。又司法警察と風俗警察との關係に付ても、組織の點に於て一考を要すべき點があろうと思ふ、なぜなれば風俗警察と云ふ事柄は、司法警察の事柄に最も關聯して居るのである、我國でも犯罪人を風俗警察の方面から檢擧すると云ふことは、昔からの沿革上は勿論のこと、明治の今日でも頗る其經歷があるのである、況んや淫賣婦など云ふ者は、余の考ふる所に依れば、社會の進步と伴つて益〻犯罪の根據になると云ふことが、言へるであろうと信じて疑はないのである、我國の淫賣婦は、或は比較的に外國の淫賣婦に比べたらば、寧ろ溫順であつて、人の金を貪る丈けで人の物を盜む樣な惡いことは、先づ今日では、或は比較的少いかも知れない、乍併社會の進步に伴つて、此淫を鬻ぐと云ふ樣な類の者達は、唯だ金錢の爲めに淫を賣るのみならず、甚しきは殺人を行ふ事もあろうし、又取れるだけの金を直接間接に貪ることは勿論のこと、客の有して居る金錢物品を盜むと云ふ樣のことは、必ずや發生するであろうと思ふから、之が豫防策に付ては、今より注意しなければならぬと思ふ。又之が媒介者と云ふことに付ては、從來我國に於ても多少警察でも注意して居り、又司法上でも沿革上昔から氣を付けて居つたけれども、これより社會の進步に伴つては、もつと惡い方の程度に進みはしないかと云ふことを、恐れるのである、此豫防策は別問題として、兎に角今日まで風俗警察の沿革上、犯罪行爲の一層進みつゝあると云ふことは、事實であつて、實に風俗警察と司法警察とは關聯して居る次第である。是等の原因からであろう、伯林の警視廳に於ては、我國の警視廳の組織と同じ樣に、初めは風俗警察と司法警察とを別々に分けて居つたのである、即ち風俗警察は千八百七十七年に於て、司法警察部より分離せられたけれども、千八百八十六年三月二十一日の訓令で復々第四局の一部に編入せらるゝことに至つた、理屈の上に於ては、別になる方が或は正當であるかの如き外見を呈して居るが、經驗に依り事實に依り、此組織は宜くないと云ふことに氣付て、伯林では其組織を變へて、司法警察の系統の方に此風俗警察と云ものを屬せしめたのである、其後再び此制度を變へて、前の通りに風俗と司法と別々の警察に分けたが、現今では復々其制度を引繰り返して、司法警察と風俗警察と云ふものが、同じ樣な工合に組織せられ、伯林市の行政區劃をも同樣に分けて、司法警察部の所管の下に、其内輪の分類として風俗警察の課があつて、其主任は別にあろうけれども、互に手に手を携へ、司法警察部の部長が指揮監督をして居ると云ふことが、今日の現在の組織である。此組織は蓋し彼國の經驗に依り、沿革に依つて此制度を採つたことであるから、先進國の一の經驗と云ふことに重きを置いたならば、我國でも多少參考に供すべきものではないかと感じたのである、是は伯林に就ての組織であつて、其他の國は必ずしも是と同一と云ふ譯ではないので、司法警察と風俗警察と全く別になつて居る處も澤山ある、寧ろ伯林の樣な處は、例外である樣に見受けたのである。

次ぎに此司法警察に付て紹介したい處は、獨逸の漢堡と云ふ處で、漢堡は世界に於ける第三番目の大なる港であつて、國は益々富み人民は非常に活達の精神を持つて居る有爲なる人民であつて、警察に於ても世界の摸範と稱し得べき土地柄で、消防の如きは言ふまでもないが、病院の類の如きも、頗る世界に於て牛耳を執つて居ると云ふことである。殊に漢堡の司法警察は、世人の記臆に留めて置いて貰いたいと思ふ程の効果があると認めたのである、蓋し其原因は漢堡は此の如く萬事に付て注意して居ることは勿論のこと、又司法警察部に屬して居た部長其人が頗る有力で、且つ有爲な人であつたのである、それは即ち現時の警察長官のドクトル・ロツセルと云ふ人である、此人は二三年以前に司法警察部の部長より現時の警察の長官に轉任したのである、此の如く此人は元司法警察部長をして居つた經驗があると云ふので、今尚非常に司法警察と云ふことに付て氣を付けて居る、故に此方の發達と云ふものは、頗る觀るべき處の蹟がある次第である。偖此漢堡の司法警察區劃とは、伯林と同じ樣な工合に、通常の警察署の區劃と全く別になつて居る、漢堡では區劃を先づ十二に分けて、刑事上に專門なる警察官を特別の機關として置いて居る、又司法警察署と云ふものがあつて、一の司法警察署に於ては、七八乃至二十一人ばかりの刑事巡査が居る、それに反して通常の警察署の數は四十二ばかりある、故に三十ばかり此刑事の警察署の數が少い譯である。是等の組織は畢竟彼の國では萬事物事を分科し、專門的にして居るが爲めに、此の如き組織を採るのであつて、つまり社會の進步と共に物が分れると云ふことは、其物が進んで行く所の兆候に外ならぬのであるから、司法警察の組織も漢堡伯林の如きは、段々の變遷を經て今日の如き結果を呈したのであらうと感じたのである。

次ぎに刑事巡査は、日本と同じ樣に通常平服を着て居るが原則であつて、刑事巡査養成の學校などに於て迄も、平服を着て居つて、決して制服などは着せないのである、是は畢竟人民に將來刑事巡査たるべき者を紹介すると云ふことは、言ふまでもなく不利益なことであるから、此點は何でもなきことの樣であるが、注意すべきこと丶考へる。此點より言へば我警視廳に於て、刑事巡査を養成するに當つて制服を着せるのは、如何であろうかと感ずるのである、尤も彼の國とても、例外として刑事巡査に制服を着させることがないではない、例へば一の大なる儀式があるとか云ふ樣な類の時に、制服を着て通常の巡査の中に交つて居ることもあるが、先づそれは例外であると言はなければならないのである。そうして此刑事巡査は日本と同じ樣に、寧ろ日本が眞似をしたのかも知れぬが平服を着て居つて、警察官の證を持つて居る、是は處に依つて、厚紙の處もある、或は輕い金屬で拵へたのもある、そうして通常巡査には、五番とか六番とか云ふ樣に番號が襟に付いて居る、それと同じ樣に刑事巡査も、百番なら百番の巡査として札に番號を記し、又何々警察署と云ふことをも裏に彫つてあつて、それを以て刑事巡査たるの證として居る、是は獨り刑事巡査のみならず、之を監督して居る刑事の警部の如き人も、此の如きものを持つて居る、右に依り余は獨逸に於て漢堡及伯林の司法警察の組織の隨分立派なものであるといふことの大體丈けを述べた積りで、其獨逸でも澤山まだ色々の市府の司法警察をも見たけれども、それらは特に目新しいと云ふことを感じなかつた故に是等は略して、瑞西國のチユーリッヒ市の事を述べようチユーリッヒに於ける司法警察の組織に付ては、余は多少異樣の感じを起した、是は畢竟沿革の然らしむる所であろうが、チユーリッヒと云ふ處では、曾て述べた樣に市の警察の外にカントンの警察と稱するものがある、詰り是は丁度一種の國の警察の樣なものに當るのである、何となれば此種の警察の外に、別に市の警察の如き自治團體の警察があるからである、それで昔は偖おき今日では、此カントンの警察に於ては、全く司法警察のことばかりをやつて居る、故にチユーリッヒではカントンの警察と云ふことは、事實上司法警察と云ふことになつて居る、乍併一般に瑞西國のカントン警察が、皆左樣になつて居ると誤解してはならぬ、なぜなれば處に依つて其範圍は違つて居るからである。　次ぎに余は此チユーリッヒの司法警察署の建物の頗る立派で且つ廣大なる非常に完全なるものであると云ふことを感じた、又其機關の組織はどんな工合になつて居るかと言ふと、其警察署の長には、一人の警察大尉があつて、其次ぎには警察中尉、又其下には二人の警察少尉が居る、それから又之に附隨して色々の役人が居るが、此警察少尉とか警察大尉とか云ふ者は、獨逸國墺國等に比すれば、司法警察の官吏としては、少しく異樣の感覺がする樣に見受けた、是は畢竟事實上はチユーリッヒでは司法警察なるも、名義上では飽迄もカントンの警察であるからと云ふ理ではないかと推察した。又全體警察大尉とか警察少尉とか云ふ役向は、一般に獨逸などでは、我國の警察に例を採りて言へば、警視廳では昔の巡査本部即ち今の第一部に屬する役人の名稱であるチユーリッヒは瑞西では有名な處であるが、我東京などよりも餘程狹い、乍併チユーリッヒとしては司法警察機關の人數が割合に多い、刑事巡査ばかりでも四十五人居る、又此司法警察署の構造は、先に述べた通り最も完全で、あらゆる裝置が殆ど至れり盡せりで、此點に付ては有名なる漢堡の司法警察と雖も遠く及ぶ處ではない。蓋し最も新い處の建物であるから、あらゆる裝置が完全に整つて居るといふことは今更言ふまでもない、のみならず甚しきは、刑事巡査其者をば留置すべき室までが出來て居るのである、又尙吾々の眼には多少異樣に映じたのは、司法警察官が互に少しく身體の勞れた塲合には、一杯傾ける所の室がある、即ち言葉を換へて言へば、葡萄酒…………赤葡萄酒と白葡萄酒と兩方を四樽ばかり…………を貯藏してある酒舗とも稱すべき、可なり大なる室がある、そこへ「コップ」を持つて往つて、一杯引つかけることも出來ると云ふ組織である。 其司法警察署の長官なる警察大尉ドクトル・ラッポルト氏は、余を其室に導いて、余にも一二杯の葡萄酒を馳走したのである、兎に角此の如き葡萄酒の蓄藏迄もある處は、是まで余の見た處にはないのである。

次ぎに司法警察に付て感じた一つは墺地利の維納である、是は司法警察の組織の上に於て分擔と云ふことが、非常に細かく出來て居ると云ふことで、同時に其主任の人々は非常に學問があつて、又非常に機敏な人たちの樣であつた、隨つて俸給も高いとの事である、今其分類の事を言へば、例へば爰に詐欺取財取調のことばかりに關係する主任があれば、其隣の室には竊盗取調主任、又其先きには强盗取調主任、尚又其隣は貨幣僞造取調の主任と、斯う云ふ工合に、分類が整然として出來て居り、此上に課長があり、又其上には部長がある。 而して其主任たるべき刑事の警察官たる者は、勿論平服を着て居つて、其主管に屬する事務は細大漏さず處理して居る、例へば余が掏摸取調主任の某學士の室に往つた、そうすると其主任は犯罪から持上がつた種々の贓品を頻りに諦視して居つた又種々の檢擧上に必要なる特徴を、自分で直接に手を下して書いて居る、蓋し此の如く分業方法を採つた所以は、竊盜なれば竊盜と云ふ類の系統を研究すれば、又詐欺取財に關係のあることもあり、隨つて他の關係をも併せて取調る必要もあるから、つまり分業で調べたからと言つて、其物の關係は關係として調べなければならぬ、故に刑事の類の樣なことに於ても、此の如き分擔の方法其宜しきを得て、監督も又着眼を旨くしていつたならば、必ず其成績が惡いとは言へない、啻に然るのみならず、今日墺地利の維納の經驗に依ると、此成績が頗る良好であると云ふことで、刑事の課長は頗る得意に其成績を誇つて居つた、又此刑事部長は甚だ部下に德望がある人であつた。

次ぎに刑事巡査は如何なる方法を以て採用するかと云ふことに付て一言しよう、此事は我國でも今日まで頗る問題である、然るに先頃まで警視廳では常務巡査の中から講習生を出して、講習しつゝあると云ふ有樣であつて、此講習生は地方からも澤山來て居つて、數回も卒業者を出したが、此刑事巡査をどんな方法に依つて彼の國では採用して居るかと云ふと、先づ原則としては、何れの國も我國と同じ樣に常務巡査から採用して居る、否我東京でも其方法を準用したのである。今日まで我國では刑事巡査は特別の技倆を要するが故に、常務巡査から之を採用することはいけないと云ふ積年の議論であるにも拘らず、殊に我國の東京で其慣習を破りつゝあると云ふ樣なことである。是は尤も千萬の處置であつて、常務巡査にも刑事巡査にも採用すべき適當なる人才は澤山あるのである。又刑事巡査を如何にして採用すると云ふことを述べる前には、一言通常の巡査をどう云ふ風にして採用するかと云ふことを言はねばならぬ、獨逸に於ては通常の巡査となる者は兵卒から採る、此兵卒は六箇年の間兵役に從事した者である、之を敎習所に入れて試驗の上身體健全なる者を通常巡査となし、又其通常巡査の中から又特別の技倆があつて、機敏で如何にも刑事の思想に長けて居る樣な者を再び拔擢して、東京と同じ樣に刑事學校に入れる、此刑事學校は處に依つて色々な規定がないではないが、通常三個月乃至六個月間の講習期間である、其敎師は無論刑事に最も堪能な警部若くは巡査部長と云ふ樣な人達を以て之に充て、充分に之を養成し、再び試驗の上で初めて之を刑事巡査に採用すると云ふことが、通常のやり方である。乍併墺國の維納などに於ては、これに例外があつて、刑事巡査を常務巡査よりも採用し、又刑事に特別の技能ある者を試驗の上で採用して居る、又諜者としては其他に尙前科者などをも手先に使つて居る、又其他の國でも裏面に這入つたら、此途は何れ同じ樣なことであろう、現に余が和蘭のロッテルダムの警察長官ブールムールン氏に面談したとき、貴地には女子の諜者は是を用ひざるやとの問に對し、實は秘密なれども或一人は採用したりしが、今は其者死して敏腕の手足を失ひたりと答へた。チューリッヒに於ては試驗で假に刑事巡査を採用したる後、一個年の間は見習として練習をさせ、そうして試驗の上で確然採用すると云ふことである。

次ぎに刑事巡査敎習のことを一言したいと思ふ、刑事巡査を敎習する所の最も必要なる機關は即ち敎師である、其敎師は先きに述べた樣に、最も實地的に堪能なる人が是に當らなければならぬのであつて、濫りに空論を吐いてむづかしいことを言ふ樣では、刑事巡査を養成することは出來ない、如何に立派な學校が出來ても、敎師其人が宜しきを得ないならば、其成績の擧らざることは、固より論を俟たぬことである。

次ぎに刑事巡査の教習に付て又必要なる事柄は、刑事の博物館と云ふものである、此種の博物館は伯林、倫敦は勿論、漢堡、維納、チユーリツヒ等の如き、何れも其刑事上に關係ある物品を蒐集して居るのであつて、そうして刑事巡査たらんとする志願者を、此處に入れ實地に就て説明を爲し、頭腦を培養するのであつて、刑事巡査を養成する爲めには、此博物館の設備は最も必要なるものである、此點に付てはハンブルグの刑事博物館は、最も注意すべき所のものである、これに次ぎては維納、伯林なども多少觀るに足るものである。是等の犯罪の用に供した處の物を集め説明書を付けて之を教へると云ふことは我國でも最も必要であろうと思ふ、是等の陳列室にある品物は、第一に寫眞の如きものが最も必要であつて、殺人犯等の寫眞は勿論殺人を行ひたる場所の寫眞、それから「ギブス」で製したる足跡、又は血痕の色を示せる摸型、つまり血色は月日を經れば變化する故、何個月經過すると如何に變化すると云ふ工合に、夫れ〳〵血色を示したるもので、其他竊盜の摸擬せる合鍵の類、或はどんな工合に構造したものであると云ふことを充分に知らす爲めに、色々の種類の鍵を集めたり、或は銃殺された塲合には、どの位の傷で死ぬるものであるとか云ふことを示す爲めに、殊に傷所を摸型に採つたり、或は革盤の壞はし方はどんな工合にしたものであるかと云ふことの類など、尚其外數へ來れば澤山ある。曾て余は刑事の研究に付ては、犯罪人は善良なる敎師であると云ふことの一種の諺があると云ふことを聞いたが、蓋し此刑事博物館に於ける刑事陳列品を、警察官の參考に供すると云ふことは、詰り間接に犯罪者から敎を受くると云ふ事實上の結果になつて、矢張り諺は旨いことを言つて居ると思つた、是等のことは我國に於ても、最も能く研究すべきことであつて、餘程秩序的に分類を立てゝ、配列したならば獨り司法官の爲めのみならず、監獄官の爲めにも、大に參考になることであろうと思ふのである、我國ではこれ迄之を行はざりしが、之は遣つて出來ないのではなく、爲さゞるなりの方ではないかと思ふのである。

余は歐米から刑事に關係する寫眞を少しく持歸つたから、不完全ながら之を基礎として警察消防陳列室を、警視廳內に設備したのであるが、元來此刑事博物館などに飾つてある處の寫眞器具等は、唯專門家の研究に資する目的であつて、公衆には觀覽を禁じて居る、通常の歐洲人に濫りに此の如き寫眞を見せると、厭忌の情を起すのである、或時余はそう云ふ刑事に關係ある專門的の寫眞を持つて來て、ハイデルベルグと云ふ處の婆さんや娘などに見せたるに、驚いて隱れて仕舞つた。

其次ぎに犯罪檢擧上に最も必要なる、ベルチロン氏の人身測量法に付て一言する、ベルチロンの式は、今日殆ど廣い意味に於て世界通有的になつて居つて、獨逸などは今日では段々此ベルチロンの方式を用ひることになつて居つて、大概大なる市府では此方法を採用して居る、又互に連絡を採る必要ある爲め、伯林は是が獨逸國の中央部として警視廳の刑事部に特別なる室の設けがある。又此ベルチロンの式を行ふには、必ずしも悉く犯罪人を取ると云ふことになると、大層金が要るから、是は餘程金のある處の、漢堡、維納、伯林の如きは暫く之を措き、貧乏な處は幾くら歐羅巴でも之を行ふことは出來ないのである、故に例へば維納の如きも、近來初めて一般に此ベルチロン式を採用することゝなつた位であるから、我國に於ても先づ必要だと思ふ分のみ、當分實行する樣にして、經濟の許す限りは之を實行したいものである。我國でも夙に古賀法律學士、岡田法學博士等は最も熱心に之を主張せられて居るのである、此ベルチロンの人身測量法に付ては、漢堡の如きも、頗る完全なるものゝ一つであつて、之に付ては現時の警察長官ドクトル・ロッセル氏頗る與りて力がある、維納の如きもウイント氏なる人は、非常に熱心なる主任者であつて、其成績頗る良好である、余が實見する所でも、頗る迅速に取調が出來る樣に見受けた。丁度洋服屋が洋服の寸尺を計ると同樣の調子で、例へば余が犯罪人なりと假定すれば、余を立てゝ置いて、一人の測量主任は、頭から足迄何尺と言へば書記が之を書き畢り、次ぎに直に測量主任は指の長何程と言へば書記は宜しと答へ、種々の點を書し畢りたる後は、次ぎの番として他の犯罪人の順次となる、何れの犯罪人も頗る不愉快相な顏付をして居つた。又墺地利では、有名なるグライスと云ふ人が、司法警察に關係せる大家であつて、此人も亦非常に熱心にベルチロン式のことを唱道して居るのである、又伯林のクラット氏も斯道に於ける熱心家で、頃日其著書さへも出版した、此ベルチロン式の成績に付ては、互に研究の結果を報告し、又之が改良を圖る爲めに、時々該式を採用せる國々の委員會の設さへあるのである。

此ベルチロン式は前に言ふ如く、各國悉く行つてはいない、例へば倫敦の如き、白耳義のブリユッセルの如きは、之を採用して居らぬ、尤もブリユッセルはベルチロン式でなくて、稍〻之に類似して居るものを採用して居る。又倫敦の如きはベルチロン式はこれまで行つて居つたけれども、此四五年前以來之を廢して一種の指印法(フインガー・プリンチング)を採用して居る、此指の押し方に付ては、五指とも悉く之が指先を押し、肉筋を明瞭にし以て犯罪人を捜索するのである、此式は比較的簡單であるが、之が取調には數學上よりの割出も必要であつて、按分比例が要る、兎に角此成績も頗る良好であると云ふことである、此指先の押方は黑印肉樣のもので、右と左の兩方の指先を悉く押し、少しく爪先の方に力を入れて押すのである、余は固より犯罪人ではなけれども、頻りに當局者が試みに押して見よと言つたから押して見た、例へば先づ以て拇指を押す、それから人指指と云ふ樣に順次に押す、それから昆虫を見る眼鏡にて之を見る、そうすると此指先の纖維が色々人に依つて異つて居て實に十人十色である、それから中心から何本纖維があると云ふ樣な工合に算用する、つまり此指先の纖維ばかりに依りて、密に數學的に分類をすれば、それにて容易に犯罪人を發見する譯である、余は未だ深くは研究しないが、之に關しては一冊の本もあるから、警視總監エドワード氏は余に之を贈つて、非常に成績が良いと云ふことを誇つて、余に此式に付て何と考へるかと尋ねられたが、余は未だ研究疎なる故批評は出來ぬが、中々實際的の樣に考へると言つた、所が總監の言ふのには、自分の經驗上では最も是は良好であると重ねて言はれた。其時余の聞いた話に依ると、九百人の中三百人だけは此捺印式に依りて發見したと云ふことである、尚他の六百人は押し方に不完全なる點があつたから、取調が出來なかつたと云ふことであつた。

其次ぎに一寸述べて見たいと思ふて居るのは、司法警察に關係する寫眞のことである、犯罪人を寫眞に撮つて、そうして之を研究すると云ふことは、今更言ふまでもなく、我國でも既に氣付いて居る點であつて、多少は實行して居る處もあるが、殆ど言ふに足らぬ、そこで此寫眞の方法も、彼の地に於ては今日では非常に發達をして來たらしい、そこで之に付ては、日本でも大に注意しなければならぬのは、貧乏な國はどこでも兎角同じ樣で寫眞撮影等の設備が不完全である、甚しきは寫眞の機械さへ備へなき處もある、此場合に必要と認むるときは寫眞屋に撮影を命ずるのである、或は請負として、毎年若干金を警察の方から與へ、必要あるときは之に應ずる等の契約を爲せる處もある、其完全な處は言ふまでもなく、刑事部に立派な寫眞を撮る裝置がしてある、例へば維納などは是まではなかつたが、此頃はそう云ふものを設けた、又之に主任の寫眞師が一人居つて四人の助手が居る、其四人の助手は一面に於ては刑事巡査であつて、ベルチロンの式を行つて居るから、一人は必す寫眞を撮らなければならない。　又寫眞のことに付て最も完全に見受けたのは、漢堡の司法警察部の寫眞部である、是は流石に漢堡丈けあつて、中々金を使つて居る樣である、試に警視廳陳列室に備付た余の持つて歸つたる寫眞を見ても、其一端は察することが出來樣と思ふ。　又瑞西のチユーリッヒなどは是まで寫眞を依賴して居つたけれども、近時寫眞の設備も僅に一個年八百圓ばかりであるのを、千二百圓迄に增したと云ふことである。　以上述べたことは余が司法警察のことに付て、一寸目擊した大要である。

九　獨逸普魯西王國警察の組織

獨逸帝國に於ては、各聯邦國が個々獨立に警察組織を形成し、帝國全體を通じて我國の如き統一的の制度を見ないのは、國家の成立狀況に於て彼我異る所があるからである。然れば此點に付ては、我帝國の統一的警察は、遙に彼に優る所があるから、我警察たるものは、此點を利用し世界に卓絕せる警察たるに耻ぢざる樣に努力しなければならぬ、余はこれから獨逸帝國中最も警察組織の上に整頓の聞へのある、普魯西王國警察の制度に就て述べ樣と思ふのである。普國に於ては警察は我國と同く、普魯西王國內務省の系統の下に屬し、內務省には次官、部長、勅任參事官若干人、其他補助吏若干人、下級吏員等の設けがある。

我內務省と普國內務省と異る點は、彼の國に於ては宗敎警察及保健警察は、內務省に屬しないで廣義の文部省(宗敎及醫務をも含む)に屬し又營業警察の多數は、商務大臣に屬し、獨り浴場、旅店、居酒屋、興行人、俳優等の如きは、內務省に屬するのである。普國に於ては內務大臣の指揮の下に於て、十二州三十四縣の設けがあつて、州の最も大なるものは萊因州で、五百萬以上の人口を有して居る、又其最も小なるものはシュレスウイヒホルスタイン州で、百十萬ばかりの人口を有して居る。而して州に在りては州知事、縣にありては縣知事が之が監督の責に當るのである。州の制度は我國に於て見ない所で、州知事の行ふべき事項は、例へば暴動の起りたるとき之に對する緊急處分の如きもので、其他特に法律に於て規定せるものに對しても、之を行ふは勿論である。州知事は縣知事を監督すべきもので、州には又州參事會の設けがある、參事會員は七人の會員より成り、縣知事は郡長を監督すべきもので、縣には又縣參事會の設けがあつて、七人の會員より成り、縣知事議長となり其他高等官二人及四人の會員より成立するのである。

州參事會及縣參事會は、議決官廳たると同時に行政裁判所たるものであるから、其中一人の會員は行政裁判長で、一人は行政裁判官たる資格を有し、終身官である、其意は司法官と同樣に其位置の鞏固を保證し、公平の判斷をなさしめんが爲めである。

次ぎに縣知事は鑛山警察及鐵道警察の如き、部分を除くの外、一般警察事務に付き、之を管掌するのである。船舶、水路、港務等の警察は、自治體の警察に屬しないで、州知事及縣知事に屬すべきものである。尙日曜、祭日等に於ける外形上に渉る祭典方法に關し、州令及縣令を發することも、州知事及縣知事の職權に屬するのである。尙茲に附記すべきことは、一般警察及地方警察の區別である、此區別に依りて其種類を分つなれば、州知事及縣知事の行ふべき警察は、共に一般警察に屬すべきものである。

次ぎに縣廳に次ぎ警察權を施行するものは郡である、郡警察は近時に於て發達せるものであつて、郡長は素と縣廳の委員であつたが、終に獨立して警察權を有するに至つたのである。又郡役所には通常郡長の外尙一人の高等官の設けがある、而して其職の重なるものは、町村の警察を監督し、警察規則を發令することが出來る、尙其外郡長の職權に屬すべきものは、獸畜警察、狩獵警察等である。

郡參事會は郡長の外郡會が、郡民中より擇びたる會員六人より成立するのである、郡長は參事會の會長で、郡參事會は官治及自治行政機關で、同時に又下級の行政裁判所である。

以上述べた所に依ると、行政裁判所は州參事會、縣參事會及郡參事會で、尙伯林に於て、特に普國全體に通ずる高等行政裁判所の設けがある。そうして普國では法律に別段の規定なき限りは、地方警察官廳の處分に對し、訴願を提起し得べきもので其場合は左の如くである。

(一)町村及一萬以下の人口を有する場處に於ける地方警察官廳の處分に對しては郡長に、又郡長の裁決に對しては縣知事に、訴願を提起し得べきものである。

(二)市制を布きたる市(伯林を除く)竝に一萬以上の人口を有する市制を布かざる市に於ける地方警察官廳の處分に對しては縣知事に、又縣知事の裁決に對しては州知事に、訴願を提起すべきものである。

(三)伯林に於ける地方警察處分に對しては、州知事に訴願を提起し得べきものである。

最終訴願の決定に對しては、千八百八十三年七月三十日發布地方行政規則第二十七條に依り。　高等行政裁判所に訴訟を提起し得べきものである。　又右に述べた場合に於ける訴願に代ゆるには、行政訴訟を以てし得べきものである、即ち(一)の場合には郡參事會に、(二)の場合には縣參事會に對し然るべきものである。

次ぎに市に於ては、市長が警察權を施行するを以て原則とするのである、而して市に於ても市參事會は會長たる市長と、市會より選びたる會員四人より成るのである。

人口一萬以上の人口を有する市に在つては、內務大臣の許可を得て特に王國的警察官廳を設くることがある(千八百五十年地方警察法第二條)而して此場合には警察費は國庫に屬すべきものであるが、又市に於ても其大小に依り異る所はあるが一人平均參拾七錢乃至壹圓貳拾五錢を負擔すべきものである、其中官吏其物に屬すべき種々の費用は、國庫に屬すべきものであつて、行政の設備の爲めに要する費用例へば黴毒病院の如き、强制治療院の如きは、然らざるものである。

此場合に於ける王國的警察官廳は、之を稱してポリツアイ・プレヂデユーム即ち警視廳又はポリツアイ・ヂレクチオン即ち警察管理局と稱へ、警視廳の長官は之をポリツアイ・プレヂデント即ち警視總監と稱し、警察管理局の長官はポリツアイ・ヂレクトル即ち警察長官又は警視總監と稱するのである。又通常警察管理局にあつては、其長官は就任後二三年間は之を警察長官と稱し然る後警視總監の名稱に改むるの例である。普魯西に於ては、警視廳の總數は八箇所の多きに達する、即ちベルリンの如き、ケーニヒスブルグの如き、ステッチンの如き、ブレスラウの如き、マグデブルグの如き、ハンノベルの如き、フランクフルト・アム・マインツの如き、ケルンの如き是である。尚警察管理局の設けは十箇所以上に亘るのである、即ちダンチヒの如き、ボーゼンの如き、ボッダムの如き、キールの如き、カッセルの如き、ウイスバーデンの如き、アーヘンの如き、コブレンツの如き、ハナウの如き、フルダの如き、シエーンベルグの如き、リクッスドルフの如き是である。普國六州に於ける千八百七十二年十二月十三日發布の郡制は、其後千八百八十一年三月十三日に於て改正塡補せられたが、其中に町村警察上に關し各郡内に於て、市は之を例外として他は之を管區に分たるべき規定がある、而して管區内に於ける行政機關は、管區長及管區參事會である、そうして管區參事會は、管區長の發令權に屬する警察命令を評議し得べきものである。又町村に依つては之を合併せずして、一管區を形成することがある、此場合では、郡參事會の決議に基き、町村長が同時に管區長たるべきものであ る、夫れ故に管區の設けある場合では、町村長は別に警察權を有せざるもので、管區長の命令を執行し、臨機の處分をなし得べきものである、乍併又右に述べた六州以外の或州にあつては、町村長をして直接に警察權を行はしむる者もないではない。余は終りに執行警察官の事を一言しようと思ふ、執行警察官は一般の官吏權限法に依るの外、種々の規定がある、拘引、捜査、逮捕は勿論のこと、尚必要の場合には武器の使用をも許されてある。次ぎに普國の執行警察官は、之を憲兵巡査及町村警察吏の三種類に分つことが出來るのである。

憲兵は服務上に關しては陸軍武官に異ることはないが、其職務上に關しては特に郡長の指揮の下に立つべきものである、又町村警察に對しては、其請求ありたるときに於て、之に應ずべきものである。

巡査は千八百四十八年、始めて之を伯林に置いたのに始まつて、夫れから自餘の都市にも之を設くる樣に至つた。伯林では警察士官として警察大佐、警察少佐、警察大尉、警察中尉等を初めとして曹長(巡查部長に該當す)等の設けがあるが、其他の市府に於ては警部及警部補の設けがあるのみである、而して警部補は、刑事警察車輛警察の爲めに特に之を設け、若くは一定の區域内に於て、其職責を盡すべきものである。町村警察官吏はポリツァイ・サーゼント即ち警察使僕長又はポリツァイ・デーネル即ち警察使僕と稱へて、既に兵役を畢へ、尋常官吏に就職し得る權利を有する者に限つて、三箇月乃至六箇月間試驗を行ひ、其任命に付ては縣知事の認可を要すべきものである。又其監督は、中等の都市にあつては、警部補に依り、尙大都市にあつては、警部をして其任に當らしめて居る。

一〇　伯林警視廳組織の概要

伯林市內に於ける一般警察及地方警察は、悉く警視總監の統一的直轄の下に立つのである、唯だ道路警察、建築警察及學校警察は、例外として市の行政に委任せられたものである。警視總監は其他シャロッテンブルグ、シエーネブルグ、リックスドルフ等に於ける一般警察の長官である。其他警視總監は一般及地方警察で、刑事及風俗の兩警察竝に其他の警察的行動を視察することに付ては、ニーデルバルニーム及テルトー兩郡內にも、其職權を及ぼす可きものである。尙或警察上の行動に付ては警視總監は伯林郊外に於ても、其管轄權を有して居る、其他警視總監が伯林市內に於て管轄すべき職務上の範圍は甚だ廣い。

警視廳に於ける事務を處理す可き爲め、廳內には同等の權限を有す可き多くの主部の設げがあつて、殊に第一部第二部の甲第二部の乙第三部乃至第七部其他消防に付ては、特別なる獨立的行政部を組成する。而して此等の事務の分配に付ては、千八百三十年七月二十六日の官制に基く者で、該官制は、千八百五十四年十二月二十七日、千八百六十一年一月二十一日、及千八百六十三年六月十三日の勅令により、之が變更を見るに至つた。又千八百三十年以來の行政上に新たなる立法を試み、且種々の之に關する規定を設けた爲め、各部の掌握す可き職務の範圍も、又頗る之が變更を見るに至つた。殊に注意す可きは、政治警察に付ては、之を特別なる一部に組成したる事、並に千九百一年に於ける行政整理は、從前の第一部及第二部の變更を見るに至つたことである。

第一部に於ては、部員は特に高等官を以て之に充て、警視總監の諮問府である、又從來の多くの管掌事務以外に於て、第二部の甲及乙に屬せざる一般及地方警察事務をも之を監督する、其他懲戒處分及强制執行事務に付ても、第一部は之を決定す可きものである。第一部には二人の部長があつて、其中上席部長は警視總監の代理として警視廳全體を統轄すべきものである。其他七人の高等行政官、一人の書記官兼醫務官、及二人の書記官兼建築事務官がある、又該部には五人の保健監督官、竝に一人の建築監督官が之に從屬す可きものである。尙劇場事務を總轄する爲めには、二人の高等行政官吏より成立する一課の設けがある。

第二部甲は主として衞生警察、獸畜警察の事務竝に社會政策事項、其他第七部に屬せざる結社事項竝に富籤、救助事務、徵發事項等を掌る可きものとする。該部には部長としては高等書記官之に當り、其他部員には二人の高等行政官吏一人の書記官兼醫務官、竝に一人の獸醫があつて、尙九人の警察事務官及警察試補が之に屬する。又衞生警察上に對する獨立機關としては、王國的衞生委員、竝に其常設委員が之に從屬する。

第二部乙の掌る可き事務は、道路警察、交通警察、營業警察で、一般警察及地方警察に屬するものが悉く之に屬し、高等書記官が其部長である、其他二人の高等行政官吏一人の書記官兼營業事務官、一人の技師補、六人の警察事務官及警察試補が之に屬する。

第三部は建築警察を管すべきもので、高等書記官が此部長である、其他三人の書記官兼建築事務官、及一人の建築監督官がある。

第四部に於て掌る可きは、千八百三十年に於ける如く、治安警察、刑事警察、風俗警察等である、而して部長は高等書記官が之に當り、該部は之を三大課に分つ、即ち一般の治安警察及刑事警察並に風俗警察に屬すべきものが是である、又一般治安警察事務は、五人の警察事務官が之を管掌して、全き刑事警察に付ては、警察事務官が之を管理し、部長事故あるときは、部長の代理を行ふ可きものである。又刑事警察事務に付ては之を五係に分けて、其中の二係即甲の一及甲の二は、土地に依りて之を區別し、重罪及輕罪に付き之を取扱ふ、次ぎに乙の一及乙の二の二係は、習慣犯人に付て之を追求す可き任務を有し又丙なる係は、特別の智識を要す可き犯罪事項を取扱ふべきものとする。各係の長には一人の刑事監督があつて、多くの刑事警部が之に從屬する、而して全警部の總數は三十八人である、而して風俗警察に付ては、一人の刑事監督官之を監督し、刑事監督官事故あるときは、一人の刑事警部之が代理をする。

第五部は旅行券及外國人事件に付き之を監督し、部員は當時一人の警察事務官部長として之に當り、其他六人の警察事務官及警察試補がある。

第六部は違警罪の事件を取扱ふべきもので、一人の警察事務官之が部長の任に當り、其他四人の警察事務官及警察試補がある。

第七部には高等警察が之に屬し、出版警察及政治上の結社を監督する、部長には一人の書記官之に當り、其他二人の高等行政官、一人の警察事務官、竝に一人の警察試補がある。

以上述べた七部の外に、警視總監指揮の下に九人の高等行政官を以て組織せられた、勞働者の保險事務に關する審判委員の設けがある。其他特別事務としては、會計係、人口調査係及官房等の設けがあつて、會計係には十三人の會計吏員があり、人口調査係及官房には、一人の警察事務官が之を監督する、其他警視廳中獨立したる位置を有すべきものは、警察監獄で、上級監督官が之を監督する。

抑も既往十箇年間に於ては、判任官の組織等に於ても、頗る大なる變更を見るに至つた、即ち千九百一年に於ては、警視廳は判任官として二百三十四人の警察書記、十五人の技術的事務員(此中には十一人の建築書記をも含む)、九十五人の人口調査係助手、三十六人の官房書記、九十八人の雇員、百人の使僕執達吏員監視員等、並に二十一人の筆耕等で、總計五百四十九人である、但此中にはモアビッドに於ける監獄吏員六十一人は、之を含有しない、因に該監獄は伯林警視廳の創設後五十年を經て始めて、警視廳の監督に屬せしものである。

技術的在區吏員としては、警視廳の指揮の下に十三人の區醫、四人の裁判醫、五人の獸醫、十一人の警察獸醫、九人の警察獸醫補、十一人の建築監督官及十一人の建築監督官補其他五人の營業監督官助手、二人の女性の營業監督官助手である。右に述べた各部外に、執行警察機關として巡査本部の設けがあつて、其組織は警視總監直接指揮の下に於て、警察大佐が其指揮の任に當つて居る。又巡査本部に屬する行政事務に付ては、第一部に於て之を取扱ふ可きものとする、又巡査隊は之を三の警察社團及十二の方面監督署、並に百二の警察署に分けて、尚此外に騎馬部及豫備部の設けがあつて、各警察大尉の指揮の下に立つべきものとする。其他四の專門的執行機關があつて、即ち第一には水上警察官廳、第二には營業監督廳、第三には車體監督廳、第四には點火、町名取調、軍人事務、救濟事務等を掌る官廳が是である、而して巡査隊の職員は左の通りである。

警察大佐一人、警察少佐三人、警察大尉十九人、警察中尉百九十三人、巡査部長四百十二人、巡査四千八百八人、騎馬巡査部長十八人、騎馬巡査二百二十二人である。 其他特別執行吏員として第四部たる刑事警察部に屬すべきものは、即ち六人の刑事監督官、三十九人の刑事警部、三十四人の刑事巡査部長、三百一人の刑事巡査、百二人の警察署所屬刑事巡査部長及百二人の警察署所屬刑事巡査、其他伯林近郊に對しては、一人の刑事警部七人の刑事巡査部長及二十七人の刑事巡査の設けがある。

又第七部なる政治警察部には、其執行警察の目的用としては十人の巡査部長百二十三人の巡査之か求めに應し、何時でも巡査隊中より之を使用し得べきもので、此部に於ける高等執行官吏としては、一人の警察事務官之が長となり、十人の刑事警部が之を輔佐する。

次ぎに特別なる執行機關として警視廳に從屬すべきものは、消防部である、消防部では消防司令長が之に長として、消防全隊は之を五隊及十八小隊に分ち、吏員は一人の消防司令長、六人の消防監督官、十五人の消防監督官補、七人の曹長、十二人の上級機關手、七十七人の上等消防手、六百八十九人の消防手及四十一人の喞筒係である(最近の伯林消防報告に依ると喞筒手は之を十七人に減じ消防手は七百八人とした)其他消防部には中央電信係の人員悉く之に從屬し、即ち一人の電信技師之に長となり、三十五人の吏員が之に從屬する。

以上述べた警視廳の組織は、之を千八百二十二年九月十八日及千八百三十年七月二十六日の官制等と比較すると、最近十年間に於て、著しき進歩を見るに至つた、初め警視廳の成立するや、今日の如く伯林市は、未だ大都會たるに至らないで、其交通も頗る稀疎であつたが、今や伯林市は其繁盛に伴ひ、獨逸帝國の首府となり、世界中屈指の都市たるに及び、獨逸帝國中警視廳の組織に付ても、他市を凌駕するに至つたのである。

二　伯林警視廳の營業警察と交通警察

余は千九百二年伯林警視廳書記官ツムラート氏及營業事務官ハートマン氏とに

依つて、同廳に於ける營業警察と交通警察に關する事務の梗概を聞くことを得た、以下に述ぶるものは即ち夫れである、乍併是は所謂隨聽隨筆に係るもので、系統的に順序を立てゝ書いたものではないから、其點は豫め世人の了恕を請はねばならぬ、ツムラート氏は重に製造所の事務に從事して、營業及交通の事務を處理する人で、丁度我警視廳の第二部長たるが如き職務を有する人である。

營業監督署は之を數區に分けて、其長官には各〻營業監督官の設けがある、又女工に關する事を監督せしむる爲めには、特に女子の監督官を雇入れ得ることになつて居る。

宿屋營業者の許可は、地方警察の事務に屬して居る、又行商の證票を受くべき者、例へば街路に於ける勞働者、及籤賣人、質商、周旋營業者、印刷物販賣者等は、悉く警察の許可を要すべき者である。又營業警察部に於ては日曜日の休業に對し、嚴格に遵守せしむる樣に注意すべきものである。又勞働者に快樂を與ふる爲めに、特に休暇を許可することがある。煙突の掃除人は、試驗の上之を許可するのである

以上はツムラート氏から聞いた所の談片であるが、余は更に熱心なる營業事務官

ハートマン氏を訪問して、營業警察に關する下の如き有益なる談話を聞くことを得た。

營業條例の實行方に付ては、市に委任すべきものであるが、營業警察に關しては、固より警察の干渉に屬する、縣廳には書記官の配置があつて、營業上の監督を行ふのを常とする。警視廳の同部には、職工、製造所等之に屬するけれども、手細工の職業等は、氏の指揮監督の下には立たない、氏は余に營業報告書を見せて、其第六百八十二頁に職務上の執行方法に關する規定のあることを明示した、又職工保護等の事務も、此內に規定してある由を語つた。

營業監督官は俸給の外に每年三千「マルク」の金を支給さるゝのである、之は即ち職務上の費用に供する爲めに支給さるゝので、例へば旅費、官舍の借料、電燈料、書記の雇給等を支拂ふべきものである。營業監督官は警視廳內に在るのではなくして、市內の各區劃每に別に官廳を設けて、之を置くのである。

營業監督署に於て執務すべき技師の種類は、マシン・エンジニール即ち器械技師、ミーケル即ち化學技師、ベルグ・エンジニール即ち鑛山技師及電氣技師等である。

ホテル即ち旅宿に付ては、別段警察上の規定はなくして、一般の建築警察上から干渉するのみで、又別に營業警察としては何等の關係する所はない、乍併昇降機及瀛罐等に付ては、商務大臣の許可を要するのは勿論である、昇降機の取締に付ては、伯林警察規則第三卷第百九頁に詳であるそうだが、氏は同規則の甚だ不完全なることを述べて、改正の必要があることを言ふて居つた。毎年伯林で此昇降機の爲めに死する者が六七十人の多きに達し、而して是等の大概は戸を開いて居た塲合で、夫れが最も危險である、又昔は昇降機の紐が斷れて危險を釀すことも多かつたのである。又旅宿に從事すべき給仕等の休憩時間に付ては、勿論警察上から干渉すべきものである。

新に製造所を許可せんとするときには、營業條例第十六條に依り、委員を設くべきものである、其營業條例第十六條に依れる製造所と謂ふのは、凡て危險の範圍に屬すべきもので、例へば大なる響、瓦斯、惡臭(肥料の如き)其他破裂の虞れあるものに對し之を謂ふので、又砂糖製造所の如きも、頗る不潔であつて人民に迷惑を掛けることが少くないから、官廳は其人民の迷惑にならぬ樣に干渉して許可するのである。

そうして官廳は之を官報又は新聞紙に公告し、人民は二週間以內に營業警察部に來て異議の申立をすることが出來る、若し此異議者が來ると、乃ちハートマン氏は其當事者を喚び聞取書を作つて之が判定を爲すのである。

製造所の許可に付ては、其圖面、仕樣書等を營業警察部より、營業監督署及建築監督署並に區醫の三者に提出し、各〻其意見を徵し、此の如くにした上に新設の場合に於ては、檢査を行ひ、尙當該官は種々質問をもして、或は變更を命ずる場合もある、殊に營業監督官は營業條例に依り、職工の保護に關する規定をも參照し、製造業者が其の命に從つて改めないときには、監督官は斯く〳〵すべしと注意書を發し、尙應ぜざるに於ては、條例に依りて之を處罰すべく、又區醫は衞生上の害毒に關して監査を遂ぐべきもので、斯くして市參事會若くは縣參事會に於て決定すべきものである、而して縣參事會(全く縣廳の場合に於て言ふ)は二人の縣書記官及四人の有識なる民間の人より成る、又市參事會も殆ど之に準じて居る、此二機關は毫も警視廳に關係せず、獨立して職權を有するのである、故に例へば縣參事會に於て許可しても、隣佑の者が尙異議を挾む等のことあるときには、遂に商務大臣に對して訴願を提起すべきものである、普魯西では商務大臣が若し之が書類の送達を受けた時には、審査機關に命じて之を審査せしむるので、而して其審査委員には斯道の有名なる博士などが之に當るのである。

製造所の許可の條件としては、其命令條件中に隣佑に害を及ぼす時には、之に相當する除害の裝置を爲すべしと云ふが如き、條件的命令を附するのである、是より先き三十餘年前フランクフルト・アム・マインツに於て某化學的製造所を許可するに當つて、縣參事會は何等の條件をも附せざりし爲めに、行政裁判の結果、警察は何等除害の裝置を命ずるの權能なしとの裁判を受くるに至つた事があつたが、蓋し其當時にあつては、未だ此の如き條件的命令の制度が存在しなかつたからである、我東京の警視廳の如きは、夙に此制度を採用して居る。

尚ハートマン氏の權內に於て、火災上危險と思ふ場合には、消防司令長の所へ書類を進達するのである、昨年來警視總監は火災豫防委員會を設けて、火災上豫防の事に努力しつゝあるとの話であつた、乍併是は既設の建物のみに對し干涉すべきものであつて、營業監督官消防指揮官等が協議して意見を定むべきもので、其委員會は未だ各製造所を一週するに至らないが、既に其半數だけは巡廻し終つたと云ふことであつた。而して是等職權の基く所は何であるかと云ふと、普國普通法典第十七條に依りて人民に對し命令し得べきのである。製造所に對し、警察が立退を命ずなどの事は最も少ない、大概警察は其中間に立ちて和談を遂げしむるのである。近來は民法上の規定が頗る煩雜を極むる樣になつて、隣佑に對する妨害等の問題を裁判の下に提出することのある樣になつたけれども、其多くは却下せらるゝのである。

千九百年に於て出版したる報告書を見ると、千八百七十九年に於ては、汽罐の數が六萬であつたが、千九百年には十三萬九千三百の多きに達した。而して之と反對に其災害の爲めに死傷した者は千八百七十九年には死者が十八人で負傷者が七十八人であつたが、千九百年には死者が十三人負傷者が二十四人に減じたのである。

從來工場の監督に付ては、警察署より一年二回臨檢する慣例であつて、殊に職工保護の取締規則が發布されたる爲め、尚ほ多くの度數までも、監視を遂げた事があつたが、パートマン氏が警視總監に上申をして、今や其必要なき所以を辯じ、總監も之に同意して、技術的の頭腦のない官吏を派遣した所で、其實效はないから、一般の警察官吏には毫も技術上の事に關し、嘴を容れさせないと云ふ事に注意する樣になつた。營業監督官は大製造所には每年一回、小製造所には每年二回つゝ巡廻せしむるのである、乍併一萬千許りも工場數があることであるから、巡視の職務は頗る繁劇と云ふべきのである。

巡査にも營業警察に關しては、極めて簡單に其要旨を訓練し置くことは必要で、時々署長より訓示を行ふべき筈である、殊にポッダーム縣廳に於ては、警察署長等の參考用として縣廳出版の實際的書籍がある、夫れはメンテ氏の著述に係る。又每日一回營業監督官試補等をも含めて十四人の者が、廳內に會合して、工場監督に關する協議會を開くのである。

營業條例第十六條の列擧する所に係るものは、許可を要すべきも、其他の製造所に對しては之を要しない、唯だ建築警察に關し、建築部から營業警察の方に協議すべきものである。又瓦罐の据付けなきときは之に對し、何等の許可を要しないのは勿論で、丁度我警視廳の第三十五號取締規則の如くである、概して製造所は建築警察と最も關係を有すべきもので、營業警察の方は、時に新築の場合など臨檢しないこともあるが、建築警察の方からは必ず臨檢を要するのである。又手細工の職工場などにも、營業監督官廳は、干涉すべきものである。

國有の製造所例へば陸海軍省若くは遞信省に屬する製造所に付ても、條例の規定には遵據すべきものである、條例の上からは別に公立及私立の間に何等の區別なく、而して此事に付て曾て帝國議會に於てビスマルク公に質問した者があつた時、公は其間に何等の區別なしと明言されたのである。

職工に關しては、種々の病症基金等の規定があつて、營業監督官は指物師、鍛冶職業も、種類に應じ、何れの部類に屬するや等を定むべきものである。職工の同盟罷工等の事に關しては、政治警察の一部類に屬するが、商務大臣はハートマン氏にも諮問さるゝ事がある。又市長の下にゲヱルベグリヒト即ち營業裁判の設けがあつて、工場主及職工との間に調停の勞を取るべきものである。曾て數年前伯林に於て軌道に從事する車掌運轉手等の同盟罷工があつて、一週間ばかりも市長の許に到つて救濟を訴へつゝあつたが、遂に其會社は賃錢を高むることゝなつて其落着を見るに至つた事がある。

煙突の高さは二十四「メートル」以上は立つることを得ない、但「パン」屋の如きは隣家より五「メートル」許りも高くすることが必要であるが、未だ實行を見るには至らない、之に關しては別に取締規則の設けはないが、之を實行せんと欲すれば、例の普通法典第十七條に依りて行はしむる筈である、是等煙突の取締も主として建築警察の取締に屬すべきものである、唯だ蒸瀛罐の釜は營業條例第二十四條に依り、ハートマン氏監督の責任に屬するのである。又營業條例第二十五條に依り、製造所を擴張せんとする時は、除害の裝置を命すべきのである、殊に此條文は最も注意を要すべき點である。

伯林に於ては製造所を許すべき地域の範圍は未だ確定しない、唯だ我東京の上野公園とも稱すべきチールガルテンに於ては、之を禁じて居る。又シャルロッテンブルグ警察に於ては、判然と製造所の許否に關し其區域を一定して居る、伯林でも早晩其區域を一定する樣になるであろう。伯林全體では每年二百つゝも煙突などに對する訴願があつて、其十「プロセント」位が採用せらるゝのである。

伯林の交通警察は亦ツムラート氏の指揮の下に屬すべきもので、當時伯林では倫敦式に依りて交通の整理を試驗中であつた。荷車は唯だ朝の内だけ之が通行を許し、丁度其當時市と交渉中であつたが、市は許可を拒むの色があつた、夫れは即ちライプチヒ街フリードリッヒ街アレキサンデル・プラッツ街等に付てゝある。路商は警視廳に於ては、之を禁ぜんとするの傾向であつたが、之が實行は頗る覺付かない、例へば犬の賣買、果物、書物等に關しては、巡査は交通上に妨害ありと認めたときは、之を除去すべき權あるもので、若し應せざるに於ては、固より處罰すべきものであるが、是等細民の營業を妨ぐるのは、社會政策上宜しきを得ざるものであるとて、ツムラート氏は其禁止に同意しない樣であつた。

公けの行列に付ては、交通警察部の許可を要すべきものである。廣告は警察の許可を要すると同時に、又一面に於ては、市の許可を要すべきものである、伯林では廣告は、一の會社があつて、市と契約を結んで居る。土地及家屋には番號を附し、而して町名等を定むるに付ては、國王の許可を要するので、警察は市と交渉を遂げて、市參事會は之が提案をすべきものである。又町名を記したる札は、市に於て之を設營業交通部には、四八の高等官(營業事務官等)及六八の警察事務官の設けがある、通常大學卒業者がレフエレンダー即ち見習の試驗を受け、之に及第した後に、概ね四五年を經て、アッセソール即ち試補の試驗に及第すべきものである、前に述べた營業監督官は、丁度此試補に相當するものであろう。

くべきものである。

二　獨逸諸市の警察一斑

余はこれより獨逸諸市の警察に就て、視察し得た所の一斑を述べようと思ふ、尤も獨逸諸市と言ふても、僅の間のことであるから、廣く聯邦諸國に渉りて視察した譯ではなく、ほんの三四に止まるのである。

ケルンの警察

ケルンの警視廳は、普國中で整頓の聞へあるもので、余が視察の當時即ち千九百一年十月一日警視總監たりしウェグマン氏は、交通警察に付ては殊に熱心の人である。

而して其當時同廳に於ける警察官吏の數は、警視(インスペクトル)四十七人、警部(コムミセール)三十六人、巡査總長(ワハトマイステル)二十三人、巡査(シュッツマン)五百二十人であつた。そうして行政警察官廳には、行政試補一人、警察事務官二人、警察試補三人、書記三十一人、戸口係六人と、官房員が五人であつた。而して又其各部の事務の分擔は、下の如くであつた。

第一職員係に於ては、警察官吏の恩給、昇級、賞罰等を掌り、尙政治警察をも掌るのである。第二營業警察に於ては、獸畜警察、保險警察、演劇警察の類を掌る。第三救貧事務としては、瘋癲者、病院等の事を掌る。第四交通及保安警察の部に於ては、結社警察、出版警察、漁業警察、動物保護、富籤等の類をも監督する。而して第五は警察罰第六は司法警察及監獄、第七は風俗警察、第八は法定上の保險取扱、第九は兵事事務、第十は寄留住民の監督を掌るので、而して警察事務官又は警察試補は此等各部の長である。

巡査の勤務は三日間は晝日勤務に從事し、三日の後は夜勤に從事する。又警察區劃と刑事の區劃とは、同一である。

アーヘンの警察

余は千九百一年十一月五日警視ビユンテル氏の案内で、アーヘンの警察を觀たが、同處は白耳義、和蘭等に接し、各種の外國人に關する事故が頗る多く、又溫泉地であるから、外人の出入が殊に頻繁である。アーヘンの警察の區域は、之を三十一に別ち、巡査は各自監視帳簿を有し、巡廻線路等は豫め定まり居ること他の警察と同じである、又別に夜警區域の定めがあつて、巡査部長は其時間内に規定の線路に於て巡査に邂逅し、自ら其旨を監視手帳に手記すべきものである、其以前夜警人には職工を雇入れたのであつたが、職工は晝間の働きが既に其度を過ぐるが爲めに、夜に入れば徒に睡眠を催ふして其效少き爲めに、巡査をして巡廻せしむることになつたのである、即ち千八百九十四年以來所謂夜警人を廢し、一般警察をして之が任務に當らしむることゝしたので、是實に伯林警察の沿革とも酷似する所である。アーヘン警察官には、一人の警視と、八人の在區警部(ベチルクス・コムミツセール)と、百六十八人の巡査がある。警視ビユンテル氏は、曾て伯林の警視廳に在職して、ヘーン氏が來朝の時に、我國の聘に應ずべき一人であつたが、之を辭したる旨余に語られた。巡査は每に親切鄭寧なるべしとは、此アーヘン警察の最も注意警戒を怠らぬ所である。又此警察に於ける騎馬巡査は、僅に四人である。

漢堡の警察

漢堡の警察に付ては、前に再々之を述べたこともあるが、余は千九百一年十月二十一日警察長官ドクトル・ロッセル氏及警察中尉ニーマン氏との案內に依りて、同處の警察を視察した故、多少重複する所もあるが、更に玆に一言しようと思ふのである。元來此漢堡と云ふ處は、警察に於ても世界中頗る有名なるものゝ一に數ふべきもので、各國人の必ず視察を試むる處である。漢堡は曾て前に述べた如く十八人の元老があつて、警察長官も其元老の指揮の下に屬するのである、消防司令長も亦是と同樣である。而して警察長官と消防司令長とは、俸給も同額で各〻一萬二千「マルク」を給せらるゝのである。警察は總てを八部に別けて、部長は多く事務官が之に任じ、概ね學士の連中が其職に當るのである。ロッセル氏は久しく刑事警察の長として令名のあつた人で、漢堡の刑事警察組織は多く氏の畫策に出たので、今や榮轉して警察の總指揮者となつたのである。

漢堡は近郊を合して人口が六十萬餘である、前に述べた元老は、千八百六十年に成立した憲法の規定に依り、行政權をも執行することゝなり、其十八人中九人丈けは法律及經濟を學びたる者から採用するのである。元來漢堡は千二百四十一年にハンザー同盟に加はり、十八世紀の中頃には、米國と直接商業同盟を爲し、千八百十一年には佛國に從屬し、千八百十四年巴里條約に依りて佛國の羈絆を脫するに至つた國柄である。

漢堡警察組織の概要を述ぶれば、下の如くである。

(一)官房　官房第一課は一般警察に關係して、國籍、身分及外人の渡航、放逐等の爭に對する決定、敎育事務、婚姻の爭、其他他の主管に屬せざる事項、訴願等の事務が之に屬して、其課長は事務官を以て之に充つるのである。官房第二課長も亦事務官で、政治警察を掌る所である、即ち種々の政治上の事は勿論、外賓の保護、集會及結社、竝に出版等の取締、軍隊兵事警察、爆發物戎器の取締、社會主義者の取締、勞働者の保護、職工の取締、賃銀仕拂の取締、港灣勞働者の保護、移住民等に關する事項を取扱ふのである。今試みに千九百年間に於ける統計を見ると、政治警察上の書類の出入の淇受けたるものが、一萬九千四百三十六で、發送したるものが、一萬七千八百五十一件である、又集會の屆出は四千百七十七で、其内臨監したものが二千百六十八、禁止が二、解散が一、處罰したものが十三である、又出版警察に關しては、定期印刷物が百九十八で、檢事に起訴した事が二十五であつた、尙社會主義に關する事件の書類取扱は、實に一萬四千三百六十九の多きに達したのである.又船舶の出入に關しては、其入港が一萬三千百三隻で、其噸數は八百四萬一千噸であつた。

(二)第一部安寧警察　其部長は事務官之に當り、主管事務の重なるものは、即ち病症保險、自殺、變死者、不詳屍骸取扱、强制勞働、一般保安警察(劇場曲馬場其他一般觀物場等の取締をも含む)火災上危險物の取締、衞生警察、毒藥物取締、飮食物取締、獸畜警察等である。

(三)第二部刑事警察　此部長も亦事務官である、風俗警察も亦此部に屬することは恰も伯林警察の如くである、是は千九百年二月一日以來此部に屬する樣になつたので、夫れ迄は獨立した特別の一課を組成して居つたのであるが、此改正に依り、取締上頗る良好なる結果を生ずる樣になつたのである、其他此部に於て掌る事項の大要は、即ち重輕罪、違警罪の逮捕、鐵道、船舶、木賃宿等の監視、質屋の刑事的監視。公衆觀覽場の刑事的監視、寫眞術の應用、人身測定法、犯罪人の名簿調製、犯罪人筆蹟の蒐集、刑事陳列室、遞傳護送、警察監視、無宿者の取締、狩獵及漁獵警察、田野及山林警察等である。

(四)第三部營業及交通警察　此部長も亦事務官である、其主管事項は營業條例の主管に屬する營業警察事項、商業看板の取締、工業者及諸工業の取締、質屋雇人口入等の取締、劇場の出方取締、踊師匠、古物商、富籤販賣者、家畜賣買人、土地周旋業、金貸及婚姻周旋業、銘酒店、宿屋、音樂、手踊、曲馬其他歡樂的の諸興行取締、市場、度量衡、營業時間の制限。又交通警察に關しては、鐵道に關する事務、公共用の車體取締即ち軌道乘合馬車、營業馬車、競馬、其他荷車に番號を附する事、道路の通行止、通行劵、火事場入場劵、土地使用許可、廣告、行列、路上觀物及路上遊興、路上人足、靴磨等の取締である。

(五)第四部巡查本部　此部の長は警察大尉之に任じ其擔當事務の重なるものは、警衛警戒の事務、火事場の警戒、非常線、危險物の運搬附添、人命救助器具、四人護送馬車、看護婦の監視、警察電信電話等に關する事項である。

(六)第五部水上警察　此部の長はハーヘン・キャピテン即ち工務長が之に任せらるゝのである、漢堡には十の水上警察屯所があつて、六隻の蒸滊船と無數の艇舟とがあつて、一般水上警察の事を掌るのである、今試みに千九百年に於ける漢堡水上警察の取扱ひたる統計の一二を擧げて見ると、盜難事件の總數は七百十一件で、身體に負傷を加へたるが如き行爲は、二百六件、船舶侵入罪十一件、物品毀棄二百七件、風俗警察違犯七件、埋藏物及遺失物三百三十三件、援助を要すべき外國船乘の收容二百四十三件、救護を要すべき者の取締二千二十一件の多きに達し、又船火事は五十一件、船舶衝突二百十一件、水上警察官の手を經て人命を救助せし者百二十六件等である。

(七)第六部外人警察　此部では外國人に關する旅券警察、雇人警察、戸口警察其他外國人無宿業者の監督、宿屋の宿泊者、移住民、船乘等の名簿調製等を掌るのである、而して此部の長はポリツァイ・インスペクトル即ち警視である。

(八)第七部會計　此部の長も亦警視であつて、其主管事務は諸種警察上の費用の沿徵、犬稅、質屋帳簿の監督、警察官吏の死傷者扶助者の取扱、被服物品等の管理、遺失物、病人死人の運搬の監督、人命救助器具の監督、公設浴場の取締等である。

以上の外別に營業監督署の設けがあつて、其長官はゲベルグラート即ち營業事務官である、此署に於ては帝國營業條例に規定する事柄及職工の日曜日の休業、職工保護、女子及若年者職工に對する勞働時間に關する取締などを掌る。尙其外に獨立の係りとして建築警察に對する事項を掌る所の設けがあつて、夫れは分ちて二つとなし、其管掌事務の第一は建築警察で、第二は瀛罐檢査である。

漢堡に於ける巡査の志願者は、自ら巡査本部に來りて履歷書を呈出し、其軍隊から來た者であるときには軍醫の證明書を携へ、又兵役に從事した後他から來た者であれば、警察醫の診斷書を要し、之に合格した時は、毎日二時間づゝ警務要書に依り、教官の練習を受け、半個年間は警察屯所にありて、老練なる巡査と共に道路に停立し、半個年過ぎた後更に試驗を行ひて採用するので、若不成績であれば右の方法に依りて其訓練を繰返すのである。巡査が妻を娶るには、婦人の履歷を取調べ、其何れの場處にあつたかを探究し、又許可なくして不適當の婦人を娶つた時には、其職を免せらるゝのである。巡査の年齢に付ては、其就職年限に關し、別に規定はなく六十歳位の者をも見受くるのである、又巡査に採用すべき者は、單り漢堡市の者には限らず、他の市よりする者でも勿論採用さるゝのである。又巡査の內職に付ては、伯林警察の如く、許可を要すべきもので、唯だ例へば妻が裁縫師なる場合に之を補助する如きは差支ないのである、乍併概して巡査の內職中最も多きは庭園の番人である。

繁劇の場處には巡査の數を多く配置すべきは勿論で、丁度我東京の淺草に該當すべき、ニーデルン街の如きは、特に漢堡の警察上注意を要すべき場處である。巡査の勤務は、二十四時間は當番で二十四時間は非番である、其內譯は十二間は警察屯所にありて、十二時間は外勤に從事するので、而して二時間每に屯所及外勤を爲すのである。巡査の道路に於ける立ち方は、四辻の眞中に位置を占むべきものである。

警察士官は、軍隊から採用する場合には、別に見習等をすることはなく、直に採用さるゝのであるが、軍隊以外からする場合には、特に見習を必要とするのである。屯所の長はゲビールワフトマイステル即ち屯所長と稱へ、區の所長はオーベルワフトマイステル即ち上級屯所長と稱するのである。方面監督は之をヂストリクトオフチール即ち方面士官と稱へ、其方面は總計三つある。警察中尉は巡査本部附の職務を帶び、同時に騎馬係長を兼ぬるので、ニーマン氏は即ち此職に在る人である。余が漢堡に往つた時、巡査の缺員は二十六人であつたが、平素は大抵五六人に過ぎないとのことであつた。余は試みに一警察屯所を視察したが、其處の巡査定員は二十七人で、十三人ばかり當日の勤務で、其半數は外勤に從事し、屯所內に留まる者は七八人程であつた。其屯所には、屯所名を記載した赤色の硝子燈があるのを見受けた。巡査が立ち番の區域は通常一定して居るけれども、場處の狀況に依りては、約二十間は交通し得らるべきのである。騎馬巡査は日勤で、夜間は休むのである、概して馬上から見下ろすの便利ある爲めに、取締上には至大の效があるとのことであつた。

ハイデルベルグの警察

巴丁公國はコンスタンス、カールスルーエ、マンハイム及フライブルグの四つの縣より成つて、一縣は十五乃至十六の邑廳即ちベチルクスアムトを有するのである、而してハイデルベルグは、マンハイム縣に屬する一の邑廳のある處である、其長官はドクトル・フヒステル氏で、氏は七十歳ばかりの長老者で、ハイデルベルグ大學は、氏の功勞に對して名譽博士の稱號を授けた程の人である。此ハイデルベルグは、人口僅三萬餘の處であるが、夙に其大學を以て有名なるが上に、其風景の絶佳なる故を以て、外國人の來遊する者が甚だ頻繁である、余も亦千九百一年十一月二十一日此地に遊んで、警察組織の一班を視察することを得たから、玆に少しく其概要を述べようと思ふ。

ハイデルベルグ警察の組織に付ては、マンハイム縣の指揮を受くべきものなれども、縣知事の職權は限定されたるものであるから、又直接に內務大臣の指揮を受くる事が頗る多いのである、而して其內務省はカールスルーエに設けられてある。ハイデルベルグ邑廳には、五人の高級官吏があつて、即ち一人の書記官、一人の高級助役(オーベル・アムツマン)一人の助役及二人の試補(レフエレンダール)である。其職務の分擔は、高級助役は一般町村行政に付て、廣く警察事務をも含みて之を監督し、助役はハイデルベルグ市其ものゝ警察全體を掌るの職務を帶ぶ、而して執行警察の長としては、別に警視の設けがある。當時高級助役の職にはドクトル。フホルデル氏之に當り、氏は我金井博士の學友である。

ハイデルベルグの警察は、自治警察ではなくて、スターツ・ポリツアイ即ち國家警察に屬するのである、而して巴丁公國中國家警察の組織を有するものは、此市を合せて八大市だけである。此邑廳に於ける警察事務官としては、助役の配下に警部書記等數人あつて、千九百年中助役が取扱つた事務件數は五十四萬件に及んだと云ふことであつた。邑廳は司法警察規則を發布するの職權を有するが、其罰の分量は百五十「マルク」まで科することを得るのである、而して警察規則を發布する方法は、市會議員に同意を求め縣知事の認可を要するのみで、別に内務大臣の認可を要しないのである。

巡査採用の方法は、下士官中より試驗を行ひ、内務省に申請して認可を得て採用するのである、そうして巡査教習所には三個月間入所せしめ、其間と雖も俸給は之を支給するのである。巡査俸給の半額は國庫で、半額は市費を以て之を支辨するのである。巡査勤務の方法は、下の如くである。

自午前七時……至十二時　勤務　自午後十二時……至四時　歸宅　自午後四時……至七時　勤務　自午後七時……至九時　休憩　自午後九時……至翌朝七時　夜勤　自午前七時……至十二時　歸宅　自正午十二時……至午後四時　勤務　自午後四時……至七時　歸宅　自午後七時……至九時　勤務　自午後九時……翌朝七時　休憩

右の如き方法に依りて、別段休暇の日とてはなく、循環的に勤務に從事するのである。又巡査の俸給給與は年俸千百「マルク」乃至千四百「マルク」で、別に宿料として年額二百五十「マルク」を得るのであるが、尙不足の樣子である。

警察署は總計四個所あつて、一署に十餘人の巡査が居る、余の視察した第四警察署の如きは、十二人の巡査が勤務して居つた。第二警察署には二人の巡査部長があつて、一人は署內にあつて內勤に從事し、一人は外勤に從事して居つた、其外に巡査が十六人あつて、其處には電話もあれば、火災報知機もあり、殊に火災報知機は消防手の住宅に通する裝置であつた。ハイデルベルグ警察の警部は僅に二人で、其內一人は刑事警察に從事するのである、乍併其時の話に來年度には更に二人を增員する旨當局者は言ふて居つた。而して此警部には判任官の資格を有する者から採用する、助役ドクトル・ベンデル氏の言に依ると、軍人出身者は其用を爲さぬから、他より任用する方が宜いとのことであつた。

巡査敎習の學校は、以前にはマンハイム市にあつたが、兎角惡い巡査を送り付けらるゝ嫌があるから、最近ハイデルベルグ警察では、或小學校を借り受け、特に巡査の敎習を始め、其成績頗る良好で、その不成績の者は却て之をマンハイム市に送るとのことであつた。授業は毎日夕刻の五時から六時迄で、ベンデル氏も毎週二時間自ら敎習を爲すのである、敎習期間は三個月で、新入の志願者も、舊來の巡査も同様に三個月敎習を行ふのである。今試みに敎習所に到り授業の實況を視察した模様を述べると、警部は巡査に試問して、帝國議會とは何であるか、議員の選擧とは如何、議員の數は幾何、誰れが議會を召集するや等の事を尋ねて居つた、先頃友人小河滋次郎君が歐洲から歸朝せられて、余に警察官吏養成の料に供すべき參考書を贈られたが、之を繙讀すると、警察官に直接關係のある事柄は勿論、警察に關係なきもきものでも、苟くも警察官として常識上知り置くの必要ある事項は、悉く網羅して漏らす所はなく、丁度此のハイデルベルグ警察の教習方法と大に似た所がある、我國將來巡査の教習上に付ても、是等の點に大に留意するの必要があると思ふ。

余は同月の二十三日助役ドクトル・ベンデル氏の指導で、ハイデルベルグ近郊の村役場をも視察するの機會を得た、同役場所在地は工業地で、人口は約四千人を有する處であつた。 村役場の事務中戸籍簿、法律上に基ける種々の保險取扱事務等は、最も重要のものであつた、試みに百五十二人の廢人保險に付て見ると、毎日十五「マルク」を得る者が最も多くて、是等は一日平均五「ペンニー」を得る割合である、是等の保險制度と云ふものは、法律に依りて規定せられたるの所のもので、社會政策上最も必要なる設備で、頗る欣羨の情に堪へない所である、又病傷保險は毎日一「マルク」を得るので、而して其三分の二は雇主に於て、三分の一は雇人に於て醵金するのである。 此村役場に於ける吏員は、村長一人、村會議員六人書記一人、巡査（ポリツアイ・ギーヂル）三人と外に憲兵も二人計りあつた。 巡査の年俸は八百「マルク」で、服裝は矢張り劍を佩び制服を着して居る。 而して村長も亦有給である。 余は尙サンハウセンなる村の視察をも遂げたが、大體に於て大差は無かつた。

スットガルトの警察

余がユルテンブルグ王國のスットガルトの警察を視察したのは、千九百一年の十二月五日であつた、當時同市警察の指揮者は、ウルステル氏であつた。スットガルトは七十の區畫に別ちて、之を十二の大區畫と十九の監督區畫とに分けて、其各大區畫には一の警察屯所があつて、其他にも分屯所の設けがある、而して是等には常に相當の巡査を配置して居る。スットガルトの巡査は、伯林の如く屯所内に休憩室を有しないで、休憩の場合には自宅に歸るので、何か報告等の必要があるときには屯所に來るのである。一日平均十時乃至十二時間勤務に從事し、八日間晝の勤務に從事し、二日間夜の勤務に從事する割合である。此市の巡査は總計二百四十人で、巡査部長は十八人、其他に二十七人の角袖巡査と、六人の騎馬巡査がある、又警部及警視竝に市の參與官の如き職員がある。要之にスットガルトに於ては警察は市長の指揮の下に從屬すべきもので他とは頗る其趣を異にする所がある。

一三　瑞西の警察一斑

瑞西の警察に付ても、余は各種の場合に於て既に屢〻之を述べた、夫れ故に是亦勢ひ多少の重複は免れないけれども、余が千九百一年十一月の末から十二月の初めに同國チユーリツヒとバーゼルの兩市を訪ふて、實際に見聞した所に就て、更に玆に一言しようと思ふ。

抑も瑞西と云ふ國は、二十五の州（カントン）に分たれたる共和政體の邦國で、其大統領は議會に於て之を選擧し、其任期は一個年である、議會には二種あつて、一はカントンから選出せらるゝ四十四人の議員から成立つもので、一は米國流の普通選擧に基ける百四十七八の議員から成立つものである。而して其中央政府即ち參事院（ベンデスラート）は、ベルン市にあつて、其内閣は内務、大藏、遞信、陸軍司法及警察、農商務、外務七省の長官より成る。

各カントンには、法律規則を發布するの權限はあるけれども、中央政府は又事苟くも外國に關する規定に付ては、カントンに對し、之が規定に付て許否するの權限を有するのみならず、又獨立して全國に通ずる法律を發布するの權あることは勿論である。カントンに於ては、行政部は之を七つに別ち、軍事、衛生、財政、建築、敎育、司法及警察等之に屬し、而して是等の部には各其長官があつて互に每年更迭することになつて居る。要之に瑞西に於ては、法令は之を三階級に分つことを得て、即ち全國に通ずるもの、若くはカントン全體に通ずるものと、而して又地方警察規則として、市其ものが警察規則を出すものとがある、尤も此の如き塲合にはカントン警察は之に對して認可を與ふべきものである。

チユーリツヒの警察

余が訪問の當時チユーリツヒの警察及司法長官の職を帶びて居たドクトル・ステーセル氏は、七十ばかりの矍鑠たる老人で、書記官の官名を有して、在職既に二十七年といふことであつたが、前に述べた樣に、是等各部の長は每年更迭するのであるから、六年目每に各行政部を廻つて來るのである。此人は余の訪問に對し極めて慇懃に說明の勞を取られたのである。尚警察大尉ドクトル・ラツプルド氏も、亦大に余を歡待せられたのである、此人はカントン警察の執行警察長で、以下述ぶる所は多くラップルド氏の談話に基くものである。

チユーリッヒのカントン以外は、之を警察區劃に別ち、之が警衞の爲めには、所謂ポリツアイ・ソルダート即ち警察兵士を置くのである、其警察區劃は行政區劃と同一で二千人乃至七千人の人口を有し、是等の警察區劃を合併して、警察大區劃を形成するので、其長はスタットハルテル即ち知縣である、故に警察官は所謂知縣の指揮を受くべきものである。チユーリッヒ市の警察其ものに付ては、之が組織を分けてカントン警察及地方警察の二とする、而して地方警察は市の自治團躰に屬すべきもので、其主管すべき事項は、治安、警察、道路警察、交通警察、市場警察、營業警察、水上警察等である、而してカントン警察は主として刑事警察の任に當り、市警察と共に提携して其任務を執るべきものである。地方警察の長には、警視の職があり、之を監督する爲めには、又市會議員中に警察長官たる名譽職がある、乍併市役所に於ては、別に警察的事務所の設けはなく、警察署は別に之を設くるのである。

警察屯所は十六あつて、我國の巡査派出所の如きもので、一屯所には三人乃至八人の巡査がある。警視の年俸は六千「フラン」を給せらるゝのである。

カントン警察としては單り刑事警察のみを行ふべきもので、之に屬する警察屯所は二つあり、而して其吏員としては、大尉一人、中尉一人、少尉二人で、其他に曹長、下士官等がある。又カントン警察には四十五人の刑事巡査があつて、常に平服を着て居る、是は試驗の上採用するので、又市警察から採用することもある、一年間は見習として教習を行ひ、更に試驗の上採用するのである、尙此刑事警察の詳細に付ては前に司法警察の事を述べた時に盡くしたから、茲には之を省略する。

余は尙警視グードルフ・フンデルト氏を訪ふて、研究し得た所に依り、少しく下に述べようと思ふ、此市に於て警察規則を發布するには、市選出議員の協賛を經べきもので、尙二千人の請求者あるときには、更に一般に公議輿論に決すると云ふ次第で此極端なる自由の國體に付ては、瑞西の自由權なる書籍に下の如き一節があるのに依つて明かである。

總ての國民は、法律の前には同權である、瑞西國には上下の別なく、隨て特權の存する所以なく、場所、家族、男女に論なく、同一である。

市の組織は九八の市參與員があつて、種々の事務の分擔をして居る、警察も其一部で、警察部には第一治安警察、第二寄留氏の監督、第三消防警察の三課がある。警察長官警視等の居る警察官廳は、之を市の警察本局と稱へて、其吏員は即ち警察長官一人、警視一人、警部五人、巡査二百四十八人である。

チューリッヒは之を十六の警察區劃に分ち、隨て十六の警察屯所がある、警部は之に對して直接監督を行ふべきものである、而して此警部は五人あるから、方面監督署の建物に於て、其方面に該當する屯所を監督するのである。警視、警部等は別に宿舍料を受けない、又巡査も區劃内に住居すべき制限はあるが、宿料の支給はない、之に反してカントン警察では、之が支給を受くるのである。巡査の勤務は甲乙二部勤務で、其方法は左の樣である。

甲部勤務　自午前七時半……午後十二時半
乙部勤務　自午後十二時半……午後七時半
甲部勤務　自午後七時半……翌午前七時半(終夜勤務)
乙部勤務　自午前七時半……午後十二時半

此の如く甲乙循環して勤務に服するので、其甲部勤務中乙部の休憩し、乙部勤務中甲部の休憩するは言ふまでもないことである。

チユーリツヒはバーゼルと異り、夜警の巡査なく、尚バーゼルはチユーリツヒと異り、カントンの警察のみを有し、市の警察を有せず、而してチユーリツヒは、前に述べた樣に兩方の警察を有するから、兎角に統一を缺くの虞がある、畢竟是は沿革上からして此二つの組織を生じたもので、由來チユーリツヒは小なる地方團體で勢力が微弱であつたが、漸次市の發達するに伴つて、茲に純然たる地方警察の發生を見る樣に至つたのである。又ベルン市もカントン警察と兩立して居たけれども、カントン警察は遂に市警察の統轄する所となる樣になつた、然ればベルンでは、チユーリツヒと異り、カントン警察は今では單り田舍にのみ施行せらるゝことゝなつたのである、チユーリツヒも早晩此の如き狀況を呈する樣になるであろう、然れども歷史上の關係から未だ圓滿に其時期に達する樣にならないのである。

チユーリツヒの市警察には、又別に刑事巡査の設けがあつて、司法事務に關しては、裁判所と直接交涉の任に當るのである、カントン警察は前に述ぶる樣に僅に二個の屯所を有するばかりであるが、市警察は十六の屯所を有するから犯罪檢擧の上には頗る便利である。

巡査の俸給は年俸千六百「フラン」で、七年の後には二千六百「フラン」に達し得べく、又警察下士官は三千三百「フラン」の年俸を給せらるゝのである。

巡査には時々缺員があつて、新聞紙上に廣告して募集することは我國と同じである、其應募者は二十二歳より二十三歳位の者が最も多く來るとのことである、乍併瑞西には常備兵の設けがないから、巡査志願者は、職工等の階級から募集することが頗る多い、夫れ故に之が養成方法には特に力を盡くすの必要があつて、一個年間練習所に入所せしめて、軍隊的に訓練を行ひ、同時に學理上の事をも教へ込むのである、又實務上に關しては同僚の巡査と共に外勤に從事せしむるのである。

バーセルの警察

バーセル市も瑞西に於ては、頗る有名なる市であつて、其警察組織に付ては、千八百九十三年四月十三日發布の法律に依りて規定さるゝのである、其法律の中には警察罰に關して下の如き規定もある。曰く、十八歳以下の少年者にして、放逸無賴なるときは、警察は家長權者の依賴に依りて、三週間まで拘留に處することを得と。

此市に於ける警察の長官は書記官であつて、其警察事務の擔任は下の如くに分たるゝ。

第一部行政事務　此部に於ては、官房の事務、會計、監獄、貧民、質屋、富籤等の事をも掌るので、其部長は矢張り書記官（デパートメント・セクレテル）で其年俸は四千五百「フラン」乃至六千「フラン」を給せらるゝのである。

第二部司刑警察　此部の長は四千「フラン」乃至五千「フラン」の年俸を給せらる。

第三部巡査部　此部に於ては監視旅劵、就學兒童の證明、納税者の證劵作製等の事を掌るので、部長の年俸は、第二部長と同様である。

第四部警察隊（ポリツァイ・コール）　此部に於ては、總て公安上に注意すべきもので軍隊的に組織せられ、百二十三人の警察官より成つて、之を内譯すれば即ち大尉一人、士官二人、曹長一人、軍曹一人、巡査部長十四人、巡査百四人である。警察隊長の年俸は四千「フラン」乃至五千「フラン」で、曹長以下巡査等は日給で、其俸給別は曹長が六「フラン」五十、軍曹が六「フラン」三十、巡査部長が六「フラン」巡査が平均五「フラン」二十である。又夜勤に對しては、別に一人一「フラン」の手當を増給せらるゝのである。警察士官及巡査は志願の時制服を得るの外尙百フランの補助金を得て、禮服調製の補助となすのである。又下士官及巡査等は、病氣の時は、無報酬で醫師の診斷を受けしめ、藥價も悉く官衙に於て引受くるのである。其他特別功勞として、年末に下士官及巡査等に與ふべき金額は二千「フラン」を超ゆることを得ないことゝなつて居る。

第五部度量衡　此種の官吏は、法律命令の規定に從ひ定まるべきものである。總て官吏の賜暇は、毎年三週間を超ゆべからざる規定である。バーゼル市に於ける常備巡査はポリツアイマンと稱し、シユツマンなる名稱は單り夜勤の者に付てのみ之を言ふのである。巡査の勤務は二日丈け晝間勤務に服し、三日目に夜勤に當りて、後に半日の休暇を得る割合である。

一四　露都の警察一班

露國が歐洲先進國の間にあつて、一種特別の國體を爲すことは、世人の知る通りで、隨つて露國全體の警察組織等に付ては、系統的に玆に詳述するの機會を有しない夫れ故玆に述ぶる所は、僅に露都の警察の一斑たるに過ぎないのである。抑も警察は、其國の人情風俗に依り、必要に應じ之に適當せる行政組織を有すべきは勿論で、露國の警察の如きも亦然りである。其首府ペテルスブルグの警察は、屢〻其不穩なる狀況、又は一揆等の發生するに因り、之に適應する設備を爲すの必要を生ずる樣になつた、又現時に於ける警察組織は、苟も世界の大都會としての警察にも適合する組織を有するものであると稱することを得べく、或點に付ては、ペテルスブルグの警察は、世界中有名なる倫敦警察よりも有力なる警察權を有し、且其組織も頗る完成せりとの評がある。

其國事警察の組織は頗る莫大なる組織を有するもので、以前は其第三部なる名稱の下に於て、一般の恐怖心を惹起さしめたるもので、今や內務省中に特別局を形成して居る、乍併此國事警察なるものは、露國に於ては旣に政治の一部類に屬すべきものであるから、玆には之を詳論するを要しない、又警察の用に供せらるべきコザック人及其行動のこと、又勳章を以て修飾せる家僕長なる首長を戴ける家僕のこと等も、之を省畧する、唯だ一言玆に注意すべきは、所謂家僕なる者は、各家屋內に一小警察番衙を成し、巡査の呼笛に應じ、之が補佐の任に當るべきものであると云ふ一事である。

單に警察と稱するときは、特に巡査隊のことを意味すべきもので、能く市内の安全を圖り、生命財產上に至大の保護を與ふべきものである、乍併これより以前に於ては、此の如き名聲嘖々たる警察は、之を見るを得なかつたが、市大尉クライゲルス氏及警視就中騎馬長ガルレー氏等は、警察上の發達に對し、少からざる功勞を有する人である。ガルレー氏は、屢〻人民より嘲笑を被り、又攻擊を受けた、なぜなれば、警察の事たる常に政府と人民との間に立ち、殊に氏は法律の保護者として、政府の意思を實行する責任を有するが爲め、不規則で而も未開なる露國人の不快を買ふは寧ろ當然の事であろう。

ペテルスブルグの巡査は、常に姿勢良く且清潔なる制服を着け、白色の手袋を穿ち一朝事故あるに際しては、機敏に其用に屬すべぎ準備を整へ、沈默で且親切の心に富み、ペテルスブルグの如き不規律なる人民を統御するには、他の首府に比して數倍の困難を感ずべき職務を有するものである。吾々は曾て巡査の酩酊した者を街上に於て見た事はない、蓋しペテルスブルグの地たる、氣候が頗る寒冽で、且濕地であるから、身體に多少の暖氣を保存する必要あるが爲めに、露國人は通例多少の飲酒をするのを常とするに拘らず、單り巡査は能く此困難に堪ゆるを特色とするのである、なぜなれば、巡査は殆ど悉くリタウ地方出身の白色露人であるからである、而して同地は通常貧民の最も多く生活する處で、最も多く忍耐力に富むのである、巡査で一度彼の地からペテルスブルグの巡査敎習所に入學した時は、二十五「ルーベル」(約四十圓餘)の手當を得、尙食料及服料は之を官給せらるゝので、是等の價格は、貧民出身者たる巡査に對しては、非常の收入で、多分は之を金錢に缺乏せる郷里に送るを常とするのである。次ぎに露國警察に付て最も注意すべきは、巡査の敎習及規律の嚴肅なる點である、此二點に付ては亦騎馬長ガルレー氏大に與かつて力あるのである。又巡査敎習所內には、其敎習を完全ならしむる爲め、特に大なる陳列室を設けて、斯道の爲めに裨益を與ふることは、少くない。巡査敎習生は所謂豫備巡査と稱すべきもので、巡査の缺員ある塲合に、之を補充すべきもので能く敎習せられて、手當も充分に支給せられ、當局者は孜々汲々として良警察官の養成に留意しつゝあるのである。巡査は其休暇時間には、ニコライ停車場の近傍にある警察屯所附屬の美麗なる歡樂場に於て、自由に玉突、體操器具等の備品を使用して樂むのである、其他警察圖書館の設備も完成して、警察上の智識を養成する上に於て遺憾はない。又彼等は時に或は料理店に入りて飲食を試むることもある、蓋し露國の如き寒氣の土地では、之を寛過するも亦巳むを得ざる事情である、彼等が毎日燒酎を飲み、ウォドカ酒を飲むの量は頗る多量なるものである。尙前に述べた豫備巡査は別段一揆等の發生なき限りは、日々其時間の大部分は、之を敎育に費すのである、敎室は頗る手廣く且つ美麗である。陳列室内には家屋の種々なる徽章、學生及軍人の徽章、其他道路警察上注意すべき諸種の模形寫眞等を初め、家宅侵入の用に供すべき犯罪上の器具は勿論贋造紙幣及度量衡等の諸品秩然として四壁に裝飾せらるゝのである。敎習は勿論敎官ありて之を行ひ、其方法は實際的の研究を主とする、尤も理論上諸學科の設けもないのではなく、習字、語學、算術、服務規律等の外、又種々の實際的の研究に於ける應用をも敎習するのである、例へば病人及酩酊者を運送すべき事柄等の如きである。玆に一の注意すべきは、露國の警察官は惡人の攻擊に對し、之を防禦する爲め、握力非常に發達し、一種の技術として認むべきことである、蓋し依りて以て秩序を侵す者に對し、之を檢束せんが爲めである尙此點に付殊に注意すべきは、有名なる角牴家ピトロヂウスキー氏は、種々の檢束方法を秩序的に研究し、ガルレー氏の創意に依り、之を寫眞に撮影し、特に敎習所中に備へ付けてある、此握力は種々巨大の暴人に應用し頗る好結果を得た事が數々だと云ふことである。

尙其他の敎室にあつては、殊に有爲なる士官を養成せんが爲め、高等學科の設けがあつて、之を卒業した者は、警察士官の位置を有すべきもので、露語では之をオコロトシュニーと稱するのである。又此敎室にも種々の敎習用物品を裝飾してある、例へば贋造貨幣の如き、又僞筆の如きものをも眞筆と相對照して之を掲げてある、其他種々の物品も備付けてあるが、殊に注意すべきは、建築上最も不完全なる住家及其他の建設物の模型、煙突等であつて、構造の不完全なるものゝ如きをも備付けた事である、蓋し露國の警察でも建築警察は最も注意を要すべきものとし、隨て警察は家屋の構造等に付ては、當然之に干涉すべきものとする、而して露國の警察士官たるものは、必ず一度は此學校に入りたるものでなければならぬ。警察陳列室に備付けたる種々の收容物は、實に著しきもので、陳列室は殆ど其狹きを感ずる樣になつた、一度此陳列室を窺ふときは、如何にペテルスブルグ市が、其成立後二百年間に於て、多大の發達を爲したるかを察知し得べきものである。即ち此間に於ける衣類及武器の變遷、交通の狀況等之を種々の繪畫寫眞等に依りて見るを得べきのである、千七百十八年の警察創設の時代に於ける不恰好なる警察官の模型も、之を見るを得べく、薙刀樣のものを擔ひ、不恰好なる靴を穿ちたる時代も之を察するを得べく、其他拷問時代の繪畫も之を殘酷なる遺物として觀察し得べきのである、其間殊に人目を引くべきものは、英國が土耳其戰爭の際多數露國に輸入したる贋造金貨の蒐集である、然れば一度此陳列室に入る時には、能く露國の文野の如何に變遷し來たつたかを、一目瞭然として察知し得べき便益がある。

一五　アムステルダムの警視廳組織

和蘭國の首府アムステルダムの警視廳は、之を分ちて六部とする、其長官をオーベル・コムミスセールと稱へ、市長が之を指揮するのである、該長官は女王の任命する所で、其俸給は市より之を支給するのである、又其下に六人の警視があつて、之をコムミスセールと稱へ、各部の長となるのである。而して中央官廳は、即ち行政事務を處理する官府である。各部には其長官の外に一等警部各〻一人あつて長官を補佐し長官事故あるときは、之を代理するのである(但行政事務に關してのみ然るのである)其他二人の二等若くは三等警部がある。各部の長官たる警視は、其部に於ける行政事務の長で、其次の一等警部は、之をワッハト・コマンダント即ち警邏監督官と稱へ、警邏事務の長として、民衆に對し、執行事務を管掌し、官廳に於て處務に從事する外、尚外人取締等の事を掌るのである。

此外各部には二人のブリガチール即ち、監督部長なるものがあつて、晝夜二部に分ち交〻勤務する、即ち晝間勤務は午前八時より午後六時までと夜間勤務は午後六時より翌朝八時までとし、一週間毎に晝夜の勤務を交代するのである。

アムステルダム警視廳は、和蘭國に於ける他警視廳中最も多くの巡査を置いて居る、巡査は之をポリシー・アガントと稱へ、一級及二級の等級がある。今巡査の勤務方法を觀るに、例へば日曜日の午前六時に出勤をして、翌月曜日の午前六時まで勤務をする、即ち二十四時間勤務である、而して翌火曜日午後六時まで、即ち十二時間の休息時間があり、且二週間中一度の全日休息(二十四時間)を與ふる定めである。巡査は公民で、必ず一度は軍籍にあつた者であることを必要とし、且文筆を試驗して一個年間教習の後に之を採用する、又時宜に依りては、六個月間延期することがある。 巡査は必ず一個の手帳を有し、監督上の事柄を記載する、此手帳を稱してコントロール・ブックと云ふのである。 監督部長も亦此手帳に於て、巡査の行動を記載する、例へば何時何處で規定時間より遲れて巡査に面會したと云ふ樣に、又或は巡廻中に面會した巡査の數、或は其他の事を復命簿に記載すべきものである。 又部長は巡査教養の任に當つて、毎日二時間警察に關する理論を教授する、而して警部は毎日一時間これが教鞭を執る、各部廳のみならず、刑事部廳に於ても亦此方法に由るのである。

警部を採用するには、之を教習生として五個月間無給で養成し、然る後規定の試驗を行ふ、試驗は口頭又は筆答で、和蘭語は勿論の事、又英佛獨の各國語に通曉することを要し、其他歷史及地理をも試驗するのである（法律は別に試驗をしない）而して試驗官としては、長官自らこれが監督の任に當るのである、尙警視は警部から採用するのである。

警部は「ゴム」製の短い棒を携へて、防衛の用に供し、又半「メートル」の鎖をも有するのである。巡査は我國の樣に應急援助の爲め、呼子笛を所持し又十五乃至二十「メートル」の捕繩をも携へる。和蘭警察官の服裝を觀ると、王國警察は全國を通じて一定の徽章を胸間に掲げる。又アムステルダム警視廳長官には、一定の制服を設けないけれども警部以下には一定の服制がある。一等警部は一、二等警部は二、三等警部は三の星章があつて、又巡査は左右の襟に番號を附して居る、其服裝はフロクコート的で、二條に釦を附け竹製の棒を携へ、又帶劍して居る。刑事巡査には一定の常服はない、併し儀式等に參列する場合には金色の兜を被り、以て大禮服に代へるのである。又刑事巡査は一定の章票を携帶すべき筈で、其他警部及長官等は、此章票所有者何々の官何某と書いて、アムステルダム警視廳の印を押捺したる章票を有すべきものである。

アムステルダムには騎馬巡査の設けがあつて、之は概ね騎兵出身者から採用するのである、騎馬係は特別廳を形成して、二個の屯所が之に屬して居る、騎馬部には二等及三等の警部並に三人の監督部長と、廿四人の騎馬巡査があつて、其内十二人は豫備に屬して居る。此騎馬部は千九百年の創立で、千九百二年に至り、更に十二人の巡査を增加した、蓋しアムステルダムは、頗る大市街であるから、騎馬巡査は專ら街路取締に從事し、午前六時より午後六時まで勤務し、内二時間は街路に勤め二時間は廳舍に務むるのである。其服裝は一見巡査と異つて、赤色の肩章を着け、兜を冠り捕繩をも有するのである。

アムステルダムには、水上警察の設けもあつて、其長官をハーフエン・マイステルと稱へて、其全部を監督する。建築警察に關しては、市役所に特別なる部局の設けがあつて、衞生事務も亦市役所に於て掌るのである、乍併其執行に付ては、單り警察官が之が任に當るのである。風俗警察に關する設備は此處には存在しない、昔時は賣淫婦を監視し、一種の監視票を所持せしめたけれども、近年に至り警察は全く之を放任して省みない。又嘗て妓樓を禁止したけれども、現今尙ボルデルと稱へ、實際上は敢て以前と異る所はない、故に賣淫婦は路上到る處に徘徊して居る、賣淫婦は多く獨逸人で、又佛蘭西から來る者も少くない、而も當局者の言に依ると、色情に起因する犯罪は比較的に少く、又男色は昔日の樣に多くなく、且公けの場處に於てするのでなければ、之を罰することはないのである。又家畜等の動物に對する交接が多く行はれ、之に關する特別の規定があつて、六個月の禁錮に處せらるゝのである。此國の高等警察は、他の歐洲諸國に於ける樣に、其事務が頻繁ではない、蓋し各國には虛無黨社會黨などが澤山にあつて其取締に忙はしいが和蘭に於ては是等の事が最も少いからである。刑事部に於ては、其長官には上級警部を以て之に當て、第二級警部が之を補佐し、主として自治體の警察事務を管掌し、尙二のブリガード即ち隊を有し、各隊に二人づゝの監督部長が從屬する、此刑事部は他部の樣に別に警視が警邏監督官として存在しない。

アムステルダム警察では、ベルチロン式犯罪人識別法を採用して、犯罪人の寫眞の裏に前科の種類、生年月、住處及方面等を記入するのである、又厚紙に寫眞を添附し一々之に番號を附するけれども、是は總ての犯罪人に對して行ふのではない、風俗を害する犯罪者及將來犯罪を爲すの虞ある者、或は賭博者等を撮影するのである、千八百九十七年以來犯罪人撮影の爲めに、其費す所の金額一個年平均六百「グルデン」であるといふことであつた、殊に一人の寫眞專門家を傭ひ寫眞室を設け、又人身測量を行ふのである、而して如何なる場合に於て撮影すべきや等に關しては、特別の規定がある。

アムステルダム警視廳職員の數は、下の如くである。

警察長官一人　警視六人　上級警部十四人　一等警部九人　二等警部十六人　三等警部十五人　一等及二等監督部長七十五人　電信係四人　刑事巡査五十四人　ガムプロエーデ十五人　使丁二人（但中央官廳に限り屯所に於ては巡査自ら之を勤む）　建築警察官八人　田野警察官五人　車體係巡査四人　騎馬部調馬手二人　簿記係一人　書記三十七人　電信助手二十九人　小使八人　巡査九百十二人　請願巡査十九人

以上の内巡査は千九百二年、余が同處に遊びし當時、當局者の言に依ると、特別の勤務に從事する者を合せ、其數千五十八人ありとのことであつた。　又請願巡査は、毎一時に其費用を支拂ふもので、例へば貴重品の運輸又葬式等の警戒に用ひられ、其都度費用を支拂ふのである。尚別莊を有する人は夜間に限り毎夜之を傭入れることがある、此時には豫て費用を支拂ひ置くべきものである。

又其俸給手當は、左表の如くである。

長官　年俸五千五百「グルデン」　警視　同三千五百「グルデン」　上級警部　同二千乃至二千二百「グルデン」　一等警部　同千八百乃至二千「グルデン」

二等警部　同千四百乃至千六百「グルデン」　三等警部　同九百乃至千二百「グルデン」

上記の外上等警部は二百五十「グルデン」、一等警部には百五十「グルデン」、二等警部には五十「グルデン」、三等警部には二十五「グルデン」の年手當を支給せらるゝのである、而して茲に所謂一「グルデン」は、我國の約七十五錢に相當するのである。

主席巡査　年俸七百「グルデン」　一等巡査　同六百七十五「グルデン」　二等巡査　同六百五十「グルデン」　三等巡査　同六百「グルデン」

尚此外に被服料として、七十五「グルデン」特に支給せらるゝのである。被服は三個月毎に之を檢査し、靴は自辨である、宿料は別に給せらるゝことはないが、唯だ警部に對しては、宿料として三百「グルデン」を支給せらるゝのである。巡査の恩給は、二十年勤續の後、其俸給の半額を給與せらるゝのである。巡査が若し疾病に罹り、醫療を受けたる時には、診察料及藥價を徴收しない。又警部が小兒を產むだ時には十「グルデン」、巡査には五「グルデン」を給與せらるゝのである。其他寡婦及遺兒等に備ふる爲め、巡査は一週日に該當する俸給の六「プロセント」を貯蓄することを强制せられ、其他の者にあつては、俸給中より之を差引かるゝのである。

アムステルダムの警察には、別に戶籍の設けなく、是は市役所に於て掌るのである他より入り來たつた者は、一個月內に屆出づべく、又住居を變じた塲合には、八日以內に屆出づべきものである。道路の行通に關しては、別段に右側左側の定めはない、乍併重なる二三の市街では、右側を步むを以て原則とし、又馭者は左側に避くべき定めで、且午前八時より十時までと、午後二時より五時までの間は、速力を急にして車馬を驅ることを禁じて居る、夫れはカルヘル街其の他二三街衢の如きである、而して馭者は常に賃錢其他必要なる規則等を記載した手帳を、携ふべきものである、又アムステルダムにては伯林の如く指針機の設備がない、尚營業馬車は必ず番號を記載して他と識別し易からしむるのである。アムステルダムに於ける犯罪の種類を觀ると、竊盜、家宅侵入、及巾着切の類が最も多くて、殺人犯は極めて少く、一個年平均一二回に過ぎない。集會結社法及武器取締規則、機械取締規則、牛酪取締規則等の發布はあつたけれども、職工取締規則又は營業法等の規定はない。又留置室の設備もあつて、平均十四人の男子と四人の女子を收容することを得るも、其室は甚だ暗く、床は木にて作り、不完全なるを免れない。要之にアムステルダムの警視廳は甚だ不規律で、往々巡査が鈕を外したるをさへ認めた位で、其警部巡査等の宿直室を觀るに、其構造甚だ不完全で且不潔を極めて居る、尚余は試みに市の部廳をも參觀したが、丁度警部及監督部長も居て、此處に電話室及浴室等の設けもあつたが、是も皆不完全で、又屯所の如きも概ね然るを免れない。

一六　警務長の意義

明治三十八年勅令第百三十八號乃至第百四十號で、警視廳官制北海道廳官制及地

方官官制等改正の結果、警務長なる官職を設けられたに依り、聊か之に關し卑見を陳述しようと思ふ。是より先き明治廿六年十月舊地方官官制に於て、警部長の官の設けらるゝや、警部長は警察部長となり、知事の命を承け部下の官吏を監督し、處部の事務を掌理すとあつて、其職責官制の明文上頗る明確を缺く所があつた、即ち警部長は知事の命を承け部下の官吏を監督し、警察部の事務を掌る者で、これ猶內務部長なる書記官が、其の系統に屬する內務部の吏員を指揮する樣な關係とした
それ故先年各府縣に警察署長たる警視の官を設けられた以來、或は說を爲す者があつて、警視は直接警部長の指揮を受くべきものではないと言ふ者があつた、然れば其名稱は即ち警部長であるが、其實は一種の事務官たるに外ならないとの說は、當時既に唱道する者があつたのである。之に反し更に其以前の舊官制即ち明治十四年十一月發布のものには、警部長は事を府知事縣令に承け其府縣警察上一切の事務を調理すとあつて、廣く部下の警察吏員を指揮することを得たるものゝ樣であつた。之を要するに舊官制に於ける警部長は、其性質上如何なるものであるかは、當時に於て既に研究を要すべき問題であつたのだ、而して新官制に於て警務

長の職を設けられたから、茲に之を論究するのは、亦必ずしも無益ではあるまいと信ずるのである。

抑も警察の職務は種々に分類するを得べく、隨て其事務の性質に依り分析的に論究するを要すべきものであるにも拘らず、由來警部長の職を論ずる者が、往々此區別を明にしない爲めに、頗る誤解を招くことがある。即ち警部長が執行警察以外で、營業、風俗其他の行政警察等に關する事項を掌理し、又は警察規則の起案に從事し、若くは營業許否の處分權に關し其事務に當るなどは、悉くこれ純然たる知事の補佐官として其職に任ずるから、其理に於て一點內務部長たる書記官と相異ることはない。之に反し警察の執行事務は、其性質上頗る機敏を要すべきもので、一朝事變のある場合には直に現場に出張し、臨機の處置をしなければならぬことは、執行警察上固より當然の事で、執行警察に屬する系統上の事務が、恰も軍隊の戰場に於けると同じ樣に、一號令の下に活動すべきは智者を待たないでも明かである。これ警部長の職責が一面に於て知事の命を承け、書記官系統の如き事務に從事すると同時に、又一面に於ては其名義上は暫く之を措き、實際上は知事の命を待たないで、單獨に直接部下の吏員を指揮することが、恰も軍隊の隊長が其部下を指揮すると其間に殆ど差異はない。畢竟警部長には或は執行警察或は警察立法或は營業許否に關する事務等種々の職務を混同するから、便宜實際上では警部長が警察官一般に對し、執行事務なると否とに拘らず、廣く通達權を有する樣な外觀を呈したのである。之を警視廳の事例に徵すると、其義が稍ゝ明瞭である、即ち舊官制に於ける警視廳第一部長は、地方官廳に於ける一種の警部長である、是れより先き明治二十四年四月改正の警視廳官制中には、特に之を巡査本部長と稱へ、巡査本部長は、警察事務に付き警察署長以下を指揮することを得と言ひ、又明治二十六年十一月の改正官制でも、第一部長は警察事務に付き警察署長以下を指揮することを得とあつて、大體に於ては善く執行警察の長官たる性質を言明したのである。又其第二部長若は第三部長は、理論は別として實際上では保安課、衞生課等の系統に於ける警察部長の如き者である、そうして服制上より之を論じても第二部長、第三部長の如きは勿論其部員等は、事務の性質上別に制服を著くべき限りではなくして、一般の行政事務官吏と其間少しも異ることはないものである、これ恰も陸軍省、海軍省で陸軍屬、海軍屬等の判任官の設けがあると同じ様に、第二部長、第三部長等の系統の下では、警視屬の設けがあると其理は同じである、唯だ現時の警視廳內では第二部員又は第三部員中に警部に在職する者を混同することがあるのと、又第二部長が警視の官なるが爲め、外見上往々之を第一部長系統の者と混同することがあるのである。之を外國の例に徵して見ると、伯林警視廳では、我國の第二部長第三部長的系統の者は、之を警視と稱へないで、特に警視廳書記官と稱する程であるが、之に反し第一部長たる警視に該當すべき官は、之を警察大佐と稱へ、職は之を巡査本部長と稱へ、全く軍隊的組織として、警部、巡査は悉く打て之を一丸とし、恰も旅團聯隊等の組織と異ることとはない、是單り伯林許りではない、ハンブルグの如き維納の如き皆そうである。此の如く舊警視廳官制では、其第一部長に對しては夙に直接指揮權を與へ、特に他の部長と異りて通達權を附與せられたのは、畢竟單り事務の性質上に胚胎するもので、敢て第二部長、第三部長に比べて上級の官なりと云ふの意ではないのである。然るに新官制では、第一部長としては他の部長と同樣に之を事務官とし、單り執行事務に關してばかり、警務長は直接警察署長以下を指揮監督し得ることゝしたのである、即ち新官制では、警視廳に警務長を置き、第一部長たる警視を以て之に充つと言ひ、又警務長は警察事務の執行に關し警視總監の命を承け、警察署長、警部及巡査を指揮監督すと稱したのは、即ち之に該當するものである。抑も警視廳の第一部長と警務長との關係並に地方廳の第四部長と警務長との關係は、どうであるかと言ふに、所謂警務長とは、前に論ずる樣に執行警察事務に關し、直接指揮を爲すべき意義であるから、地方廳に付て之を言へば、其警務課、保安課、衛生課等其何れに屬するのを問はず、苟くも執行警察の事務に關する以上は、警務長の名を以てして宜いのである、之に反して執行警察以外の事務に對しては、其何れの課に屬するを問はず、第四部長の名を以てすべきものである。警視廳では官房第二課の高等警察事務及各部の警察で、苟くも其執行に關するものでは、其監督上の責任は、悉くこれ警務長の職責なりと言はねばならぬ、そうして執行に關しては、別に官制上具體的に之が機關として獨立せる部課の設けのあるのではなくて、所謂執行の監督なるものは、各部の全體に通ずるものなりと解釋しなければならぬ。而して或は第一部第二課の系統事務に關し、之を警務長なりと言ふ者があるけれども、是亦謬りたる見解である、なぜなれば第一部第二課中には、警察官署の廢置及其職員の配置若は警察官の賞罰、身分等に關する事務をも含むから、此點に付ては、何等執行の監督事務には關係しないものであるからである。乍併亦一面では官制上第二課中には警衛の文字があるから、第二課に隷屬せる警衛警察官又は騎馬巡査等は、由來執行機關として第一部長に專屬せるもので、性質上より論ずるときは、所謂警務長に直屬すべき執行機關であると言はねばならぬ。

以上述べた所に依りて之を見ると、新官制では別に第一部長に指揮權を附與しないから、此點に關しては、舊官制に比べて第一部長の權限を限定したものである、然れども又一面に於て舊官制では、特に執行の文字を使用しなかつたから、解釋上としては多少の疑義があつたのである、由來警察事務の頻繁なると共に、執行機關も隨つて分業となり來るのは固より當然で、現時の組織の樣に、一般巡査に萬般執行上の職務を負はしむるのは、頗る難きを人に責むるの嫌がある、是組織の良好でない結果である。此の如く特に分業的執行機關を設け、或は之を警務長又は警察署長に直屬せしむる上からは、必ずしも執行監督の成績擧らざるとは言へない、そうして既に今日の様に分業的組織を採らざるに於ては、理論上は暫く措き、實際論としては、從前の如く執行上の監督をも、其主管の部長に於て之を行ふのを便宜であると思ふ。

又之を地方に於ける第四部長たる警務長に付き論ずれば、警務課……府縣に依り分課及名稱は異るが、普通に稱する所の……は直に之を執行事務監督の機關なりと稱することは出來ない、蓋し執行は各課の事務に通じて存在する所であるからである、なぜなれば、此に警察事務があれば、又之に伴ひ執行の存することは屢〻あるからである、而して其所謂る執行機關は、警視廳と地方廳たるとを問はず、別に警務長直屬の執行機關を設くる外、警務長は單り警察署長以下の執行官吏に對して其執行を監督すべきものである。立法論としては前に稱する如く、執行機關は必ずしも悉く之を警察署に委任するを要しない、風俗警察、車體警察の如き、必要に應じ亦之を警務長の直屬としても宜い、要は其土地の狀況等に基くものである、殊に警務長の下には副官的の者を設け、警部を以て之に充て、常に執行上の監督補助を注視せしむる必要がある。要するに警視廳第一部長及地方第四部長と警務長とは、何れも獨立せる職で、部長は事務官的で、警務長は執行官的で、全く異つた職責を有するものである、それ故に職名の表示も何々縣第四部長兼警務長何某と記載すべきものである。

尙警察署の事務に付て論究せんに、警察署の官吏は悉く之を執行官吏と稱することは出來ない、警察書記の樣な雇員及内勤警察吏員等は、詰り事務的吏員の系統に屬するものである、故に嚴格に分類するときは、警察署も內勤部即ち事務部、及外勤部即ち執行部とに分ち得べきものである。唯だ實際上往々之を混同し、一人の警部で或は執行に或は事務に從事することあるが爲め、之が區別なき樣なれども、其性質上から論ずるときは、劃然兩者の區別は存在するものである。唯だ注意すべきは、警部、巡査は通常執行官吏なりと稱するから、悉く執行上には關係しなければならない樣なれども、巡査、警部は必ずしも悉く之を執行官吏と稱することは出來ない、或は事務的警察吏員たり、或は執行的警察吏員たりと解するを適當とする。由來往々警察部又は警察署の雇員は、之を廢せねばならないとの說を唱ふる者があるが、これ必ずしも特別の理由ある譯ではない、之と同一理で、警視廳又は警察部直隷の警視又は警部は、何等執行權を有するものではなくて、純然たる事務官吏で、部長の補佐官たるに過ぎないのである、警部としての制服を著するから執行官であると言ふことは出來ない、夫れ故嚴格に論ずれば、是等の警部は其實警視屬又は縣屬と事務官たる性質に於ては、何等の異ることはない、唯だ規律上より制服を著するの差があるばかりである、これ蓋し一般文官でも規律上一定の制服を設くるの必要があれば、敢て差支のなきことは、恰も猶臺灣の文官の如くである、乍併之に反し警務長の補佐官としては、其性質上常に制服をも著し、執行監督補佐の任に當るを要すべきものである、此點に付ては官制中何等の明文はないが、警務長附屬として之を設け得べきものである、而して之を以て課員と混同してはならぬ、所謂課とは部に屬すべきもので、事務的系統に屬するものである、夫れ故警務長系統の官は、警務長專屬として、何等課員とは關係を有しないものである。

右に依り余は警察事務吏員及執行吏員の區別を論じた、次ぎに執行官吏の監督及執行事務の監督との區別を一言し樣と思ふ。執行官吏の監督は、官吏其物を基として、之を稱したもので、曾て警視廳官制に稱した巡査本部長の名稱は、之に相當したものである、又伯林警視廳の巡査本部長の名稱も、之に該當せるものである、舊官制に於ける第一部長も其實之に類するものである。之に反し執行事務の監督とは、事務其物の分類より生じたもので、執行事務を監督するから、之を警務長と稱したのである、而して所謂警務長は執行警察上に關し、警視、警部、巡査等を指揮するから、巡査本部長若は舊官制の第一部長に比して、少しく權限を狹めたる感がある、蓋し舊官制では、巡査本部長又は第一部長は、廣く警察事務に關して警察署長以下を指揮すと稱し、新官制では執行事務に限定したのである。

此の如く改正官制では、明かに執行の事を明言したから、從來往々解釋を區々にした第二部、第三部系統の執行事務迄も、判然警務長の職責たるに至つた。次ぎに所謂執行の監督とは何を意味するやの問題に付き一言せんに、執行とは旣に規定せられたるものを實行する謂ひで、直接警察權を振ふの謂ひであるが、之が監督は必ずしも警務長が自分に雜鬧の塲所に出塲し、直接監督する塲合に限らず、廣く書面を以て執行上の統一を圖り、若くは勵行を期するが爲めに注意を促すのも、均しくこれ執行上の監督である、例へば道路の左側通行の規定を制定するのは、行政警察事務に屬し執行事務でない、乍併之が勵行を期する爲め、違背者多きの故を以て、警察署長以下に對し、注意を促し、取締を嚴重にすべく通達を發するのは、即ちこれ警務長の職責である、之に反して左側通行の規定を設くるのは、警視廳では第二部長、地方廳では第四部長の職責に屬するものである。

要之に新官制では能く如上の義を明にし、執行警察に關しては、特に警務長なる職責の必要なることを認め、從來の如く警務長の服制等をも存置せられたのは、畢竟執行警察其物の性質をば、能く了解せられたる結果に外ならずと信ずるのである、乍併實際上では執行警察と他の警察を區別するのは頗る困難で、果して善く立法の趣旨を實行し得るや否の點に關しては、余は少しく疑なきを得ないのである。

尚終りに一言すべきは、舊警察部に該當すべき第四部と云ふ名稱は、普通の廳府縣では最後に位するから、一見警察部の地位を卑くめた樣な感があるかも知れないが、之は他意あるのではない、立法者も警察事務に付ては最も重きを置き、順序上之を第二部と爲さんとしたけれども、如何せん東京府では府廳に警察部の設けがないから、警察部を第二部とすれば、東京府に限り第二部の名稱を缺くことゝなるから、便宜上東京府は第三部迄とし、各府縣では警察部を以て第四部を設くることゝし、又北海道廳では單り第五部、第六部等の設けがあるから、是等を以て第四部の次ぎに列したのに外ならないので、其數次の順位が、必ずしも事務の輕重を表はすの意義ではない。　これ余が確聞する所であるが、由來內務部と警察部とは、互に兩立せる沿革に鑑みても、又警察行政の性質が內務行政中最も須要の位置を占むべき點から考へても、此の如き塲合に多少の例外は之を犧牲に供し、大體論より觀察して、少くも警察部を以て第二部とするの適當であつたことを信ずるのである。

尙一言するのは、刑事訴訟法で警部長は司法警察官であつたが、官制改正の結果事務官となつた爲め、第四部長たる事務官は、爾來當然司法警察官でないことゝなつたのである、而して是等は將來立法上多少の改正を要すべき點であると思ふ。

終りに述ぶべきは服制の點である、即ち警視廳に於ける警視の制服は、之を官服と稱すべきも、地方廳に於ける警務長は、官ではなくて職であるから之を職服と稱ふべく、嚴格に論ずる時には、警務長は別に事務官としては、之に相當する大禮服をも要することゝなるのである。　尙別けて茲に斷つて置くのは、本論は此官制改正の當時余の起稿したもので、其後三十九年四月警視廳官制は更に改正されたから、所論間々當を得ない點もあるが、大體に於て意義に變りはないから、暫く舊稿の儘を掲げて、參考に供することゝしたのである。

一七　騎馬巡査に附て

伯林に於ける騎馬巡査隊は、巡査本部長警察大佐クラウゼ氏の下に從屬して、別に獨立した一部を成して居る、而してこれが長は、警察大尉ビヒマン氏である。

現時伯林市内の交通が、益々頻繁を加ふるに隨つて、電氣鐵道は諸方に敷設せられ、加ふるに營業馬車、荷馬車、自動車、自轉車等も漸次其數を增加し、隨て交通上の危害も甚だ尠くない、殊に薄暮になると交通が最も繁雜を極むる故、我東京市でいへば、新橋又は萬世橋邊とも稱すべきウンテル・デン・リンデン街、フリードリヒ街の如き、四通八達の場所では、特に倫敦式の交通取締方法に依つて、騎馬巡査及徒歩巡査を配置して、之が取締に從事せしむるのである。伯林警視總監フォン・ウインドハイム氏は、夙に意を交通警察に用ひて、特に官吏を倫敦に派遣し、世界中此點に於て最も卓越せりと稱せらるゝ倫敦の交通警察取締方を研究せしめた、當時獨逸の新聞紙は、總監が其鋭意他の長所を採用せんとする美德を賞讃したのである。

騎馬巡査の效用は、多衆群集の場合、例へば行幸啓の如き、紀念碑の除幕式の如き、又は葬祭、火災、一揆騷動、演劇終了等の際に於ける出口及中央市場の混雜等の場合に於て、最も著しきことは、多年の經驗に徵して明かである。 我東京に於ても憲法發布式の如き、皇太子殿下御慶事の如き、赤十字社大會の如き、最も不規律なる群集の雜閙を取締る上に於て、效果の大なるは疑を容れないのである。 宜なる哉大浦前遞信大臣が警視總監の當時、夙に此點に着目せられて、警視廳に騎馬巡査を設置せられたること。

伯林に於ける騎馬巡査は、目下之を四區域に分けて、警察中尉又は巡査部長をして監督の任に當らしめる、余の前年同地に遊んだ當時、警視廳本部に於ける騎馬の數は六十三頭で、伯林全體の數は實に二百四五十頭で、此馬匹を有せることは既に數年來繼續せる所である、而して其價は一頭に付概ね一千「マルク」即ち我五百圓に相當し、又我國に於て南部產の馬匹が特に卓絶せる樣に、彼の地に於ても、メクレンブルグ産の馬匹は、其體軀大にして外觀が甚だ勇壯であるから、同地產の馬匹を使用して居る。馬匹を購求するには特に警察大尉、巡査部長、獸醫等の中から、委員を設け、四週間の試驗を經て、之を購入するの規定である、而して其購入の馬匹は通常五六歲位のものである。

騎馬巡査部の馬匹は、消防部の馬匹の如く、特に精密なる臺帳を設け、各〻名稱を附して之を厩に貼附する、而して「アスファルト」を以て製作したる車道は、冬期には顚倒の虞があるから、馬蹄にこれが豫防の裝置を施すのである。要するに馬匹監督上に於ける方法は、實に至れり盡せりと謂ふべく、騎馬部に於ける練習馬場の構造も亦頗る見るべきものがあつて、四圍の障壁は光線の透入を完からしめ、天井は之を蓋ふに玻璃を以てし、雨雪の際と雖も、練習を爲すに不便なからしむるのである。練習の方法は、種々の號令の下に、或は斜行し、或は直行し、或は馳驅し、或は徐行せしむる等實に規律が整然として居る、特に若年の馬匹は、最も練習を勵行して、老練なる馬匹に對しては、通常勤務が多いから稍〻其練習を寬にすることがある。馬具は通常厩に在ては之を取附けないのを原則とする、乍併覆布は之を取附け置くべきものとしてある、但不穩の事件發生するの虞ある場合には、馬具をも取附け置き、以て非常に備ふべきことゝして居る。 大火の警報に接したときには、一人の巡査部長、十人の巡査を派出し、又中火の場合には、一人の巡査部長、六人の巡査が出場して、火事場の交通を遮斷するのである、但小火の場合には、騎馬巡査は出場しないのを原則とする。

伯林警視廳の騎馬本部では、囚人護送馬車は便宜上該部に於て之を管轄し、之に使用すべき馬匹が三十八頭ある、騎馬用の馬匹中不成績のものを以て之に充つるのである、但必要ある時には、之を騎馬部に流用することがあるから、頗る便宜である。蹄鐵師は通常契約に依りて之を雇入るゝのである、殊にこれが爲には一室の設けがある、余はビヒマン氏の案内で警察中尉ゼチカ氏を隨へ、新築中に係る騎馬本部の建設物を一見した、此建設物は警視廳を距ること十數丁の場所に在る、從來騎馬本部は警視廳內に設けてあつたが、時世の進歩と共に狹隘を告ぐるが爲め、他に移轉せざるべからざるに至つたのである、此新築廳舍內には六十頭許りの馬匹を備付くる計畫で、余が往つた時には未だ竣らず落成しては居なかつた。 新築廳舍の空地は其掃除に便ならしむる爲め、總て花崗石を敷詰めて、厩舍は一舍に付き三十二頭を收容すべく(病馬を收容するには特に病馬厩の設備がある)天井は頗る高く、一條の綱を動かすと三個の天窓は忽ち同時に開放し得べく、又忽ち閉鎖することを得、而して側窓も亦一條の綱に依りて、開閉自在の仕掛が施してある。厩と厩との間は金屬製の棒を以て之を區劃し、馬匹をして濫りに隣厩に入ることを得ざらしむる樣になつて居る、而かも一度手を掛金に觸るゝときには、其棒は忽ち地上に落下する裝置で、厩の掃除等に便利にしてある、厩手は職人で日給傭で、別に軍人出身者たるを要しないのである。

厩の外に馬糧貯蓄室、馬具貯藏室、騎馬巡査の住室、洗面室、巡査部長室、警察大尉室、事務室等がある、馬糧貯蓄室は三四階の上層に在る、夫れ故に馬糧を厩舍に運搬する爲め、特に昇降器を設備して、これが運搬に便ならしむるのである。

前述べた樣に通常騎馬練習場の天井は、玻璃を以て之を蓋ふの制であるが、新築練習場は此制を採らないで玻璃器は側面全體に之を設け、弓形の「ランプ」の裝置があつて、電氣を以て之を點火し、夜中でも尙練習することを得せしむるのである(但し舊舍は瓦斯を以て點火した)、練習場の四圍の內側は、壁の上部を板張りとし、其下部を四尺許り鈎形に突出せしめ、騎馬が壁の一方にのみ偏行するときに、騎者をして其突出せし所を跳蹴せしめ、以て騎馬をして場の側部に偏行せざらしむるの方法を講ずるのである、蓋し此方法は軍隊でも未だ採用し居らざる所である。尙厩舍外に於て、馬匹の手入れを爲し、又は夏期に納凉せしむるが爲め、厩舍の外壁に大なる釘を裝置し、馬匹を繫留するの用に供する等、諸事頗る完備して居る。

以上余は伯林騎馬部の實況を逑べた、尙其詳細なる規定例へば立番勤務及巡回勤務の方法の如き、又は獸醫の取扱、蹄鐵、馬匹の被服飼料竝に事務の方法、帳簿の種類經費等の如き事柄もあるが、玆には暫く之を省略して置く。

次ぎに余は獨逸ハンブルグに於ける騎馬巡査の狀況に付て、一言視察の結果を逑べ様と思ふ。ハンブルグの騎馬巡査隊には、警察中尉ニーマン氏が其長である、氏は曩年余のハンブルグに遊ぶや、懇切に指導の勞を執られた人である。ハンブルグに於ける騎馬隊の人員は、一人の警察中尉、一人の上級巡査部長、三人の巡査部長、五十八人の巡査及八人の厩手がある、又騎馬警察署は全市に二個あつて、而して騎馬巡査の勤務は、日勤で夜中は原則としては勤務に從事せざるものとしてある。ブンデス街の騎馬警察署には、馬匹は二十八頭あつて、其年齡に隨ひイロハに依りて名稱が附してある。馬匹を購入するには伯林の如く、委員の設けがあつて、巡査本部長、騎馬隊長、上級巡査部長、獸醫等を以て委員會を組織し、三個月間の試驗を施し、確定の上で之を購入する。

ハンブルグでは、既に十數年來騎馬巡査の設けがあつて、漸次其數を增加した、即ち千八百八十二年から千八百八十八年に至る間には、馬匹十五頭騎馬巡査三十六人の定員であつたが、千八百八十八年から千九百年の間では、四十二頭の馬匹と爲り千九百年以來は、更に六十二頭の馬匹及五十八人の騎馬巡査を得るに至つた。騎馬巡査の服裝は、赤色を施し冑は銀色を帶びて居る、馬の「ゼッケン」も儀式の塲合と通常の塲合とは之を區別して、又騎馬士官の塲合には、特別の徽章を附するのである。馬匹は四歲より之を採用し、中には六歲位のものもある、馬匹の臺帳は總て伯林に於けると同じである、馬糧貯蓄所には二匹の猫を飼ひ、以て鼠を驅除するの用に供することが、恰も伯林消防署に於けると同じである。

尚巴里の如き維納其他和蘭、亞米利加等に於ける騎馬巡査の狀況も、塲所に依り多少其規定を異にするけれども、上來述べたる所に依り、騎馬巡査其者の一般は讀者に於て之を推測せらるゝことを得るであろうと信ずる。

此の如く歐米文明諸國に於ては、夙に既往の經驗に照し、これが設備を爲したるものであれば、我國でも各府縣に於て、一日も遠に是が設備に着手し、以て警察上の實效を納められんことは、余の希望に堪へざる所である。

一八　巡査敎習所に附て

我國の警察官養成に付ては、當局にても夙に意を用ひられて、前には警官練習所、後には警察監獄學校を開き、其敎師として、相當の學者に講義を囑託し、尙特に獨逸人をも傭聘し、大に此點に盡すところあつたばかりでなく、巡査敎習所の如きも、夙に各府縣に設けられて、又近來は警視廳內の巡査練習所を始め、其他私立衞生會の創設に係る衞生講習會、統計學會の開設に係る統計講習會の如き、皆其道に對する警察官の養成に關して、一助とならないものはない。殊に夫の警監學校其他多數の支那人の爲めにする警察官養成の美擧さへあつて、幾多の學生を養成し、其成績亦見るべきものがある、其他英語研究會の如き、警察官中より生徒を拔擢し、縣費を以て之を養成する箇所も少くない。此の如く我國警察官の養成方法は、漸次に其步武を進むる傾向ある樣になつたのは、實に斯道の爲めに賀すべき所であるが、又時世の進運に伴ひ、將來に於て大にこれが設備の改善を促すべきことも少くないと思ふから、余は茲に我國巡査敎習所の改良發達に關し、聊か卑見を述べ樣と思ふ。

我國の敎習所の改善を促すに付ては、茲に一言歐洲に於ける巡査敎習の實況上に關し之を紹介するのは、敢て無益の業ではあるまいと思ふ。歐洲では何れの國でも、巡査敎習所に深く意を注ぎ、其成績亦甚だ良好なるを認める、余は先づ伯林巡査敎習所のことを述べるが、伯林でも久しくこれが設けがあつて、新拜命の巡査は、豫備部長たる警察大尉の指揮の下で、四週間の學校敎育を受くることゝなつて居る、そうして其敎習の方針は、巡査の職務の何ものたること、巡査の責任等に付き、實地的の敎習を爲すのは勿論、職務を執行するに當つても、之に必要なる點、殊に道路取締の際、巡査の日常服膺すべき事項等をも指示すべきものである。之が敎官は、斯道に最も經驗ある巡査部長を以て之に充てゝ、其一たび敎官に任命せられた者は我國の如く濫りに之を更迭するが如きことなきを以て常とする。敎習期間中は敎習生たる者は、實地上の事務に鞅掌せしむべからざるものとして、卒業の後警察署に配置し之に適合せる訓授を與へ、兼て實地上の事務を練習せしむるのである。余は曾て伯林警視廳内に於ける敎習所を參觀したが、敎習所の建物は、我國の樣に特設の建設物ではなくして、廳内の一室を以て之に充つるので、其敎場には卓子、腰掛、塗板、電燈等の設備がある。生徒は軍隊より之を採用して、少なくとも六個年間軍務に從事し、身體が强壯で醫師の診斷を經たる上、尙學術上の試驗を行つて採用し、六個月間は俸給を與へて之を見習生と爲し、其中四週間は敎習所に收容するのである。夫れ故に其規律の如きは、敎習生たる時代に於て既に最も嚴肅なることは、遠く我國の及ぶ所ではない。敎師は立ながら敎授をして、其方法は頗る實地的で、余は大に其實務に適切なる敎習方法なるに感じた、例へば人民の質問ありたるときは、巡査たる者は簡單に且叮嚀に答ふべしと、例を擧げて之を説明するが如き、又敎習所長たる警察大尉は、屢ゝ其敎場に出席して、敎師の説明が不充分であると認むる場合でもあれば、自ら生徒に注意を與へ、能く敎習上の精神の疏通せんことを圖つて居る。

余の參觀中敎師が生徒に質問したる記臆の要點を擧ぐれば、例へば道路に於て車體の大さに付き、警察の之に干涉するの理由如何との敎師の質問に、生徒は答へて、車體の幅廣きに失する時は交通上の妨害となる故に、之が取締を要するのであると言ふ、又警察官廳の分類如何と問へば、生徒は一般警察、地方警察の二種ありと答ふ、警視廳は何れの官廳に隷屬するや、曰く內務省なりと、第一部長は誰なるや、曰くドクトル・スタイン・マイステル、其部長の官名如何、曰く高級書記官（オーベル・レギールングスラート）、風俗警察は何の種類のものに對して監督すべきものなるや、放逸なる婦女子に對しては、何の點に注意すべきものなるや、公共上に關する擧動、品行及公の健康（黴毒）等に付てなり、公共上に關係を及ぼすべき擧動に注意するとは其意義如何、賣淫婦が手招きをなし、目示をなす等公衆の目を惹くことを禁ずるの趣意にして、又自己の住室に於ても、隣人の妨害にならざる樣、靜肅旨とすべきものなり、賣淫者の居所の制限は如何、ウンテル・デン・リンデン街（我東京銀座の如き處）の如き、其他寺院、學校、軍營等の近傍に於ては居住を禁ず云々と云ふ樣な調子である。余は又教場に於て教師が巡査に訓授したる一節に付き、頗る感動したことがある、曰く今茲に一人民あり、路上に於て道筋を聞けり、然るに汝は巡査として其場所を記憶せざるものと假定せよ、此時に當り汝は如何に人民に答ふべきかと云ふに、知らざるはこれを知らずとせよ、然れども巡査として道筋を知らざるは不都合なり、これが爲め殊に巡査には町名を記載せる帳簿を所持すべきの規定なるも、若し正當に之を取調るの暇なき場合に於ては、單にこれを知らざる旨を答ふるときは、これ人民に對して不親切なる行動なりと謂はざるべからず、故に汝は路傍に於ける然るべき人に之を紹介するの責任あり、旣に其紹介を終れば汝は徒に其處に止まらずして、直に舊位置に復すべきなり、何となれば立番巡査として特に注意すべき種々の他の事件に遭遇すべければなりと、此訓授の樣なのは、新拜命の巡査で、世故に馴れない者を教習するに當つては、實に無量の妙味あるものである。

右に述べた事柄は、其一例に過ぎないが、讀者は是により其教習方法の如何に平易で、新拜命の巡査を養成するに適當なるやを察するに餘りあるであろう。余の曾て之を某縣警部長に承けしとき、巡閲に際し、敎習所卒業後の新巡査に對し應問を試みて曰く、警視總監とは如何、曰く警視總監は全國の警察を掌るものなりと。余は又曾て巡査に對し應問を試みて曰く、檢事正とは如何、檢事長とは如何、檢事總長とは如何と、其答に徵するに、檢事正檢事長に付ては、要領を得たる者が多かつたが檢事總長に至りては、其何者たるを解せざる者が多かつた、亦以て我國巡查敎習所の一般を察するに足るべきである。

伯林巡査敎習の方法は、先づ生徒をして大意を筆記せしめ、然る後敎師は懇切に口頭を以てこれを說明し、要は注入主義を採るのにある、そうして其成績の不良なる者は、之を落第せしむることなきにあらざれども、此の如き塲合は極めて稀である。卒業生は巡査本部長たる警察大佐に於て、各署の缺員に應じ、之を割當つることは我國と同じである。敎習時間は晝間のみで每日六時間である、生徒は二部に分たれる、卒業試驗の方法は、先づ筆記試驗を行ひ、而して後口述試驗をも行ふのであるる卒業證書は之を附與しない規定である、敎師は生徒に對し何々君と呼んで居る。

以上述ぶる所で巡査敎習所の實質は、略ぼこれを了解するに難くはあるまいと思ふ、而して敎習所卒業後に於ける巡査は、路上に於て老練巡査と共に立番を行ふを以て常とする、これ蓋し新拜命巡査が直接人民に接すると、其措置を誤るに當つて警察の威信を墜すことが少くないからである、又新任巡査には犯人を逮捕することを禁じ、此の如き塲合には、時機を失せざる樣直にこれを他に移牒すべきことゝ爲して居る、これ亦人權侵害を慮るからで、是等の點は何れも我國に於て、大に參照に供すべきものである。

次ぎに余は伯林巡査部長敎習のことに付て一言しよう、千八百九十五年特に巡査部長敎習所が開設されて、五個月間之を敎習し、其生徒は巡査中より拔擢した。此塲合には警察學上の事項をも敎習するばかりでなく、稍〻高尙なる法律上の觀念文章の敎習、獨逸帝國の歷史、政治地理、算術等をも敎習したる上、卒業の後は缺員あるに隨ひ、巡査部長に採用する、尤も若缺員のなきときには、二個年以上も候補者たることがある。 又該敎習所では伯林以外の警察官廳よりの囑託に應じ、之を敎習することがある、敎師は三人で二人の警察中尉及一人の司法警察主任警部が之に當り、該警部は刑事訴訟法、刑法等を敎授することゝなつて居る、其他刑事の敎習及電信の取扱方法等に關しても、特別の敎習方法があるが、玆には述べない。

次ぎに余は巴丁王國ハイデルベルグの巡査敎習所で、夜間小學校を借受けて敎習する實況を觀察した、該敎習所は既に巡査となりし者幷に新巡查に對して敎習をして、各四個月間の敎習期である、此後の者に對しては每夕五時より六時迄之を敎習する、余を案內した警察長官ドクトル・ベンデル氏も每週二時間、自ら敎授の勞を執つて居る、今其敎師たる警部が巡査に對する質問の一二を述べて見ると、國會とは如何なるものなるや、國會は誰が召集するや、國會議員になるの資格如何などと言ふて、此等の點に付き懇切に指示することは伯林の敎習方法と大同小異である。

千九百一年十月十八日發行のケルン新聞紙を閱すると、中に警察學校と題し、ジュッセルドルフ市に於ては警察學校を開設し、同市は勿論、クレフェルド、エルベルフェルド、バルメン、エッセン、ヅイスブルグ等の警察官を收容して敎習を始め、今や其他の諸市よりも續々志願を申込むもの多しと云ふ、と書いてあつた、而して該校は當時の縣知事フォン・フォルロイフェル氏の發起に係るもので、其主旨は警察の統一を圖るにあるので、當時ジュッセルドルフ市の市長某氏の演說中に、今や時世の進步は、市の行政を統一せしむるが爲めには、他の市との連絡を缺かざることに注意せざるべからざることは、恰も國家が帝國全體に對し、統一的の權力を應用するが如く、其町村相互の關係も、國家其物が統一的に働くが如く、統一的聯合を必要とするの傾向を呈するに至つた、而して此點に付ては警察制度も、亦此方針に出でなければならないと、此演說は頗る彼の國現時の警察に對する傾向を察するに餘りあるものと言ふて宜しい。或人は此縣知事の設立に係る警察學校に關し批評した、曰く此學校の主旨とする所は、一種の想像的警察(實際上の法制を離れて、理想の上より警察の統一を圖るの意)を形成するに外ならないが、其設備が如何に巡査の法律上の研究に至大の便益を與へ、越權を防ぐに效力あるやは、殆ど測知すべからざるものなりと言ふべく、此學校の責任は此の如く重大なると同時に、將來に於ては、巡査の採用方法も亦愼重の態度を執らねばならない云々と。然れば我國の樣な全國統一的なる警察監獄學校の如きは、我國統一的警察制度に伴ひたる美擧で、永久に之を保存するを要し、且各府縣の敎習方法の樣なものも、區々に亘らない樣、內務省で之が統一を期せらるべきものであるのに、却て是が廢止せられたのは、返す〲も遺憾千萬の事である。

其他佛國巴里の巡査敎習所の如きも、最も意を巡査敎習に用ひ、上官は數々實地的の訓誡をなすは勿論、巡査の日常の心得方に付ては、其規定が頗る完備して居て、監督局次長ベルナー氏の如きは、殊に此點に付き深く注意をして居る。又特に巴里警察に付て注意すべき點は、ベルチロン式の人身測量に關する敎習方法である、其他倫敦の如き、維納の如き、巡査敎習の方法は大同小異である。

由是觀之我國現時の敎習方法は、先きに述べた如く頗る高尙に失し、實地上の點に付き、大に改善を要するものが蓋し多々ある。我國の警察制度は獨逸等と異り、全國統一的に成つて居るから、巡査敎習所の敎科書の如きも、亦統一的に内務省で之を制定さるゝときは、其効果大に見るべきものがあろうと信ずる。余の曾て乏を内務省警保局警務課長に承くるや、少く之に着手したることがあつたが、劇務の爲め、遂に之を果たすことが出來なかつた、是等の事業は、現時でも巡査敎習所に對する最大急務であることを信じて疑はない。

終りに現時の巡査敎習所々長は、久しく其位置に止まることを喜ばない者があると云ふことを、往々耳にする所であるが、これ畢章其待遇の卑きに失する事も、其一理由であろうと信ずるから、願くは當局者も深く此點に留意せられんことを、余は斯道の爲めに希望して已まないのである、又敎師の如きも、之に準じ、深く名譽とせざるの風あると聞くが、願くは是等の者に對しては、學科に應じ警察部の當該警部をして之を兼職せしむること、恰も前の警察監獄學校の敎師が、他の職務を有するの傍ら、之に當ると同樣の方法に出たならば、其實功を奏するを得るに庶幾かろうと思ふ。然れども巡査部長たる敎官の如きは、固より專務として之を採用し、最も其人選を重んぜざるべからざるは言を俟たざる所で、前に述ぶるが如く、之を伯林其他の例に徵するも、巡査敎習所の敎官は、悉く巡査部長たるべきのである。之を要するに我國の巡査敎習所は、其組織に於ても、其敎習方法に關しても、速に改良刷新の時機に到達せんことを、希望に堪へない所である。

一九　工場警察に附て

第一には工場警察の意義に付て、工場警察はどう云ふものであるかと云ふことを少し述べて見ようと思ふ。今更述ぶる迄もなく内務省なり、農商務省なりの行政の中には、宗敎なり、森林なり、土木なり種々あるであろうが、兎に角大別すれば、積極的に物を進める所の政治向きと、消極的に危害を除くように注意する所の政治向きと此二つがあろうと思ふのである。それと同じように工場の行政に付ても、此二つの方面があろうと思ふ、一は單に工業の發達と云ふことに付て考へるのと、一は消極的に危害を及ぼさないように注意すると云ふ所謂工場警察の方とがある。全體工場警察に限らず廣く警察と云ふ職務は、危險を豫防すると云ふことが本分であるので、工場警察と言へば、工場の危險を未發に防ぐのである。乍併餘り警察が干渉に過ぎると、折角工業の發達しようと云ふのを妨げることになるのであるから、其職權を應用する上に於ては、大に注意すべきことであると思ふ。警察が是迄屢、世人より種々の批評を蒙り居るのも此點だろうと思ふ、乍併世人も亦豫め警察の方面を心得て置くことが、多少の參考になるであろうと思ふ。

工業家の方面から言へば、兎角利益を主眼として考へるのであるから、警察の言分などは、大體に於て氣に入る筈はない。之は工場警察ばかりではない、警察と云ふ役向きは何時でもそうで、萬事萬端警察程人にいやがられる役向きはない、此事は單り我國ばかりではないので、工場警察に付ては、何處へ往つても工業家の方には極めて不評判なのである。要するに工業家は警察の何物たるかの大體を平生注意し、警察の方でも常に工業の進歩發達上に注意して、兩々相待つて工業の發達を圖り、又危害を防がねばならぬように務めることは、兩方面に於ける責任であろうと思ふ、例へば工場法なども、工場警察其物には大なる關係があろうと思ふ。然るに工場法は、獨逸でも、英吉利でも、之を發布する時には、非常なる反對が工業社會にあつたことは沿革が證明して居る。

偖工場警察と云ふものも、警察の方面から言へば、之を分析すると色々に分れる、先づ營業警察と云ふものが、工場警察に大層關係を有する、其次ぎには器械警察と云ふものも、工場警察に最も關係を有する、其次ぎには建築警察、衞生警察等であつて其他職工警察、火災警察等細かく言へば尙限りがないが。兎に角警察と工場との關係は種々なる點に於て、大なる關係があることである。

偖先づ其中の營業警察と云ふものに付て、工場警察の系統から逃べて見ようならば、是等に關する警察は、常に工業の實況を能く視察して、迂濶に陷らぬよう且工業上の發達の妨害をしないように、工業の發達と危害豫防上の調和を圖らねばならぬものである。所が實を言へば、警視廳などの是等警察の組織の內幕は、隨分不完全である、即ち之に屬する官吏の事を述ぶれば、警察署の執行機關は別として、警視廳では第二部保安課の主管に屬し其主任官吏は、一二人しかない、其上に第二部保安課長第二部長、警視總監がある。所が例へば予が第二部長を勤めて居つても、余の職掌より言へば、工場警察は唯其一部分であつて、尙多く他の行政事務に從事して居るのである、故に外國などの例に照せば、我國の工場警察の機關は實に不完全と言はねばならぬ。其次ぎには器械警察の事である、之は世間に最も小言のある滊罐滊機を掌つて居る所の警察である、之には言ふ迄もなく、機械の技術官が非常に必要なものである、警視廳は夙に玆に見る所があつて、先には久しく此道に經驗ある工學博士谷口直實君、並に理學士吉田朋吉君に、囑託を依賴して居つた時代もある、其後段々變遷し來つて、數年前芳賀工學士を以て主任技師としたので、之が警視廳が專門技師を置いた初めである、又其下には工業學校の卒業生等をも使用することになつた、乍併其數は技師を併せて僅に二三人に過ぎないのである。

其次ぎには建築警察の事であるが、之は言ふ迄もなく建築上に危險のないように充分注意するのであつて、此點に付ては先には片山工學博士が、警視廳の顧問技師でやつて居られたこともあつたが、今日では福岡工學士が此主任になつて居つて又其下には技手も二人ばかり居る、僅に三人で東京府下の建築警察をやつて居るのであるから、工場の建築警察にも、多くの不行屆の虞あるは仕方ない次第である。

又衞生警察の系統には、警察醫もあり、又化學的工場に關係しては池口藥學士が主任者になり、其下にも化學的技手の設けがあり、其外電氣のことに關係しては、淺野工學博士が囑託になつて居つて、其下には工學士を雇入れて居る。

此の如く工場警察と言つても、其範圍は中々廣ひものであつて、或は營業警察の點より注意し、或は衞生警察、建築警察、器械警察などの點よりも觀察すべきものであつて、新設の工場に對しては種々の點を調査し來りて、警視總監は終に許可を與へる次第である。

此の如き不完全なる組織の下に、工場は益〻發達し、職工の保護問題も漸次起らんとするのである、而して既に警察は責任を有して居る以上は、時代相當の取締はなさねばならぬは勿論である、瓦斯罐が破裂しても宜いか、職工が建築物の崩壊の爲め壓死しても宜いか、煤烟の爲めに四隣を顧ずしても宜いかと云ふと、どうも職責を持つて居る以上はそうはいかぬのである。而して今述べた所の營業であるとか、器械であるとか、建築であるとか云ふ事柄は、悉く第二部の保安課に屬して居るのであつて、之が取締の責に當る官吏は、非常に少き人員で處務して居るのである、故に遺憾ながら往々處理の後れるのは、已むを得ぬ次第である。伯林などの例を言へば、建築の事に關係しては、別に獨立して一の建築警察部と云ふものゝ設けがある我國の如き部の次に課があつて、又其課の一部分に位するとは雲泥の差がある。其他營業警察に付ても、例へば伯林では警視廳に於て一の完全なる獨立の一課を組織して居つて、其課長には高等官を以て宛てゝ居るのである、此の如き狀況であるから亞米利加などは暫く措き、歐洲に於て工場警察の干涉して居る度合は、殆ど想像するに餘りある、又警察は深く干涉しないでも、工業家の自治心より注意して居り、尚火災保險會社などよりは建築上などには痛く干涉して居る。我國に於ける外國保險に掛れる紡績會社の如きも、蓋し之に屬する適例である、尤も又一方より言へば、工業家の財力も彼の國に於ては、我國よりは優る所あることも、一大原因であるであろう。

そこで工業家の方の立場から言へば、工業家は互に提携して工業上の公德心を養成し、成るべく警察の方にも迷惑を掛けないように注意すべきは勿論のこと、公衆に對しても危害を及ぼさないように萬事注意せねばならぬこと〻思ふ。又一面に於ては工場建設地の四隣に於ける公衆たるものは、工業上の發達を害せぬように、或る程度迄は耐忍しなければならぬ、此點に付き警察は常に注意すべきものであつて、畢竟するに警察の職向は工業家と公衆との間に板挾みになつて居るのである、工業家の方では、どうも之を許可されなければ、工業家が成立た〻ぬと主張し又四隣の者は震響騷動等の理由の下に不許可を主張する、そこで四隣の苦情とか震響であるとか、騷動であるとか、所謂公衆に危害を及ぼすべき程度に付ては、警察が公平に判斷せねばならぬものである。 之を要するに公衆は震響騷動等に付ては、或る程度迄は耐忍しなければならぬ、又工業の發達上公益上よりも我慢しなければならぬのである。 余等は從來是等の人々に對して度々說諭を加へ、其位の度合迄は我慢しなければならぬじやないかと言ふと、中々承知せぬ、之は酷ひあなたは我家屋を壞しても宜いか、安眠を害しても宜いか、警視廳は人の財產は保護せぬと言ふかと答辯する、東京に於て此の如き四隣の苦情で、余等當局者を煩したのは三十六年中に三十二件ばかりあつたことがある。 それで苦情があつたとて警視廳は尤千萬とは言はぬ、是は畢竟工業家の迷惑を察するからである、固より其中で甚しいものがあれば、工業家に注意して除害の工事を命ずる、之に依り同年中除害の工事を命じたのが九件許りもある。 それで能くある手であるが、工場の立退などを嘆願する時には、連判狀に印を捺して來る、警視廳は連判狀に印を捺したからと云ふて驚きはせぬ、然り乍ら苟も公平に判斷して、尤千萬であると思ふたらば、工業家には相當の除害の裝置を命ずるのである、中には少からぬ費用を要するので氣の毒千萬のも澤山ある、全體行政訴訟とか云ふことは、斯ふ云ふ場合に於ける救濟方法である、然るに我國では此の如き例は殆どない故、先づ矢張警察の方に持つて來る、是から工塲法でも出來たら段々夫等の事も起るようになるであろう。 此の如く警察は工業家と公衆との間に板挾みになつて居る、そこでどうか余等の立場から言つても、工場法の如きものは、時代相當に一日も早く出來ることを大に希望するので、其發布が一日早ければ一日の利益があらうと思ふ、要は其内容の問題と思ふ、英吉利の工場法の如きも、發布の當時はやかまく敷あつたとのことであつたが、今日となりては工場法發布の結果として、職工の取扱等に付き、萬事工場主が注意したるの結果、大體の上に於ては、却て利益があることをば自覺したと云ふことであるが、單り之は英國に限らぬ。即ち我國に於ても漸次人權の發達しつゝある時代であるから、工業家に於ても未だ勞働者の權利思想の薄い時代に於て、卒先して斯ふ云ふ點に注意するのは、必ず大なる好結果を奏することゝ思ふ。他の國では社會の輿論がやかまく敷なつて、始めて工業法が發布になる、我國では寧ろ工業家の方より卒先して、圓滿に此法の發布を見るに至るなれば、所謂先んずれば人を制すると云ふことになろうと思ふのである。

第二に余は警察の著眼點より、一言述べて見たいことは、工業家の注意すべき事項である、前にも述べた通りに、工業家に於ては警察の機關はどんな風になつて居るかと云ふことを、知ることは最も必要であると思ふのである、警察があゝなつて居るから、斯ふやつて來なければならぬと云ふ樣な工合に、結局雙方の意思が疏通して行くことになる。　次ぎに兎角警察に對する種々の願書類などの調査が遲くなるとの不平は、常に耳にする所であるが、是に付ては色々原因があろうと思ふ、固より警察にも細かく研究すると缺點もあろうが、余の從來經驗する所に依れば、調査が遲くなつて當事者との間に行違が出來る大原因は、警視廳に來る使の人である、此警視廳に來る人をば善く選ばぬと、幾度足を運んでも中々旨くはいかぬ、之は畢竟使者を派遣する人が惡いので、警視廳が惡いのではない、警視廳は迷惑千萬なので、その分らない使者に對し、何遍話をしても要領を得ない、使者は當事者の所に歸り來りて訴へる、曰く警視廳が大層むつかし敷きことを言ふて困ると、これ畢竟するに技師の來るべき所へ事務員が來たり、又甚しきは建築上のことに關し、要領を得難き者が來たりするから、中々雙方の意思の通じ兼ぬるのである、其のくせ表面上では能く分りましたと言ふて、承知したかの如き狀態にて歸り來るのである、乍併此の如く元來が分らぬのだから、又足を運び、再び要領を得ずして歸る人もある、又中には使者を變更するのもある、故に甚しきは、時によると警視廳に足を運ぶこと前後四五回にも及ぶことがある、尚甚しきは十回計りにも及ぶものがある。兎に角警視廳は責任を持つて居る以上、是等の事情の爲めに默して已むことは出來ぬ此點に付ては吳々も當事者が、使になる人に注意せぬと、警視廳も困難を覺へると同時に、當事者は尚更困るだろうと思ふ。尚此點に付き特に世人の注意を請ひ度きは、兎角警察署には近傍に代書稼があつて、設計圖迄も引受けて居る、又其代書の中には度々工塲願主の代人となり、警視廳の方にやつて來る者もあつて、責は之を警察に歸し、折角設計書を拵へたのに、警察が面倒なことを言ふから、もう一遍仕直さなければならぬと言ふて居る、而して之は營業的であるから、代書の方では金儲になる仕事である、又事務員などが、度々警視廳に來るのであるが、乍併事務員は一種の行政者に過ぎないものであるから、建築とか罐罐とか云ふ樣な、專門的の理屈には通じない、是等の人が警視廳の技師などゝ仔細の點に迄話をするとも、悉く要領を得ることは困難である、尤も大きな製造塲などでは、今日迄大に是等の點に注意して居て、立派な專門の技師を派遣するから、忽ち要領を得ることも度々あるのである。是等に付て余は疾くより考へて居るのは、折角工業協會と云ふものが出來て居るので、此處に技術上の機關を設けて、工學博士、工學士などを囑託して、其下には又相當の技手を設けるなり兎に角斯う云ふ樣なことをば、直接に工業協會でやるか、若くは一定の技師へ紹介の勞を執つたならば、必す其成績の見るべきものがあろうと思ふ。一例を言ふと先年警視廳は、寄席の建築上のことに付て規則を出した、段々改造修繕等の時期が切迫して來た、不相變使者の惡ひ爲め、手數が掛つていかぬから、余は寄席組合の頭取などを呼んで注意した、日限は切迫して居るのに愚圖々々して居ると、君等は終に營業が出來なくなるぞ、早く組合に於て統一的に然るべき技手をば雇ふた方が、手數も要せぬで好都合ならんと注意した結果、大層好結果を奏したこともあつた。

其次ぎに工業家に余が希望するのは、警察規則を無視されないようにしたいことである、殊に是等社會の上流にある人々は、餘程そう云ふ點には注意を請はぬと、大層多數な製造塲であるから、勢力ある工塲主などが、警察を無視することになると他の者は忽ち眞似をすることゝなる。其實例中最も多いのは、警察の許可を得ない前に煙突を設けたり、工場を建てたりするのである、其實規則を知らぬのではない、余は警察署に命し工事の停止を命じたこともある。又次ぎに注意を請ふべきは、瓦罐の檢査日が豫め極つて居る爲め、工業上の都合よりして度々期日の變更を願い來るものがある、其事情は察するけれども、何分多數のこと故、既に檢査の日割は極つて居るのに、一方に便利を與へると、總體に變更を來し、尙更迷惑の事が出來するのである。

其次ぎは落成檢査が遲延して困ると云ふことを度々耳にする、之も一寸延べなければならぬ、東京には工場の總數は、八千許りの多數に達して居る、それであるから一々建築上の檢査は出來兼ねる故、中には往々警察署から往つて構造仕用書に照して、差支なければ宜しいと云ふことになつて居つて、此の如き場合には、警視廳から檢査に行かずして檢査證を渡すのである、而して其渡し方が後れると云ふ小言があつたが、それは警察署の調べが出來れば、警視廳は直に下附することになつて居る、若しそれに反對のことがあつたら、遠慮なく訴出れば必ず滿足を與へられるであろう、往々後とで讐を取られるのが怖いからと言ふ人があるが、決して左樣の心配には及ばぬ、正々堂々訴へ出づることが何より宜いので、又當局者の希望する所であろう。

其次ぎには臨時檢査のことである、即ち汽罐を全く裸體にするのである、定期檢査は一年一回で、あの汽罐は危險だと思ふと、特に臨時檢査を行ふのであつて、此檢査は殊に工業家には極めて不人望なのである。固より警視廳は豫め其旨を明言し置くこと故、翌年は裸體にして檢査することは承知の筈である、愈々時期が切迫して來ると、極めて機嫌が惡い、此不景氣な時に裸體にされては堪らぬと言ふ、どうも之は仕方がない、若しも裸體にせぬで宜いのを裸にするのならば、是こそ警視廳の技師が惡いのである、中には往々警視廳の技師以上の人が宜いと申しました故と稱する人があるが、成程他の社會には尙立派なる技師もあらんなれども、職責には易へられぬのであるから、其點は技師仲間の研究に委し度きもので、此の如き意見のあるときは、技師と技師と談し合ひ、圓滿なる局を結びたいものである。

それからもう一つは水壓試驗の立會檢査のことである、之も中々小言がある、水壓試驗と云ふのは汽罐が落成すると始めて新しい檢査をする、是迄折角晝夜兼行の勢で建設したから、早速檢査を願ふとの事である、此方には又豫て述べたる通り、他の日取りが極つて居るから、早くやりたくも出來ないことが往々ある、是等は止むを得ぬことである、是等の點より見ても警察の技術官の數は、大に之を增加し一般に滿足を與ふる樣に致したきものである。

第三には警察官の注意すべき事項として、警察の方面からも又顧る必要がある、即ち警察は呉れ〴〵も工業の發達を害せぬように注意しなければならぬことは、言ふ迄もないことである。

其次ぎに警察が願屆などを處理する上に於ては、出來る丈けは早くしなければならぬことは勿論のことで、警察も出來る丈けのことは充分注意して居る、それで例へて言へば、同じ警察が臨檢するのでも、遣り方があると思ふ、即ち營業警察、衞生警察、建築警察等種々の方面より一の工場を許否するのであつて、自然建築と器械の方と意見が衝突することもある、此の如く一の工場には種々の方面が關係すること故、今日は器械の主任技師が往き、明日は化學の方の人が往つて、明後日は煙突の受持の人が往くと云ふ樣になると、工業家も迷惑千萬であるから、是等の技師は成るべく同時に往くの方針を採らなければならぬ。又戰爭當時の實例を言ふと、陸海軍の御用として製造場は種類に依つては頗る多忙である、それをば尙區々たる手續に拘泥したら、迚も戰時の警察は出來ない、故に大概の事は大目に見ることになつて居る、例へば工場に關係ある物干場の不足の爲めに道路を使用することがある、そうすると道路警察に關係することになる、そこで道路警察の系統は、差支ない限りはやかま敷いはぬようにせねばならぬ。畢竟するに警察の機敏に活動することの出來ぬ大原因は、警察の機關が不備であるからである、例へば東京では僅に三人の技術官が瀛罐の檢査に從事するのに、伯林では十四人も之に關係して居る、尤も伯林では工場の數も多いのでもある。

然れば今日の時代に於て、工場警察の機關を擴張することはむつか敷きかは知らぬが、既に工業が存在して居る以上は、出來得る丈けの方法を以て此機關の整頓を圖らなければならぬ。此の如く警察機關は依然として不完全なるにも拘らず、工場と云ふものは大體に於て長足の進歩を爲しつゝあるのである、試に明治十六年の統計に依つて見ると、瀛罐を使用して居る工場は、東京府下に十二三で、瀛罐を使用しないのが八百十三、然るに明治三十六年の統計に依ると、瀛罐を使用して居る所の工場が五百九十六、瀛罐を使用しないのが六千六百五十九である。此の如く製造場の數は殖へて居つても、警察の機關は十年一日の如き調子である。又定期檢査の度數は三十六年の統計では、六百十四、水壓試驗は九十、尙製造場に關係する種々の願數は二千七十一、諸屆の數は二千四百六十七ある、又瀛罐瀛機の檢査證を下附したのが三百十四、工場檢査證を下附したのが千五百五十九、訂正の爲めに下附した書類の數にして、三度以下に及びたるものが五百一にて、四度以上五度以下のものが十三ある、それに又警視廳に呼出しをした數が千九十九、主任者及技術官などの面會したのが、千七百二十五ある、そこで此の如き不完全なる機關であつても、先づ東京は比較的瀛罐の破裂が少ないのは幸である。豫て世人も聞き及んであるであろうが、東京の瀛罐の檢査で落第した分は地方に至り、地方で破裂する事も少くない、實に危險千萬のことである、三十四年中全國で瀛罐瀛機並に附屬の機械などが破裂をしたのが十三件ある、其中長野が四件、大阪が二件、山梨が二件になつて居つて、此中には東京は這入つて居らぬ。歐洲の例を言へば獨逸のプロイス王國では千八百九十四年には、三十五臺の瀛罐が破裂して、千九百年中には十三臺破裂した、故に獨逸全體では尚餘程多い筈である。尚英吉利の瀛罐の破裂は統計が少し古いが平均して一箇年八十位と見て宜い、之は畢竟するに一面に於て工場の多いからである。それから警察の方より鑑みなければならぬことは、往々技師技手の意見を異にし、説明二途に出ぬ樣に注意せねばならぬことである、又圖面の徵し方も氣を付けるの必要がある、殊に警察の技術官として最も注意すべきは、危險を防げば宜いと云ふ著眼で、餘り安全を望むと經濟上にも至大の關係を及ぼし迷惑を及ぼすことが少くないのである、例へば瀛罐の檢査上此釜は百「ポンド」迄は危險でないとすれば夫れで宜い、單に安全の點より言へば、九十「ポンド」の方が宜しかろうが、是は最早干涉の度を過ぎたるものと言ふべきである。又建築上の事も同樣である、尚社會進運の爲め、技術上に於ても種々發達の結果、機械の種類も多きを加へ、中には警察の技術官に於ても、研究の疎のものもある筈である、而して學術技藝には境界のあるべき筈なければ、是等の點は警察方の技術官に於ても、私人の資格として廣く局外技師の意見をも徵し、研究を要すべきは勿論である。又設計書等に於ても信用ある技師の名前あれは、取扱上に於ても多少の斟酌をなすべきは、行政上固より注意すべきの方針に属すべきものである、是等の點に於て未だ不幸にして其實行を見ざるに於ては、一日も速に實行する樣にしたいものである。其他吾々の耳に入らぬことも澤山あろうと思ふ、畢竟するに警察も自ら鑑みたら、澤山不都合の點もあろうと思ふから、幸に夫等の點は世人の忠言を必要とするのである。

第四には獨り東京の工場警察の話ばかりでは、興味が少ないと思ふから、參考の爲め少しく伯林の工場警察の話をしてみようと思ふ。豫て東京の工場警察は、世人よりの非難に接して居つたこと故、先年歐洲へ參つた時分にも、多少工場の視察上には注意をした積りである、そこで警察と工場とはどう云ふ關係になつて居るかと云ふことであるが、伯林は工業に付ては、世界中有名なる市府であるが、余は度々警視廳の人々と共に巡廻して工場の檢査をして、それに付て吾々の職務上にも參考になつたことも澤山あるが、我國は目下尙工業の幼稚の時代なること故、工場の警察迄も固より不充分千萬なことであるが、段々工業の發達に伴ひ、工場警察も時代相當に進步させ度いものである。獨逸國では近來段々工業に付ても、海外に對し一致團結と云ふことが必要であると云ふ觀念を自覺したものと見へて、從來聯邦國として區々にやつて居つたことも、統一的に趨いて來た、其一例を言へば、是迄各聯邦國に於て工業上の調査報告と云ふ樣なものは、別々に官廳から出版になつて居つた、所が此頃は獨逸帝國として統一的に完結して居る、固より細目の點に付ては、聯邦に依つて各規定も設けてあることは言ふ迄もない。今試に普魯西王國としての工業行政の取扱の事を言へば、王國全體の總指揮者としては商務大臣がある、又其商務大臣の指揮の下に於て、伯林では警視總監が活動して居り、尙工場警察の系統上に付ては警視總監の下に、第二部に營業課と云ふものがあつて、其課長は書記官兼營業事務官と稱する高等官である、又伯林の營業警察の機關は五の區劃に分れて居つて、警視廳の督監の下に於て五の營業監督署の設けがあつて、其監督署長たる人は高等官である、又其下には主任が居つて、技術官なども居るのである、一寸大體そう云ふ類の組織である、之を我東京と比較すれば雲泥の差があるではないか。尤も伯林の警視廳では積極的行政をも行つて居る故、此營業課では工業警察ばかり取り扱つては居らぬ、以上は伯林の話であるが、餘所では普魯西でも縣廳の中に、矢張り書記官兼營業事務官と云ふ役の設けがある、そうして其人が日本で言へば、農商務省的の積極的の方面として、萬事に注意して居り、又區劃毎に營業監督署の設けがあつて、警察の方とも提携して、營業の妨害にならぬように注意して居るのである。

それから巡査と工場との關係であるが、全體巡査に工場の專門知識を請求するは至難のことであるから、技術上の事に付ては、絶對的に嘴を容れることは出來ぬ、是より先き伯林でも巡査は或る度合迄は監査をして居つたのであるが、近時は個樣なる點には干渉せぬことゝなつた、實に尤千萬のことである、但職工の保護年齢の取調勞働時間等の點抔に付ては、固より別問題である。我國では此種の警察中尚無警察のものもあるが、兎に角工場警察と巡査との關係に付ては、他縣は暫く之を措き、東京では伯林と同方針である、技術上危險等の事を思ひ付たれば、唯だ上官に報告すれば宜い、そうすれば上官は營業的專門の技術官に命じ、審査の上、必要あれば除害の裝置をなさしむるのである、之も念の爲め參考迄に述べて置くのである。偖前に述べたる營業監督官には、どう云ふ人を採用するかと言ふと、高等學校を卒業した上で、我國の所謂工科大學に相當する專門學校を卒業し、それから一箇年計りも製造場に居らなければならぬ、又それから之を警察的官吏に養成するのであつて、官吏任用の試驗に及第して、始めて試補になり、試補をば三年間も勤め、其中一年の間は法科大學に通學し、經濟學及營業條例、工場衛生法、社會政策等をば研究するのである。そこで第二の試驗に及第して始めて營業監督官となるのである、之も警察に缺員がなければ仕方がない、故に六年間も待つて居る人さへあつた。兎に角此の如き經驗ある人が監督官になつて居り、お負けに其監督官が澤山居るだから旨く往くのは固よりである、之に加ふるに工業家の公德心も發達して居るのである。

それから伯林に於ては、火災の豫防上より、近時特に之に關する委員を設けたのである、之も餘程實地的である、其委員は消防官と營業官と建築官と云ふような類の人が、一年に一回丈け同時に巡廻するのである、而して氣に入らぬ事があつたらば即時協議の上除害方法を命ずるのである、而して其やり方が非常に實地的である。

一寸其實況の一端を述べると、或時に護謨の製造所へ往つた、そうすると警察官の外に製造場の主人も同行した、消防官は或る木製の桶中に「ベンチン」のあるのを發見し、之は引火上危險である故、金屬製の桶に改造せしめよと言ふと、建築官の方では、其必要なしと言ふ、そこで營業官は仲裁的に熟考の上取定むべきこと丶決定した、之は例外で大抵は圓滿に其席上で話合は濟むのである。尙詳しく其爭點を述ぶれば、「ベンチン」が木製の桶に容れたる儘廊下にあれば、其廊下の下の方は廣い土地にて、地續きに階段から廊下に來る樣になりて居り、小兒も現に自由に行通しつ丶あるのである、消防士は之を見て謂へらく、小兒が木製の桶を弄したらば破裂するの虞がないとも言へぬ、木製を金屬製となすも、其費用は僅少のことであるから寧ろ斯くして破裂の虞なからしめんと、余は消防士の言を以て至當と思ふたが、建築技師は法文に明文なきの故を以て之を拒むだのである。又序に述べたきことは警察などより檢査に往つた場合には、工業家の責任のある人は附いて廻る、警察よりは之は斯くしなければならぬと言ふと、之は一昨年改造し、少からず費用を投じた、何卒改修は御免を蒙り度いと答へる。要するに我國などでも出張する者あるときには、此上ながら責任者は、現場に就き警察方の出張員に對し、意思の疏通する樣に充分に說明するが宜いと思ふ、されば官廳の方にも、出來得る限は事情も參考に供することであろう、而して官廳の方にも又物に依つたらば、試驗的に之を行ひ、餘り窮屈に過ぎぬ樣にするのが宜いと思ふ。或る時であつた、余は伯林に於て新設の劇場を見分に往つた、劇場の幕が問題になつた、余は建築家、消防官、營業官など同行した、然るに消防官が言ふには、火災豫防上頗る危いのであると、劇場主は之に答へて之は石綿であるから、決して危險でないとやつた、そこで之が許否は頗る注目すべき問題であつた、そこでどう云ふ處置をしたかと言ふと、消防士は忽ち「マッチ」を携へ來りて其綿布の裏面に火を點けた、所が燃へ上らぬのであるから、余も工場主の言ふのも一理あることゝ思つたが、結局營業係の官吏は、其間に立つて此幕をば半箇年間許可したる上、再檢査をしようと言ふたから、談合は圓滿に整ひ營業者にも迷惑にならず、又警察の威信をも害することもなくして、完結を告げたのである。

それから前に一寸述べたが、工場に關しては、四隣の苦情に關する訴願も中々多くあるのである、然るに實際上伯林の警察では、其八分は否決されると云ふことである。

それから尙一つ珍しいと云へば、珍しい事柄であるが、伯林では工場警察の爲めに女の役人を使用して居る、詰り工場の方に關係ある女工を監督する爲めに女を雇ふて居る、之は英吉利などにも前からあるそうである、伯林では數年前から試驗中だとのことである。終りに伯林に於ける瀛罐の檢査の事を述べるが、數年前迄は東京と同じく伯林警視廳で瀛罐の檢査をやつて居つた所が工業協會の樣なものが出來たから、其協會で瀛罐の檢査をすることにして、其協會をば警視廳が監督することにした、それで瀛罐の技師を任命し、それを認可するのは商務大臣である、そう云ふ協會が普魯西全體でも二十計りもある、而して其協會が惡かつたならば商務大臣は解散をする。それから瀛罐の檢査の度數、之は一年に一回やつて居る所もあり、それから所に依ると、二年目位にやる所もある、是等も東京などでは、工業家の公德心の發達と共に、將來に於ては參考に供すべきことであると思ふ。

尙終りにもう一つ述べたきことは、瀛罐を取扱ふ人に付て警察は注意しなければならぬことである、此點は吉田朋吉君なども夙に唱へて居らるゝ所である、伯林では當時瀛罐を取扱ふ者を養成する爲め、學校建設の計畫中であつた、又十八歲以下の者は火夫になることは出來ぬとのことである、是より先きハンノーベル州では、既に此種の學校は出來て居つた、而して其修業時間は極めて短い、即ち僅に六週間で卒業する。

先づ伯林工場警察の話は此位にて止めて置かうと思ふ、我國でも是から後は段々に工場法なども發布になろうから、之が動機になつて警察との關係事項も大に發達する時期が到來することであろうと思ふ。又瀛罐の檢査のことに付ても、段々議論があつて、或は警察の方などより脫却して農商務省的の系統でやつた方が宜いと云ふ說もあるが、工場警察は前にも述べた通り、四隣竝に工場の危險を防ぐことであるから、一般の治安警察として將來も益〻警察系統として發達させるべきものであると思ふ、又將來は職工の保護と云ふ類の事柄も、前に述べた通り、段々警察よりも注意してやらなければならぬことゝ思ふ、又消防のことも工業警察としては、非常に注意しなければならぬことであつて、之も餘程氣を付けぬと損耗があろうと信ずる、此點に付ては本所の瓦斯紡績會社の消防などは其設備は勿論、殊に消防に最も必要なる練習の事も整頓して居るのである。

之を要するに警察が時代相當に程能く行屆くのは、中庸宜しきを得た警察と稱し得べく、結局工業上の利益にもなるのであつて、其結果一時は工業家の氣に入らぬことでも、後には仕合せになることも度々あるのである。

戰後に於て工業は益〻發達しなければならぬのは勿論である、又大に雄飛しなければならぬ、是に伴ふて工業警察も亦相當に發達しなければならぬことは、言ふ迄もないことゝ思ふ、乍併何を言ふても國が富まなければ到底文明上の發達は出來ぬから、工業が充分に發達して、金が儲かつて來ぬと、警察の機關も其働くことが出來ぬことゝなるのであるからして、そこらの點は警察の方に於ても充分注意し、そうして兩方面の間に於て、程能き進歩を見るようにしたいことゝ思ふ、兎角今日迄は其脈絡意思の疏通が缺けて居つたことゝ感じたから、聊か平素の所信を述べた次第である。

二〇　工場法の制定に附て

先年來工場法に附ては、世論頗る紛々であつたが、早晩之を制定せざるべからざることは、智者を待たずして明かである。然れば今茲に歐洲等の實驗に鑑み、之を攻究するは頗る刻下の急務なりと信ずるから、余は先づ英國及獨國に於ける該法設定に付て、其沿革の大要を述べ樣と思ふ。

英國に於ては、既に百年前に於て職工問題に關し、之が說を唱へた者があつたが、其之が實行を見るに至つたのは、漸く七十年以來のことである。反之獨逸に於ては殆ど八十年前萊因州に於て就學兒童の强制を行つた、當時製造者は、其職工徒弟の就業上に至大の關係を有するから、頗る之が反抗を試みたが、遂に國會議員より法案の提出を爲すに至つた。抑も職工問題は、生產上に至大の關係を有するから、該問題は歐洲に於ても、當時頗る困難なる問題に屬した。

英國は獨逸より後れて、就學兒童の義務を規定したから、其之を實行せんとするに當つては、之を獨逸に比し頗る困難なる場合に遭遇したと云ふことである。此點より論ずるときは、我國の如きも、今に於て是が相當の法を制定しなければ、臍を噬むとも遂に及ぶなきに至るであろう。

獨逸に於ては、婦女子及兒童に對し夜業を差止めた事は、既に十數年以來の事で、即ち千八百九十一年改正の營業條例が是である。之を聞く獨逸に於て職工問題の生じたのは、種々の原因より胚胎したもので、其始めは敎育及軍人方面等より生じたと云ふことである、なぜなれば軍隊に於ては、兵役上身體の强壯に注意す可きものであるからである、而して職工で夜業等に從事し、過度の勞役に服すれば、此主旨に戻る處が少くない、又國民にして無敎育なりとすれば、其害毒は延て一國の文明上に至大の影響を及ぼすべきことは論を俟たない、是獨逸に於て夙に就學兒童の點に注目した所以である。乍併一國の經濟問題は、又區々たる論議を許さないことがある、夫れ故當時獨逸に於ても、製造業に從事する者に於ては、頗る反抗の色を呈したが、政府は遂に之を斷行し、議會に於ても宗敎黨、及社會黨議員等は、双手を擧げて之を歡迎し、遂に之が法案の通過を見るに至つたのである、是より先き獨逸に於ては、一地方の規定に依り、職工の勞働時間制限は頗る區々であつたが、今や法律に於て、其最高程度の時間を定むるに至つた。

獨逸に於ては、營業裁判所の設けがあつて、該裁判所は訴訟を取扱ふべき處ではなくて、賃銀の紛爭等に付き、之が仲裁を試むべき所である、是が長官には、一人の裁判官があつて製造主及職工等も此席に列し、仲裁を試むべき者である、故に此裁判所は、法律問題を處理すべき處ではなくて、全く仲裁の性質を有すべきものである、故に同裁判所は全く强制權を有しない、蓋し此の如き設備は、我國に於ても漸次採用して善かろう。尙玆に營業の監督上に最も注意すべきことは、營業監督官廳の設けである、伯林に於ては、同官廳は警視廳に屬するが、其他の都市に於ては通常府縣知事の監督に屬すべきものである、此監督官廳は、營業の監督を行ふべきもので、通常執行力は之を有しないのを以て原則とする、故に處罰等の場合に於ては、營業監督官廳の干涉すべき範圍でなくて、警察官廳の干涉すべきものとするのである、而して所謂營業監督官廳たるものは、常に勞働者關係等を監督するもので、製作品其物の利益上の如何等に付ては、顧慮しないものである。之に反して百五十年前に於ては、例へば製造に關する羅紗の寸尺等の測量に迄も、干涉したと云ふことである。

ハイデルブルグ大學教授ラートゲン博士は、曾て我國に在ること八個年、頗る我國の經濟問題に精通する人で、余の昨年歐洲に遊び博士を訪ふや、談偶ゝ我國の勞働者問題に及び、氏は余に語るに獨英等の例を以てし、我國に於ても其法の設定一日後るれば、一日の損失あるは鏡に懸けて見る如し、故に今や之が制定の時機に適せる所以を喋々せられた。又余の此行博士パウル氏をスッツトガルト府に訪ふや氏は我國の職工取締に付き、宜く他の歐洲文明國の經歴したる沿革に鑑み、適切なる法を制定すべきことを勸められた、殊に氏は職工取締に付ては、獨逸に於ても未だ完全なりと言ふ可からずと論じ、政府たるものは、嚴重なる監督を以て之が任に當り、資本主の不法なるときは勿論、勞働者の亂暴なる時に於ても、其何れの場合たるを問はず、政府は最も公平に其間に處理し、萬一無法の事あるに當りては、之を兵力に訴ふる迄の覺悟がなければならぬと言はれた。

此頃我國の工業法設定に關し、說を爲す者は曰く、工場の監督及其取締を從來の如く、府縣廳の警察に屬せしむるときは、專門的眼光の缺くる所があるから、當業者の迷惑は勿論、監督又頗る不完全たるを免れない、故に之を農商務省の直轄に屬し、相當の技師を新設すべしと、是一理あるに似て居るが、余の卑見を以てすると、到底不能の事たるを免れない、なぜなれば農商務省所屬の當該廳に、此の如き監督官を設くるのは、即ち第四部に如此専門的技術官を置くのと、其間毫も差異あるを認めない、現今に於ける警察官廳が、是等設備に對して不完全なることは暫く之を措き、獨逸伯林警視廳の例に徵しても、伯林に於ては、警視廳内に或は營業警察部あり、或は建築警察部あり、或は消防部があつて、其工場に對する監督は頗る完全で、警視廳は常に商務省と連絡を取り、種々の點に注意して居る、故に余は我國に於ても是等の例に傚ひ、警視廳第二部の如きは之を分割し、漸次建築部、交通部等の分課を見んことを希望するのである、果して然りとせば、論者の説の如く、斯道の將來益〻進歩發達すべきことは、得て期せらるゝであろう。

社會の進歩は、分業の方法に依り其實功を奏するに至るべきことは、茲に喋々を俟たない、此點より見ると農商務省直轄の下に於て、特別なる工場監督官廳の設けあるは、必しも不當の事ではないけれども、工場の事たる獨り之を技術上の系統にのみに委任することは出來ない、警察の許否に關しては、別に營業に關する行政官の設けなかる可からざるは論を俟たない。又職工監督等に關しては、之に對し特別なる巡査の如き設置をも要すべきである、而して是等多數の官吏を、新たに設置することは、我國今日の實況に於て、或は不可能の事であろう、故に余は切望するのである、警察官廳に適切なる人員を以て、工場監督に專屬すべき警部、巡査等を設くると同時に、一面に於ては技術官の數を增し、依然工場監督の事は、今日の如く地方長官の指揮の下に從屬せしむるときは、其效果頗る良好であるであろうと信ずるのである。

二　伯林工場警察談

伯林に於ける營業警察の系統は、內務大臣の管轄には屬しないで、商務大臣の系統に屬して居るから、我國の營業警察の系統と其趣を異にして居る。我國に於ては工場の監督即ち瓦罐の檢査の如き、又工場內の建築警察の如きは、內務大臣の指揮の下に、警保局が監督して居ると云ふような譯である。尤も此點に付ては內務省の警保局は殆ど實際上は何等行つて居ることもないけれども、今日までの筋途はそう云ふことになつて居ると云ふのである。立法論としては我國でも農商務大臣の指揮監督の下に商工局と云ふものがあつて、此系統からして工場のことに關係すると云ふことは、適當であろうと思ふ、現今の官制の系統はさて置き、現に實際上は內務省の方よりは、農商務省の方に於て種々の調査をなして居る樣な次第で、段々には官制上も農商務省の方に移ることになるであろうと思ふ。そこで獨逸の國は聯邦が澤山あつて、普魯西とか、バイエルンとか、バーデンとか云ふように、それを合して獨逸帝國を形成して居るが、營業の方の監督と云ふものも、矢張り一つの聯邦だけで、個々獨立に仕事を爲しつゝあつたと云ふような狀況であつたにも拘らず、近來は獨逸國全體を通じて氣脈を取つて居る、例へば此營業の事に關係する所の報告のような類も、聯邦每に出來て居たのが、帝國を通じて大層厚い報告書が四冊計りも出來て居る。

偖伯林の警視廳の內には、第二部の中に營業課があつて、部長は勿論部長の下に尙高等官の書記官と云ふ樣な官がある、又此營業警察の系統の下には、伯林全體を區劃して區域毎に營業監督官と云ふものを置いてある、其詳しいことは後段に述べるが、其玆に所謂營業監督官と言ふところのものは、大なる種類の營業に付て、干涉すべきものであつて、極く些細の營業に關しては、別に又營業警察執行官廳と云ふものがある、其官廳の建物は警視廳以外にあつて、其長官は曾て警察大尉であつたが、只今では警察長官(ポリツアイ・デレクトル)と稱する、偖此營業專務の執行官廳と云ふものは、刑事などゝ同く、別段の區劃が分れて居つて、其所屬の專門巡査は、或は牛乳の檢査の如き、或は度量衡の檢査の如き、或は麥酒の檢査の如き類を、實地的に檢査して廻りつゝある。之に反して前に言つたような大なる種類の營業警察に付ては、警視廳第二部に營業課長があつて、書記官兼營業參事官(レギールングス・ウンド・グウエルベラート)と稱して其課長はハートマンと云ふ人で、主として製造所の取締に從事し、非常に熱心で、なかなか此事務には精通して居る人であつて、よく親切に余に說明して呉れた、其人の言ふには、自分の位地は警視總監の指揮の下に立つて居るが、一面に於ては實際に此營業上の事に付ては、自ら商務大臣に上申するの狀況であつて、非常に善く商務省と氣脈が通じて居る、固より之は警視總監の手足となり、商務大臣にも直接に上申しつゝあると云ふことである。それから普魯西王國だけでも、殆ど三十の營業官廳と云ふものがある、丁度前述べた營業課に相當するものである、而して其長官は矢張り通常書記官兼營業參事官と云ふ官名を帶びて居る。

それから伯林の營業部には技師が居る、尤も建築の方には、別に建築部と云ふ系統があつて、建築の事に付ては此方で取調をして居る。又其他に建築以外の技師と云ふような類もあるが、其内で最必要なるものは電氣の技師である、電氣燈の檢査とか、電力の變更であるとか、色々電氣に關係する事業が非常に盛になつて來るから、此方に關係する技師が、警視廳にも最も必要であると見へる。此事に關し、一言我國の實況に就て參考に供して見たい事柄は、一體只今は此電氣のことは殆ど無警察である、警視廳は曾て工學博士の淺野應輔君を聘して、消防上の電氣と云へる講話を一席聽いたことがある、其本文は載せて警察協會雜誌第三號にある、蓋し此電氣の爲めには隨分死することも多くあるから、警察官に於て、最も注意せねばならぬことゝは言ふ迄もなきことである、若し不注意で居ると警察官又は消防官にして火事場は勿論、其他の場合に於て電擊に觸れて死ぬる事もないとも言へぬから、實に此の如き場合にありては、一般公衆に對して職掌上慚愧の至りに堪へぬと言はなければならぬ、それであるから、極く平たいこと丈けは通常の警察官抔も知つて居なければならぬは勿論のこと、尙其他に專門的に、技術官と云ふものが最も必要である、第一に電氣鐵道などのある處は、差當り電氣鐵道の監督としても技師が要る、況んや公衆用の電氣と云ふものも段々進んで來る、例へば電燈會社の監督は地方警察官廳は遞信大臣の命令に依る、之には專門技師を置かなければ監督することは出來ぬ、丁度瓦斯罐に關する技師が必要であると同じことである。

次ぎに余の茲に注意したいことは技師と事務官との關係は、警察事務を執る上に於て、最も注意しなければならぬ點であろうと思ふ、兎に角技師と云ふものは、一つの學問的の系統の技術官であるから、事務官の思ふようにはどうしてもいかない、そこで其事務官と技師との間に、往々衝突を生じて、其結果は人民の迷惑と云ふ問題になる、之に付てはどうしても此技術官と云ふものは、事務のことを依賴すべきでない、尤も事務官が技術官を兼る場合は例外である、技師にして直接人民を喚んで交渉する樣なことがあつては、事務の統一を缺き、不都合の點が澤山出來る、それで余の考へるには事務の方の系統に屬して居る人と、技術の方の系統に屬して居る人との仕事の區域を、はつきりしたいのである、要するに技術官と事務官との關係は、餘程圓滿なることにならなければならぬ、之に反すると兩方がとんちんかんになつて、非常な不都合を來すと云ふ樣な事が屢〻ある、殊に事務官の方が判任官であつて技術官の方が高等官である場合には、此問題が最も生じ易い。要するに今日は工場警察として、大に技師の力を借らなければならぬ世の中であるから、此聯絡方法に付ては、大に研究するの必要がある、又此警察社會にある技術官たる者は、非常に規律的でなければならぬ、民間のような工合に不規律なる技師が、萬一警察社會にも居るとすると、實に非常なる不都合を來たすことゝなる、茲に於て營業警察の系統に屬して居る技術官は、最も正直な人物を選擇すると云ふことは、言ふまでもないことである。

それから伯林では商務省の方にフォルトラーゲンデラート(勅任參事官)なる一人の高等官があつて、工場の事に關係して直接に責任を持つて居り、統一的に各聯邦などの聯絡を取つて居る。尤も英吉利とか墺地利とか、又獨逸の國でも例外があつて索遜聯邦などゝ云ふ類の處には、中央の統轄官廳の設けがなくつて、區々に其地方廳の職權に任してある。それから巡査と工場との關係であるが、巡査も工場を廻ると云ふことになつて居る、隨つて其上の警部とか云ふ類の系統の方の者も矢張り廻る、併し此事に付て注意すべきことは、巡査は工場に關する專門家でないから、へんな事を注意すると兎角工合が惡くなる。ハートマン氏は警視總監に上申して、どうも澤山廻つて貰ふと却て有難迷惑なことがあるから、寧ろ技術官をして多少巡廻度數を增すようにと請願して、總監も其說を採用された。つまり巡査の巡廻するのは、唯だ帳面を調べるとか云ふようなる、行政上に關係することはやるけれども、是までのように技術の方に嘴を容れる樣なことは禁じたのである。

伯林に於ける警視廳の營業警察機關は、伯林を五區劃に分けてある、そうして五人の營業監督官(グウェルベ・インスペクトル)と云ふものがある、其五人の者が、監督區域內の長となつて居る。此營業監督官と云ふ役は人民と狎れてはいけないから決して內職や何かに從事することは出來ぬ、是は最も注意しなければならぬ點である、警察の系統に屬して居る所の技術官に內職をさせると云ふことは宜くない、是は向ふでも注意して居る、若警察の系統に屬して居る技師が、一人でも不都合な事をすると、警察は何をして居ると言つて、人民から非常な不信用を受ける、又警察の系統に屬して居る技術官の監督ほど、比較的困難のものはないと思ふ、決して是は小さい問題ではない、へたに技術官を置くよりは、置かぬ方が宜いと云ふことになる。それで我國に於ても縣に依つては往々囑託技師と云ふものがある、民間の會社の事務に從事して居て、そうして兼ねて警察部の技師になつて居るが、人其人を得たなら勿論宜いであろうが、是は避け得られる場合には、避けなければならぬ、余の考では斯う云ふ方法は避け得られるだけ避けて、そうして縣が聯合して技術官を拵へるのが一番良策であろうと思ふ、三つなり四つなりの縣が聯合して、技術官を設けて、費用を縣會に請求して、そうして巡廻的にやると云ふ方法にして、官廳は、官廳としての技師を置くようにすると云ふことが必要であろうと思ふ。此の如く歐羅巴でも技師には決して內職は許さない、唯だ例外として裁判所へ鑑定人としては喚出される、それで余は質問をしたことがある、貴方の處では、能く技師が退職することがござらぬかと言つた、所がそれは若い連中には随分他所へ行く者があるが、概してそんな者は少いと云ふ答であつた。是は蓋し向ふでは技術官の數も多いからであろうが、又一方より言へば、随分此警察の技師なんぞと云ふ役は、俸給は少いけれども、研究の上に於ては非常に愉快なものであるからだと思ふ。所で此營業監督官になるのは、頗る困難のものである、此役は一種の專門的の役であつて、而してどう云ふ者が營業監督官になるかと言ふと、是は随分資格がやかましいので、彼の國に於て營業警察などの發達して居ると云ふことは、偶然でないことが能く分る。其營業監督官になるのには、先づ以て高等學校を卒業しなければならぬ、そうして卒業後には、尚技術上の事に關係して居る專門學校を卒業しなければならぬ、是は獨逸語でホッホシューレーと言ふ、工業專門學校とでも稱すべきものので、其程度は我國の工科大學に相當するものである、此課程が四箇年掛る、若くは鑛山專門學校を卒業しなければならぬ、それから卒業後一箇年間製造所にありて實地的研究をなしたる者でなければならぬ。此の如く苦心慘憺して實力を拵へた所で、おまけに警察の方よりは官吏任用の試驗を要する、そこで試驗に及第した所で試補になるので、試補の就職年限は少くも三箇年を要する、而して其試補になつて居る間に、一年間丈けは法律經濟等を研究しなければならぬ、是は畢竟此人たちは監督官になるのであるから、法律經濟の大意位は知らなければならぬからである、是等の研究の方法は大學に通學するのである、そうして先づ勞働者保護法律と云ふようなものゝ方から研究して、それから營業條例と云ふ法律などは、大に咀嚼しなければならぬ、其他工場衞生、社會政策と云ふ様なものをも經濟上から研究しなければならぬ。此の如くして三年位も試補となりたる後、又第二の試驗がある(本官登用試驗)そこで第二の試驗に及第すると、初めて營業監督官の資格が出來るのである、併し資格は出來たが空位がないときは、固より待たざるを得ぬ次第である、甚しきは六年位も待つ人があると云ふことを、ハートマン氏は言つて居つた。それから火災豫防に關係ある委員のことを述べて見ようと思ふ、其委員の廻るべき製造所は、總てのものではない、それは火災豫防に最も關係のある、例へば木材を置いてある製造所とか、或は最も破裂の虞ある所の石油の置場かある製造所とか、又は石油を貯藏してある所の大きな建物とか、其他色々あろうが、そう云ふ系統の物に屬しては、此建築の方の技術官とか營業の方の監督官とか消防官などから委員が出來て居る、故に其委員を特に稱して火災保護委員(フォイエルシュッ・コムミッション)と名けて居る、而して其委員には職權を附與してあつて、警視總監は、實際上是等の委員に責任を有せしめて居る、固より形式上總監が公衆に對しては責任を有して居ると云ふことは、言ふまでもないことである。

次ぎに製造所の訴願であるが、之は隨分澤山ある樣である、此訴願は警視廳の方に來る、そこで警視廳は庶務部に廻す、主務部長は意見を附して警視總監に呈す、總監は之に對して採決をする、七八分までは大抵否決さるゝ實況である。

それから話頭を轉じて、伯林警視廳が女工監督の爲めに婦女子を用ひて居ることを逃べよう、婦女子を警察の補助機關などに用ひて居ると云ふと、ちよつと可笑しい樣であるが、此女の監督と云ふものは、營業監督官の指揮の下に屬して居る、又聞く所に依れば、英吉利にも此女の監督官と云ふものがあるそうである、併し英吉利では工場監督官の附屬の下に立つて居ないそうだ。 そこで此伯林のは三四年以來こう云ふことを實行したのである、而して其女は、どう云ふ種類の者を選ふかと言ふと、それは別に專門學校を卒業した者とか云ふ樣なやかましいことはない、唯だ品行方正で履歷の良い者であつて、女子高等學校を卒業した者でなければならぬ、之は俸給を二千四百「マルク」得て居る、尤も此女の監督官と云ふのは目下尙試驗中である。　序に話が少しく前後したが、試補や監督官等の俸給のことを述べよう、試補は年俸二千四百「マルク」から三千六百「マルク」即ち千二百圓乃至千八百圓それから營業監督官は三千六百「マルク」から四千七百「マルク」即ち千八百圓乃至二千三百五十圓、それから其上の課長とも稱すべき警視廳書記官兼營業參事官は、四千二百「マルク」から七千二百「マルク」即ち二千百圓乃至三千六百圓の年俸を得て居る、乍併營業監督官と營業參事官の二官は、官舍料として別に若干の金を貰ふのである。次ぎに瓦罐の檢査のことに付て、少しく述べて見樣、瓦罐の檢査と云ふものは、數年以前迄は伯林の營業警察機關が主となり之を行つたのである、即ち王國から瓦罐の檢査と云ふものをして居つたのである、尤も此六年位前迄は、業に已に民間の方にも、瓦罐の檢査をする所の協會があつて、或る度合までは其協會の方で檢査を行ひ、警察は之を管理して居つた、つまり警視廳の直轄の下に、警察の責任を以て國の事業としてやつて居つた、乍併此数年以來は全然此協會に全權を委任することになつた、それに付て余は質問をしたことがある、そんなことをして全體旨く監督か出來るかと言つた所が、まあ今の所では出來る積りである、全體吾々の方の連中は、瀛罐の中に這入れもしないから、寧ろ委任すると云ふことになつたと言つて居つた。而して此瀛罐檢査の技師は中々澤山居るが、其技師と云ふ者は、商務大臣が認可するのである、例へば協會で某を瀛罐の檢査の技師にするとしても、之が認可權は商務大臣が持つて居る、そうして普魯西聯邦ばかりでも、此協會は中々澤山で總てで二十もある。そこで商務大臣は警視總監に此協會の監督を委任して居つて、そうしてハートマン氏などは、直接に協會を監督して居るのである、又此協會に於ては時々寄合をするそうであるが、其時には警視廳の專務課長も、其會へ出掛ける樣な次第で、丁度半官半民の樣なものである。そうして色々營業法の規則は斯うであるとか、或は此點に付ては斯うであるとか云ふ樣なことを、協會連中に說明すると云ふ譯合である、それから若も此協會の成績が惡いならば、商務大臣は職權に基いて解散をすることが出來る、そうして先づ今日の所では民間と馴れて不都合な事をすると云ふ類の聞込はないと云ふ事であつた。又處に依つて多少違ふそうであるが、先づ此瀛罐檢査は、二年か三年毎にする處もあるし、又一年でちやんとやる處もある、而して伯林では製造者が三十「マルク」と云ふ金を協會に出すのである、乍併官廳は決して其協會員にならなければならぬと云ふ壓制はしない、それは任意である。まあ斯う云ふ類の方法を以て政府と聯絡を取つて、而して此協會の技師に仕事をさせて居ると云ふ譯である。そこで總計伯林だけで十四人の瀛罐檢査の技師が居るが、一人の技師の負擔は先づ平均して、二百五十乃至三百の瀛罐の檢査をすると云ふことになつて居る、而して一つの瀛罐に付ては、一人の技師と一人の技手とが、其檢査上の責任を持つて居る、そうして此技師は一人に付二千四百「マルク」から六千「マルク」の年俸を此協會から貰つて居る、つまり我國の千二百圓乃至三千圓に當るのである。それから此協會の彼方此方に在るのを總轄するために、中央協會と云ふものがある、而して此度我國に於ても、工場法の制定に付て工業協會に諮問があつたと同じ樣に、若も商務大臣が新しき規定を作る場合には、此普魯西全體に於ける中央協會に諮問になるのである。それから此協會の上には一人の長があつて製造者は、矢張り其會員になつて居る譯である、それから此瓦斯罐を取扱ふ者に付ては、我國に於ては規定はないが、是は十八歳以下の者に瓦斯罐を取扱ふことが出來ないと云ふことになつて居る、當時商務大臣は其瓦斯罐を熱める所の、所謂火夫に關係する學校の設備を試みる計畫をして居たが、此瓦斯罐を焚く所の火夫の學校は、ハンノーベルと云ふ處に於ては、既に設立があつたので、而して六週間で卒業して、初めて瓦斯罐を取扱ふと云ふことになつて居る。それから尚又一言して置くことは、或る處に於て瓦斯罐を檢査した效力は、どの位の範圍まで擴がるかと云ふ問題に付ては、獨逸では法律に依て全く獨逸國全體に通じて其效力がある、即ち一の縣で以て瓦斯罐の檢査に及第したものは、他に持つて行つても及第すると云ふことであるが、是は我國の現況では、隨分研究しなければならぬ立法問題であると思ふ。それから此瓦斯罐の檢査は二通りの方法がある、瓦斯罐の中を見る所の方法と、外側の方から見る所の方法とである。

二三　石油の取締に附て

石油の取締に付ては、明治二十四年に、石油取締規則を發布されたが、段々時勢の進歩に伴つて、種々適切でない個條を發見したが、殊に當業者に於て、最も困難を感じて居る點は、石油の貯藏額である。夫れで此石油取締の規則の改正に付ては、種々込み入つた點もあつたので、急に其改正の實行も出來なかつたが、段々研究の結果漸く三十七年の十月に改正規則の發布を見るに至つた。言ふまでもなく石油と云ふものは、火災の上に頗る危險なるもので、獨り我國のみならず、何れの國でも石油は危險物の一として、警察の上に於ても一個人の上に於ても、注意を加ふる所である、幸に我國に於ては、大なる火事が此石油の貯藏場から出たと云ふ事を聞かないのは、天佑と言はうか運の好いと言はうか、實に仕合せの宜いことであつて、我東京府下に於ても、石油營業者の處から火事の出た事は、思つたよりは非常に少いのである、勿論火事の原因が統計上に於て石油に存在して居るものもある事は、明かであるが、是は一般公衆が石油を用ふる爲めに、或は「ランプ」が壞れたとか云ふ原因からの火事であつて、石油營業者から火を失したと云ふ方の事ではない。之に反して外國では石油の貯藏場から火を失したと云ふ類の事は度々ある事で、其結果非常なる所の損害を來たし、八命にも非常なる影響を及ぼしたと云ふ事は、廣い世界の中では度々あることである。余が最近耳にする所では三十七年八月二十六日に、和蘭のアントワルプ港の近邊で、石油貯藏場から大なる火事を出して、「タンク」が十も燒けて、非常に八命に影響を及ぼして、一億八千萬「リーテル」の石油が火災に罹つたと云ふ慘事があつた。其他隨分石油に關する火事は、或は新聞或は雜誌に屢〻見る所であつて、我國に於ても此點に於て大に注意をしなければならぬことである。東京は兎も角二十四年以來卸賣店とか小賣店とかに付き、貯藏及建築に關し、小やかましい規則がある爲めに、取締は一通りのことを遣りつゝあつたのである。之に反して東京以外の地方では、未だ取締規則の無い處が多い、大阪の如きも別に之に關する規定はないと記憶する、其他の縣も同樣の次第である。夫れ故に東京の營業者は、他處はやかましくないのに東京はやかましいではないか、營業に非常に妨害になつて困ると言ふ事を耳にしないでもないが、石油の危險は前に述ぶる通りで、警察が規則を出して相當取締をしてすら危い、幸に今日迄火事がなかつたのは、一は距離の制限とか其他の點が與つて居る、此上不注意をしたならば營業者がどの位損をしたかも知れない、故に警察規則と言つても、必ずしも營業者を苛める爲めに出來て居たのじやなく、營業者も其位の注意は、警察から言はれなくても、しなければならぬのである、幸に東京は二十四年の頃から、取締規則が出來て居つた爲めに、夫れが改正になつても餘り營業者に苦痛は與へぬのである。之に反して他の府縣なれば、新しい規則が出るのであるから、營業者は非常に苦痛を感ずるに相違ない、他の府縣と雖も早晩之に對して相當の規則が出ることであろうが、此點は東京は前から用意してあつた爲めに、他の府縣の營業者程に苦痛はないのである。

前の規則には石油の精製であるとか、貯藏であるとか、運搬であるとか云ふことに付ての規定はあつたが、改正の規則には尙其外に詰換の場所に付て、特に規定を設けられた。又石油の種類としては、未製石油と云ふものと、其蒸溜產物と云ふことを以て、石油と云ふことに名稱を附してあるが、未製石油と云ふことは、名稱にも困つたが、段々研究の結果、未製石油と云ふ辭を用ひることになつた、此未製石油と云ふことば、未だ製しない石油と云ふ意味で、越後で石油が出ると、其原油のことを稱して未製石油と言ふのである。又此蒸溜產物と言ふのは、其原油から段々製する產物であろうが、燈火用石油……吾々が用ひて居る燈火用の石油も、細く專門の方から言へば色々分かれるが、吾々素人なりに通常心得て居る中で輕い石油……輕油と稱するもの所謂綠日石油も燈火用の石油の一部分で、是亦取締規則で取締をするのである、其他揮發石油とか、機械石油とか云ふものも、皆此取締規則の範圍に屬すべきものである。而して又所謂重油と稱するものは、此規則でどうなるかと言ふと、重油は警察が干涉しない方針で、又そう云ふ解釋になつて居る、重油は水性瓦斯に用ひ、又燃料にも用ひて居るが、此方は警察上左程危險でないと云ふ認定の上から、規則の上に於て取締をしないのである。以上が未製石油並に蒸溜產物と云ふことが、此規則に言ふ石油であると云ふ類の範圍になつて居るのである。次ぎに石油の種類であるが、從來の取締規則では、警視廳の監査證のあるものなるや否やと云ふことに依つて、分類をして居つて、其區別は攝氏の四十度と云ふことを界にして、攝氏四十度以上のものは、警視廳の監査證を與へ否らざるものは夫れに屬しないと云ふ一種の引火點の程度が、此の如き分類になつて居つた。之に反して改正の規則では、度數か大層違つて居るのみならず、分類の法が大分變つて來た、即ち二十一度と云ふことを標準にして二十一度以下に於て發火する所のものを稱して第一種の石油と謂ひ、第二種の石油は二十一度以上の程度に於て發火するものを稱することになつた。而して此度數のことは國に依つて其程度を異にして居るので、此二十一度と云ふことは、隨分當局の技師に於ても研究の結果、或は英國、佛國、米國等の國々の規定と比較して見ると餘程寛大である、獨り獨逸は比較的寛大であるが、兎に角新規則は、決して歐米の文明國以上にまでも、苛め付けたる度數でないと云ふことは明かである。

かく言へば、前には四十度の標準であつたのに、二十一度とするのは餘り變化が多いと云ふ疑もあろうが、是に付ては今度は二十一度と云ふのを標準にした爲めに前の四十度よりは餘程寛になつたのである。そこで二十一度と云ふことを今日標準にしてから、計算上から言へば、大部分は第二種に屬することになるので、第一種と云ふものは四十度と云ふ標準から見れば、其範圍が違つて來ると云ふことになるので、是も營業者に差したる影響はないと云ふ見込を持つて居るのである。

夫れから前規則に於ては、卸賣店、小賣店、置場抔と云ふ名稱があつたが、新規則に於ては、此の如き名稱は之を廢して廣く貯藏場と稱へ、店の大小抔と云ふことを標準にしないことになつたのである。殊に當業者に於て便利であろうと思ふのは、第一種と第二種の石油と云ふものを一緒に貯藏することが出來、そうして又其計算と云ふものを、前規則より寛大にしたのである。尙此石油の上に於て寛大になつて居る所の點は、小賣商と云ふものは、是までは三函を制限として警察の干渉を受けて居つたにも拘らず、五函以下のものは、警察の干渉を受けないと云ふ樣なことも、大に當業者としては營業上便利を得ることであろうと思ふのである。此の如く吾々の方から考へて見た時には、當業者の方に、滿足なる結果を與へたのではあるまいかと思ふ。單り當業者が考を持過ぎると心配しはしまいかと思はるゝのは、「引火危險」と云ふ辭である、是に付て一言するが、此引火危險と云ふことは外國の言葉を譯したので、獨逸語のフヲイエル・ゲフエール・リヒと云ふ辭を譯したのである、所が此引火危險は氣にすべき辭でない、一例を言へば「ストーブ」は火のある所である、故に建築警察の上から言つても、石の如き「ブリキ」の如き不燃質の物を以て、火の移り易くない樣にすることが必要である、其場合に於て、若し石を敷くべき所に木を使ふことになると、之を稱して引火危險と言ふのである、即ち火に危いと云ふ字義てある。又他の例で言へば「ランプ」を木の柱に引掛けて置く、其場合に火を引かない爲めに柱に「ブリキ」か亞鉛の樣なものを覆ひにして「ランプ」を掛けて置く、是は火災警察の上に於ては、最も注意すべきことであるのである、然るにいきなり木の柱の脇に「ランプ」を掛けて置くと、發火の場合に燃燒し易い故に、之を稱して引火危險と言ふのである。故に引火危險と云ふ辭は、廣く通俗的に言へば「火の用心」と云ふ意味であつて、そうして此言葉は警察的の辭である、それで獨逸の消防社會では能く使ふ辭であつて、警察に於ても能く使ふ辭である。石油取締規則は、此火災警察の必要上から制定されたる規則である、故に警察の著眼點から言へば、引火危險と云ふのは怪むに足らぬ辭であつて、又其辭が一般に擴がり、其意味を了解するに至れば何でもないことである、或る石油を引火危險と稱すれば、大に危險なるかの感もあろう、夫れ故に當業者は能く其意義を心得置くべきである。要するに此引火危險と云ふ辭は、他の辭を以てすれば、引火容易とか或は引火し易いとか或は火の用心とか云ふ意味であつて、安全石油、火止石油の反對に不安全石油と云ふ意味に外ならぬのである。

尚茲に一つ附け加へて置くことは、石油の檢査をするには試驗器が必要である、此試驗器は警視廳にもあるが、營業者自身に於て、自治的に注意をしないことになると、自然警察に於ても已むを得ず規則を嚴重にする必要があることになるから、當業者が申合せて試驗器を備付けるのも、一策であろうと思ふ、石油業者に於て其取扱を注意することになれば、自然一般公衆にも石油の取扱思想を普及させることゝなろうと思ふのである。吳々も是等營業に從事する者は、自ら治めて成るべく警察の厄介にならぬ樣にせねばならぬ。

三　交通警察に附て

人力車夫の取締は、博覽會とか赤十字總會とか、地方人士や又は外國人などが、多數入り込む場合に於ては、警察取締上に於て、頗る研究すべき問題である、夫れで外國に於ける是等の取締如何と言ふに、歐米では人力車夫と云ふ樣なものはない、日本人の多く移住する米領布哇ですら、之を見ない。例外としては、伯林などに於ても博覽會開會の時などには、小車に旅客を乘せ、車の背後から人力にて之を押す等の事はあるが、是は全く一時的のもので博覽會の觀覽者が、足の疲るゝのを防がんが爲め、徐々に會塲を廻覽するのに外ならない。然れば人力車夫の取締上最も參考となるべきものは、營業馬車の馭者である、余は此事に付ては伯林警視廳の交通部に於て、精々取調もし、又一日馭者を自分の寓處に呼び寄せて、實地上の談話を聞いた事があるから、先づ夫から述べて見よう。

馭者は余が何程馬車の借賃等に費用を支拂ふべきかとの問に答へて、毎月賃錢指針器の借料に對して三圓七十五錢、毎年車税として十二圓、毎日馬車の借用料として二圓八十五錢を支拂ふと答へた、然れば馭者の支拂ふべき金額は、我國の車夫などに較べると、頗る高價である。固より馭者が之に準じ、相當の收益のあることは言を俟たないが、此點から見ても、我國では未だ彼の如く、馬車營業者を路上で見る能はざるは、甚だ殘念の事で、亦以て彼我富の程度を察するに足るべきである。次ぎに馭者の有する證明書を見ると、生年月日、人相番號の記載があつて、又精密なる地圖をも携帶すべき規定である、馭者の人相を書く點は、我人力車夫の取締上に於ても、立法上參考に供すべきものである。

賃錢指針器には、荷物に關しては、別に是が指針の設けがあつて、或數量に超ゆると又之に對し相當の支拂を爲さねばならぬ。此賃錢指針器なるものは、警察の取締上最も便利なるもので、旅客が馬車に乘るときは、其時間と里程とに依り、自ら其賃錢の何程であるかを、自動機に依り針を以て示すべきものである、故に余等の如き田舍者には、金錢を强請せらるゝ事なく、安心して乘用し得るのである。此指針器は獨逸語で之を「タキサメートル」と稱へて、之に關しては五種類の會社さへあつて、之を貸付けて營業とする者がある、余は一日其會社に往つて、前に述べた一時の博覽會場内での挽車に用ひた小形の指針器を買ひ求めて來ようとしたけれども、會社は其特許權を侵害されんことを慮りて、どうしても余に讓渡することを承諾しなんだ。夫れは兎に角非常に實際的の便利なる器械で、余の見た所では、獨逸國以外には殆ど發見しなかつた、夫れで會社は、余に若も貴國で之を採用するの志があるなれば橫濱に在留の獨逸商人を介して、貴國に送つても宜いと言ふて居つた。

余は此行馭者の取締を以て我國人力車夫の取締に較べると、我國警察上の經驗に付て、頗る手緩き感覺を起さしめた、我國では車夫の町名等を知らない者も頗る多く、又年齡の制限等もなく、甚しきは七十に餘れる車夫さへあると云ふが、伯林では馭者の試驗は警察中尉が自ら之を行ひ、警視廳内には、之に關する敎習所の設けさへあつて、馭者は伯林市内に於ける町名を暗んぜざる可からざるは勿論、博覽會、諸官省、旅店等の所在地は、悉く之を知らなくては、許可を受け難いものである。

電氣鐵道は、之を地上線にすべきや、地下線にすべきやに付ては、頗る市の體裁上にも關係するから、伯林市内でも場處に依りては地下線とせる處も少くない。又白耳義のブリュッセルの如きは、殊に此の點に注意して居る。我國などでは、まだ中々市の美觀などゝ云ふ事を主張する譯にはいかないと考へるから、美觀に付ての事は當分之を第二の問題として、可成經濟上の許す限りは、地上線でも宜いから、速に其範圍を擴張して、之を許可し、交通の便利を圖ることが緊要である。是が爲め固より多少の死傷者は之を出す事を免れないが、夫れは文明の利器に伴ふ結果で、已むを得ない事である。伯林でも其始め電氣鐵道の成立したときには、頗る多くの死傷者を出したと云ふ事で、世人は爲めに電氣鐵道を稱して合戰場とさへ言ふたのである、其意は蓋し是が爲めに死傷する者の多い事を罵つたのである。電氣鐵道の負傷者は電線の切斷されたる爲め、電撃に觸れ、危害を破る者が頗る多い、之に對しては消防部は特に其應急機關たる馬車等を利用し、迅速に現場に出張して電線を切斷する義務があるのである、我國の消防でも、之を實行したいものである。自働車は其速力に注意しないと、最も危害の虞がある、殊に齒止の設けの如きは、最も注意すべき點である。今や歐米諸國でも、漸次之が隆盛を見る樣になつて、其原動力の如きも、或は瓦斯を用ひ、或は電力を用ひ或は石油に依る等種々あるのである。自用自働車は伯林などでも頗る多いが、營業用のものは、余が滯在の當時は僅に三臺あつたばかりで、警視廳は我國と同樣矢張り容易に之を許可しなかつた。獨逸のケルン市では數年前から、營業用として二十五臺の自働車を許可して、其成績は頗る良好であつた、警視總監シエグマン氏は、余に向つて是が爲め、警察上の事項の殆ど稀れであると云ふことを證言せられた。

彼の國では人道車道の區別が判然で、人民も亦公德上能く其右側通行等の慣習を成し、警察取締上にも非常に便利であるが、我國では全く之に反する實況であるから、自働車營業許可の如きは、頗る愼重の態度を取り、伯林の例に倣つて試驗的許可の方法に依る事が、最も適當であろうと信ずるのである。

次ぎに彼の國の掲示の事に付て一言するが、彼の國では萬事道路の規律を重んずるから、掲示等の方法に付ても、美術的から考案する所があつて、我國の樣な木片の不體裁な制札などの設けはなく、能く簡明に人民をして周知せしむるの方法を採つて居る、例へば余の曾てケルン市を歩行した途上で、唯だ單に「右往」の二字を獨逸語で掲げてあるのを見た。又余が最も感じた掲示の一例は、伯林及瑞西のチューリッヒ市などて、其共同便所に入ると、「各人は衣服を便所構内に於て整ふる事を願ふ」と書いてある、其意は蓋し小便を濟ました後は、「ズボン」の「ボタン」を構内で掛けよとの事を注意したので、其掲示をした主格の記載方が最も妙である、なぜなれば、其主格は警察官廳でもなく、市廳でもなく、又其他の公共團體でもなくて、「各人」と稱して、公德上の觀察點から其主體を定めたるからである、其衣服を整ふべきことを願ふと稱する語も最も妙である。之を法律上の規定等の樣な强制的の文意を含ましめないで、全く公徳上から廣く之が希望の意を表白するが如きは、實に無量の趣味あることを知るべきである、之を我國民の如き警察上の制札あるも尚且つ之を犯し恬として省ざる如きものに比すれば、殆ど雲泥の差があると言ふべきのである。

次ぎに劇場内などにも種々の掲示があつて、例へば劇場の非常口を周知せしむる爲めには、火災危險の爲めの出口と記載あるが如き、又喫煙は警察上禁止せらると稱する如き是である。又余は一日伯林郊外に散歩して、一公園に入つた所が、偶ゝ公園長の名を以て、次ぎの如き掲示のあるのを認めた。

警察令に依り、公園内に犬を連れ行く可からず、紙片を投げ棄つ可からず、木の葉をむしる可からず

此掲示に依ると歐洲でも、矢張り此の如き掲示があるので、往々歐洲に遊ぶ者が、絶對的に彼の地には、此種の掲示などはない樣に言ふのは間違ひである、尤も大體から言へば余も之を是認はするが、又例外として此の如き掲示にも接したのである。

又萬國消防博覧會の會場内に於ては「掏摸御用心」と云ふ掲示にも接した事がある。

其他道路工事中の場處に警視總監の名を以て「此處電車徐行すべし」との制札を見

た事もあり、其他車馬通行止等の注意に關した制札の如きは、殆ど枚擧に遑はないのである。

片側通行の事に付ては前にも一寸述べたが、彼の國に於て警察の干渉する有樣を實見上から述ぶれば、彼の國では我國の如き多少の例外はあるが、通常右側通行を以て原則として居る、尤も倫敦では左側通行である。而して此片側通行の事は、我國の如く之を警察上の規則中に掲げないのを普通の原則とする。我國に於て之を警察上の告諭として注意を與ふると同樣に、伯林などでも、警視總監は殊に祭典等の如き雜沓を極むる場合に於ては、豫め右側通行に付き是が注意を促すのである。ケルン市の如きは、之を勵行したから、一時警察は頗る人民の怨府となつたけれども、今や漸次良慣習を馴致したから、余が此種の質問をしたときに、警視總監は頗る得意の色があつた。我國に於ける左側通行告諭の結果は先づ良好で、往來雜沓の場合には近來殊に著く其進歩を見る樣になつた。

歐洲では車體は右側を通行するのを以て原則とする、古昔南獨逸、墺太利及ウンガルンでは左側を通行することゝし、今日でも尙墺太利では此慣習を墨守して居る、流車も亦左樣である。車體の片側通行の規定は、最も必要なるもので、我東京の如きも法令の規定を設け、車體の左側通行を勵行する樣になつたが、是より先き我東京では、久しく人車道の區別なき場合は、其中央を行くべき規定であつたが、漸次車馬の交通の益〻頻繁を加て、一方に避ける遑なき今日では此の如き規定の改正は時代に伴ふ立法と稱すべきである。車體中でも、消防車の如きは、彼の國でも特權を有するもので、是等の車輛に接したときは、他の車は忽ち停車すべきである、其停車の狀況を實見すると、實に秩序整然たるもので、殆ど我國では想像されない程である、余は先づ此種の如き、公德上に最も關係ある交通上の整理から實行に著手せんこと希望に堪へないのである。

二四　電氣鐵道の取締に附て

余は道路警察上より交通機關としての電氣鐵道の取締に關し、聊か卑見を述べ樣と思ふ。抑も電氣鐵道の敷設は市の美觀にも少なからざる關係を有するものであるが、是等美觀問題は現時の警察法理上では、警察の關係すべきものではないが、實際問題としては、多少之に干與することもないとはせぬ。然れども余は假りに一歩を讓り、美觀問題には警察の干涉を許すとしても、我國の現時の狀況では、大體上道路の美觀は之を警察の眼中に置くことが出來ないものであると考へる、なぜなれば、此美觀のことを勵行せんとすると、廣い意味に於ては、交通機關の發達を阻碍するの結果を生ずる虞があるからである。而して電氣鐵道の市の美觀問題に關係する點は、之を地上線とすべきか、將た之を地下線とすべきかの點である、そうして警察は交通上の危險なる點からして殺、之を地下線とするのは最も必要である、蓋し地下線とは讀んで字の如く、地下に電線を埋設するもので、空中に電線を設くることがないから、電線の切斷等によりて通行人を殺傷するといふ樣な、交通上の危險を生ずることはない。而して又道路の美觀を保つといふ點から觀察すると蜘蛛の巣の樣に電線を架設するのは、之を市街の美觀であると言ふことの出來ないのは言を俟たない所である、唯だ地下線は地上線に較べると、非常に多額の資金を要するものであるから、經濟上の如何を省ず、濫りに之が許否を云々すると、其費用の爲めに、竟に此文明の利器たる交通機關の設備を、遲緩せしむるの結果を生ずることがないとも言はれぬ。これ即ち余の曩に警察干渉の結果如何は、往々交通の發達を阻碍する結果を生ずる虞ありと言ふ所以である。要するに文明の利器なる交通機關には亦當然多少の危險の隨伴すべきものであるから、警察は其範圍內で充分なる注意を加へ、成るべく其危險をして實際上少なからしめ、是が敷設の可成的速ならんことを希望して、そうして交通機關の完備を圖り、文化の開發を助成しなければならぬ。而して余が伯林警察で實驗した所に依ると、地上線は其數最も多く、三百「キロメトル」に達し、地下線は二十「キロメトル」計りに過ぎない、ウンテル・デン・リンデン街の如き、ポッダーメル街等の如きは即ち是である、當局者の語る所に依ると、地下線は外觀は固より宜いが相全からざる點があると言ふて居る。又電信線の如きは地下にあるを以て常とする、然れば我國の如く地上に種々の線を設くることが多いと、降雪激しき日などには、障害を與ふることも少くない。初め伯林で電氣鐵道の創設せられたときに、世人或はこれに合戰場と云ふ綽名を付したることがあつた、其意は電氣鐵道なるものは、是が爲め死傷者を出す危險が甚だ多くて恰も兵士が戰場で討死する樣な觀があるからである。蓋し當時は其取扱の不熟練であつたのは勿論市民の之に對する危險の避け方等も、未だ慣熟することがなかつたから、隨つて其爲めに危害の結果を生じたことが甚だ多かつたのは事實である。我國でも漸次電車の設備は多くなることであるから、之に伴ひ多少の危險の起るべきことも、豫め期しなくてはならぬ。而して特に警察に於て注意しなければならない點は、老年者の通行の最も危險なることである、又小兒若くは盲人の如きも、甚だ危險であるから、警察官に於て特別の注意を要すべきのは勿論である、獨り小兒の如きは其性質が頗る敏捷で、危險の避け方等も亦巧みであろうが、伯林警察當局者の實驗に徵すると、老者、盲者は比較的小兒よりは危險が多いが、一々之に保護者を付添はしむる樣なことは不可能の事であるから、結局公安保護の任に當るべき警察官の職責に待たなければならぬ。電氣鐵道の監督に付ては伯林では警視廳は鐵道局と共に是が責任の衝に當つて、若し相互間に意見の合一しないときには、所轄の大臣に訴へて其指揮を請はしむることになつて居る。我國では電氣上の事に付ては、各府縣知事は遞信大臣の監督の下に處理すべく、又交通の取締道路の幅員等に關すること等に付ては、內務大臣の所管に屬するのである。又内務部と警察部との關係から云ふと、道路の敷地の如き、又は其美觀といふが如きものに付ては、主として内務部に屬し、車輛の構造光力の如何等の如きことは、警察部に屬して居る。要するに電氣鐵道の許否に付ては、内務大臣及遞信大臣の職權に屬し、又其下に於ける内務部と警察との監督を以て之を敷設せしむべきものである、而して伯林では自治的の會社其者は、危害の除去は勿論、車掌の採用及其取締を初め、車體内の廣告の類に至るまで、之に關しては一種の規定を設け、警視總監の認可を要すべきものである。

想ふに我國では、往々警察の干渉すべからざる點にまで、警察で干渉をして、竟に失敗を招くことがないでもないが、これ大に其方法を謬まれるものであるから、此の如き場合には警察は、可成干渉主義を採つてはならぬ、換言すれば會社又は營業者に對しては、可成當業者をして適當の方法を案出させて、其設計若くは處務規程に對し警察は果して相當なるや否やを審査し、是が許否を決するの手段に出でなければならぬ。乍併其當業者の計畫すべき標準等に付ては、豫め警察から之を指示すべき事のあるは、固より論を俟たない所である。伯林では、千八百九十五年以來初めて設けられたるもので、創設以來僅に十二三年の星霜を經たに過ぎない、又通常の乘合馬車は、四十年以來の創設で、鐵道馬車は三十五六年以來のものである。伯林に於て電氣鐵道の取締を管轄するのは、警視廳第二部の乙に屬して、書記官一人、建築評定官が一人ある、又其下には多少の屬僚を置き、一般の交通執行警察機關と互に協同して、是が取締及許否等の事務に從事して居る。今試みに交通機關に因る死傷者の統計を見ると、伯林では千九百年中に軌道車(電氣鐵道及鐵道馬車を含む)では死者四十名、重傷者二百九十二名、輕傷者千三百四十一名で、自轉車では、死者三名、重傷者五十三名、輕傷者三百四十一名、其他の諸車は、死者五十三名、重傷者五百三十三名、輕傷者千二百七十三名である。次ぎに千九百一年には、軌道車で、死者二十九名、重傷者百八十九名、輕傷者千五百四十一名を生じた。又其死傷の原因を生じた塲合に依つて之を區別すると、乘車の際に於て、死者一名、重傷者十六名、輕傷者百八十七名、降車の際に於ては、死者は無く、重傷者は四十三名、輕傷者四百五十七名である。又車と車との衝突の塲合では、死者一名、重傷者三十四名、輕傷者三百七名である、尙車の進行中飛び乘りを爲したる際に於ける死傷者は、死者二十七名、重傷者六十七名、輕傷者二百四十八名である。

我國では是等に關する細密なる統計の、充分に未だ徵すべきものなきは、甚だ遺憾のことであるから、將來は可成總ての交通機關に付き其統計を取調ふべきことが必要である。特に注意すべきものは、是等の統計の報告漏れと爲ることが頗る多いから實際上正確の數を求むることは、甚だ困難であることを考へねばならぬ。

伯林に於ける電車會社の軌道車駐車場は、總計二十四計りあつて、其大なる分は四十臺、其小なるものは七十臺の車體を備へて居る、又會社の役員は總計八千人の多きに達して、二百人は掃除の用に供せらるゝものである、又運轉手及車掌は、三十九圓乃至六十圓の俸給を受くるのである。

電氣鐵道に付て警察上注意を要すべきは、避難機の裝置である、避難機は之を「シユッツフオールリヒツンク」と稱へ矢張り我國の如く運轉手臺の前に網を設け、通行人の躓きて轉倒したときには、是にて救ひ上くる裝置である。此避難機なるものは理論上からは最も必要とすべきものゝ樣であるけれども、伯林交通警察長官の實驗談に依ると、今日まで之を利用して人を救ひたることは殆ど稀有の事たと云ふことである、又車臺と軌道との間際には、通行人の挿入を防ぐ爲め、特に防衞機の設けがあり、次ぎに軌道の幅員及複線の場合に於ける軌道と軌道との中間の幅員等も、警察上各定むる所がある。又車輛の幅、乘客の定員等も同樣である、車輛の定員は伯林では二十人乘、若くは二十八人乘で、又車の大小に隨ひ或は八輪車もあり、或は四輪車もある、其他車體の構造の如きも種々で、鐵道馬車の如きもの、若くは汽車の如きものもある。

次ぎに電車内の廣告に付ては、體裁の上からすれば之を許さないのを宜いとするが、我國の如きは現時體裁等を論するの時機でないから、相當制限の下に許可すべきものである。伯林では窓硝子に廣告を爲さしめたのを認むるが、是は唯だ其業務別と住所氏名のみである、而して窓硝子を廣告に利用せしむるのは、乘客の車外を見ることを妨げて、爲めに乘り越し等の弊がある、夫れ故此制は千九百六年以後には取除かしむべき筈だと言ふことである。而して一個年の收入は三萬七千五百圓の多きに達するそうだ、又天井に於ても廣告は之を許可して居る、又電車中には砂があつて、其譯を聞くと、軌道を滑かならざらしむる爲めに、之を撒布するのであると言つた。其他定員外の人を乗車せしめざること、乗客と車掌と談話すべからざること等の點も、頗る注意を要すべき點である。

次ぎに歐洲では電氣鐵道の二階造のがあつて、我國でも之に傚はんとするの説もあつたが、我國人は木履等を穿く者が多く、乗降の際に甚だ危険であるから、之を採用しないことに決したのである。

伯林市には軌道交通機關に付て、八個の營業者があつて、其中線路に依り、四線は乗合馬車用に屬し、他の四線は電氣鐵道用である、又車掌の雇入等に付ては會社をして其責任を負はせて、警察は直接に干渉しない、唯だ氏名を報告させ、又是に相當する番號を交付するのである。

次ぎに駐車場は待合すべき場所で、其方向に依りて之を左右に區別し、相當の掲示を設け、其混雜を防ぎ其成績亦頗る見るべきものがある。　終りに賃錢の事に付き一言せんに、伯林では七八年前より均一制度を採つて、五錢である、是より先きは十五「プロセント」の收入であつたが、今は七乃至十「プロセント」となつたと云ふことである。　伯林に於ける電氣鐵道取締規則は、千八百九十六年七月十一日の制定に係るものである。

之を要するに電氣鐵道の如きは、概ね交通頻繁の街衢に設けらるるのみでなく、其速力も甚だ迅速であるから、之が取締は警察の最も注意せざるべからざる所である、而かも我國では、事固と輓近の創設で、之が經驗を缺くものであるから、充分愼重に且つ周密なる注意を期して、當然隨伴せる危險は、可及的之を少からしめざるべからざるは、蓋し亦警察當然の職責である。而して又一面に於ては、公衆の交通上に對する公德上の發達は之に伴ひ大に其步武を進めなければならぬのも亦論を俟たない所である。

二五　人力車夫の取締に附て

余は玆に少しく人力車夫の取締に付て氣付きたる點を逃ぶる前に、先づ以て交通警察に關する所感の一端を述べ樣と思ふ。警察は其種類の何たるを問はず、一として悉く臣民の權利自由に直接關係を有しないものはないと思ふが、其內でも交通警察の如く、一般の公衆に直接關係あるものはなかろうと思ふ、蓋し老若男女を問はず、又健康者と不健康者とを論せず、苟も道路の便ある以上は、一人として交通警察の干渉を受けない者のない事は、今更言ふ迄もないことである。之に反して營業警察の如きは交通警察などに較ぶると其範圍が頗る狹く、公衆中でも單り特種の營業に關係あるもの丶みに關與すべきもので、又風俗警察の如きも是と同樣に風俗に關係すべきものに付てのみ、之を取締るべき主意で、交通警察の如く廣く公衆に關係を及ぼすべきものでないと思ふ、況や社會の進步に伴ひ交通機關は愈ゝ發達し、人事は益ゝ錯雜に趣き、隨つて人類の往復も益ゝ頻繁を來たす樣に立至ることは、社會の進步上蓋し亦不得已の結果であると思ふ。夫れであるから歐米などでも警察中最も主要の職務に屬すべきものは、交通警察其もので、巡査が道路を巡廻し、若は路上に立番するが如きも、畢竟交通警察の取締に重きを置くの結果であると考へる。我國でも先づ道路警察の整否如何を以て、其地方の警察の整否如何を察知するの標準と爲すべしとは、夙に斯道經驗家の主唱する所である。今や我國では漸次電氣鐵道は敷設せられ、自働車の如きも益ゝ其數を加へ、而して一面では道路の築造は未だ完成の域に達しない、又人車道の設備は尙未だ整頓するに至らない、加之公衆の交通上に於ける公德心は、未だ完全な發達を見る迄には至らず、而して尙一面では舊時代に於ける交通機關は依然存在して、殊に荷牛馬車の如きは恬然として道路を濶步し、動かざること恰も山嶽の如く、自轉車これに觸るれば忽ち辟易し、馬車これに觸れて屢〻危害を受くるを以て常とする。而して右に述べたる種々の交通機關の外に、最も社會の耳目を引き、重要の交通機關として今日迄使用せられ來つたものは、言ふ迄もなく人力車其ものである。

人力車は明治時代に於ける我國の發明物で、明治二年中和泉要助、鈴木德次郎の二人が始めて是を製造し、御車掛福島藏人を經て太政官に願出でた所東京府を經べしと示されて、翌年三月二十二日を以て、竟に製造營業の許可を得たる次第である。これから和泉、高山、鈴木の三人は、總行事を命ぜられて、人力車營業は右三人の加印を受くることゝなつた、以來淸國等にも廣く輸出せられ上海の如き、新嘉坡の如き、現にこれが繁盛を見るに至りたる次第である。然るに世の文明を論ずる者の中には、往々人力車夫を以て國體を汚すべきものであると論ずる者もあつて、余なども同感の至りであるけれども、兎に角人力車は、今日迄は我國としては必要缺くべからざる交通機關で、德川時代に於ける駕籠の用をなし、其效用は夫れ以上にも位したるものと考へる。成程歐米などでは所謂人力車なるものは存在しないで、流石は文物の整頓した結果其茲に至つた事は余も夙に感服する處で、現に布哇の如き地方ですら、人力車夫を見ないのは、殊に感心するの外はないと思ふ。倂又外國の事例は暫く之を措き、我國の人力車夫に付て述べ樣ならば、これ實に現時に於て最も深く研究を要すべきことだと考へる。固より人力車夫は、社會の生存上自轉車、自働車、電氣鐵道等の如き、文明的交通機關と相競爭するに於ては、自然陶汰の結果自ら其解決を見るに至るのは、殆ど疑を容るゝの餘地はないけれども、職に警察に在り、且苟も之が監督の任に當つて居る者が、須臾も是が將來に關する研究を怠るが如きは、頗る不親切なる行動であろうと思ふ。現に警視廳が先年人力車の取締規則を改正したのも、畢竟は將來を慮るの結果に外ならないので、夫れ故に當時警視廳は、未だ電車の開通せざるに先ち、人力車夫に對し、左の如き訓示を與へた事さへあつた。

抑も時勢の進步に伴ひ、電車自働車等の頻々として起るへきことは明かにして、人力車の前途も之を察するに難からす、故に今に於て人力車夫たる者は徐々に將來の計を爲し、願くは適當の正業に就き、一身の方向を確定せんこと希望に堪へざる所なり云々。

此頃社會主義者は、往々人力車夫の前途に關し、種々の事柄を演說して居るから、余も屢〻之が演說筆記を讀み心窃に大に裨益する處あらんことを期して居つたが今日迄殆ど之が爲めに得る處のないのは遺憾千萬である、寧ろ社會主義者が、往々警察の人力車夫取締に對する點をば攻擊して、甚しきは不心得千萬にも、人力車夫を敎唆するものさへあるから、余は豫て何時か機會を得たらば、少しく平素の鄙見を述べ樣と待ち構へて居つたのである。

先づ第一は人力車夫の年齡の制限問題であるが先年人力車夫は五十年以上の者は新たに就業することを得ずと規定したことに付き、社會主義者は之を反駁して曰く、我國の當局者は、實に不親切千萬である、之に反して歐米などの當局者は先づ職業を與ふべき方法を講じた後に、是が制限を付する、我國でも誰が喜んで人力車夫となるものがあろう、警察の年齡に制限をするのは、其意解し難いと。 此說は如何にも一應尤も千萬の樣に聞へるけれども、余の考ふる處に依ると、尙未だ考慮の足らないことはないかと疑はれるのである、なぜなれば電氣鐵道は既に布設せられ、市中は殆ど蜘蛛の巣の如く、電車の來往を見つゝあるので、自働車の數なども漸次其數を增加して、市中の交通は益〻頻繁を加へ來らんとするは、殆ど想像するに餘りあることゝ思ふ、而して此間に單り人力車夫は、舊時の思想界に立ち、老體を以て機械力と競走を試むる如きに立ち至つては、之をしも殘酷でないとするなれば何をか殘酷であると言ふことを得ようや。元來我國民は互に負けぬ氣性を有して居ることは、上下の通有性であるから、人力車夫も同く人間である上は、互に競走すべきは勿論、甚しきは車上の客人が大聲を以て車夫を叱咜し、可成速に馳走せしめんとする如きは、往々見聞する所である、況や曾て余の取調べたる結果に依ると人力車夫で六十歲以上のものすら少なからずして、尙甚しきは七十歲以上のものさへ、往々目擊するところである、統計はないが近く東京の人力車夫の總數が四萬餘で、其中五十歲以上の者が實に五千餘の多きを占めて居つたことがある、若し當局者に於て電氣鐵道の益〻延長するを知りつゝ、又人力車夫そのものゝ性質をも知りながら、尙手を拱きて年齢に制限を加へざる樣なれば、寧ろ余は之を以て不親切なる當局者の行動であると思考する。殊に是迄遺憾ながら人力車夫の道路で倒死したる原因などは、之を統計上に照して證明することは難いが、或は心臟病に、或は肺病に、若は脚氣病に罹りたるものが其多きを占むるは、殆ど疑を容れないことゝ思ふ、これ全く人力車夫過度の運動の結果である。全體人類が互に競走するは、是を運動會の例に照しても、先づ通常八百八十「ヤード」位を以て局限すべきものである、先年時事新報社が夫れ以上長距離競走を企てしめた如きは、當時醫學社會などでも頗る問題であつたと聞及んで居る。殊に余の常に人力車夫に付て憂慮する所は、五十歲以上の者などが、今日の如き頻繁なる道路を駛走する如きは、既に之を常識に問ふても、年齢の上に於て許可すべからざることは、當然のことゝ信ずる。之を反駁する者は、五十歲以上の者で身體が强壯であれば敢て差支ないから、年齢に依り之を制限するは機械的であると說くけれども、多數の營業者を取締るには、此の如き例外の理由で之を壓倒することは出來ぬことゝ信ずる、大體に於て是迄の調査に依ると、人力車夫も十八歲以上四十歲以下の者が最も多くて、即ち調査すると、過半數を占めて居る。

殊に年齢に付き尚一の注意すべき點は、反對論者は警察當局者が妄りに年齢を制限した爲め間接に職業を奪ふが如き說を爲す者もあるけれども事實はそうではない、警察は實際上六十歳なると七十歳なるとを問はず、規則改正の際に於ては、現在の營業者は其年齢の制限以上に達したる者でも、相當の期間內は、これが職業を公認せしものに外ならない。要之に人力車夫に年齢の制限を付したのは、恰も軍人に年限を付し、若は消防手などに就業年齢等を付すると同樣に、其職業性質の然らしむる所、國家が之に干涉するは自然の數と言はなければならない、例へば動物虐待と稱することとあると同じに、人類と雖も五十歳以上のものを以て、人力車夫と爲す如きは、之を今日の時代に於ては、人類の虐待と稱し得べき次第である、これ余の所謂人力車夫年齢の制限に對する意見である。

次ぎに社會主義者は往々人力車夫に道路に於て焚火を禁じた事を以て非常に殘酷なる警察政治であると攻擊を加へたのであるが、是亦余は當時立法者の一人として、一言之が說明を試み樣と思ふ、抑も道路の上に於て焚火をする事は、警察上よりは第一火災警察として最も注意を要する事である、又第二には秩序警察としても尚注意すべき事であるが、我國今日の過渡時代では未だ秩序警察などの事は殆ど論ずべき限りではないのである、それであるから火災警察の上に付て、之を論じ樣ならば、我國家屋の大多數は木材から成立つて、加之風は屢〻起り、人力車夫は客が有れば乃ち之が需に應じ、屢〻焚火を其儘に放置して去る樣のことのあるのは、從來多く經驗せる處である、之をしも警察上默許するなれば、天下何物か默許に付せざるものあらんやである。余も其如何に人力車夫か寒氣を感ぜるやに付ては豫て同情を表するの一人である、乍併公共の安寧を維持する上に於ては氣の毒ながら此火災豫防に對しては、斯く迄之を寬容する譯にはいかないから、人力車夫で防寒用の爲め一種の炬燵を携有するとせば、是等の點に迄も、警察は必ずしも干涉して居らないのである、今や往々汽車、劇場、寄席等に於ても、喫烟を禁止すべしとの議論さへ現出せる時代であるから、道路で焚火を爲すを看過するが如きは、火災警察上決して適宜の措置と云ふを得ないのである。要之に社會主義者は其防寒上から、人力車夫に同情を表白するの餘り、警察を攻擊するけれども、此問題と火災警察との問題は、之を混同視するを許さないので、余は茲に涙を揮つても如此立法をなすの適當であることを、感じ居る者の一人である。

前陳二箇の要點は今日往々世人の誤解する處であるから、余は警察上から之が辨明を與へたのである。　次ぎに余は序に人力車夫の取締上警察官の注意を要すべき點二三を述べ樣と思ふ。

第一には人力車夫の性行の事である、抑〻人力車夫は、直接に公衆に接するものであるから、其性質不親切なるものゝ如きに對しては、之を許可すべき者でないと考へる、然るに殘念なる事には、我國は貧民社會などに對する慈善的設備等が、未だ不完全なる爲めに、餘り營業上に關して許容などの條件をやかましくする時には、一方で却て犯罪者を釀生する虞があるから、他縣は暫く之を措き、東京の如きは、從來は人力車夫の許否に付ては、別段身元迄をも調査しなんだのである。　乍併全然警察の性質上から論ずる時は、如此公衆に接する營業者に對しては、充分愼重なる態度を以て、之を取調べた上、始めて之を許容することこそ當然と考へる、歐洲などでも、人力車夫にも該當すべき馬車の馭者などに對しては、豫め嚴重なる調査を行つて、酒癖惡しき者などに對しては、之に免許證を下附しないのである。

次ぎに第二段に於て注意すべき點は、新に出願したる人力車夫に對しては、地理を試驗すべき點である。今日迄は兎角警察が人力車夫を許可するに當つて、別段地理の試驗を行はないから、甚敷は人力車夫で客人の指導に依ることさへあるから若しも客人が道筋を知らない場合には、非常な時間と、却て高直なる賃錢を支拂ふ事もあるが、是亦警察上頗る注意を要すべき點と考へる、然れば苟も新に人力車夫の營業に從事しようとするものに對しては、豫め市内の道筋及著名なる建設物などに付ては、豫て暗んじ置くべきは勿論のことゝ思ふ。伯林などでは馭車が非常に能く地理を暗誦して居るのは、畢竟其始め警察が之を許容する際、嚴重な試驗を行ふが爲めである。

次ぎに第三段に於て注意すべきは、身體上の事である、恰も乘合馬車などに於て、馬匹檢査をすると同じに、人力車夫其のものゝ身體は、充分に之を檢査すべきは勿論の事と思ふ、固より是等の點に付ては從來廳府縣令等にも大概身體の健康を以て許可の一條件と規定してあるが、別段醫師の診斷を要する迄に、之に立ち入るのではなくして、甚しきは眇目のものすらも之を許可することがある、是等も曩に述べた年齢問題と共に、併せて研究すべきもので、將來に於ては頗る注意すべき點である。

殊に立法上若は執行上最も注意すべき點は、時勢の進歩に伴ひ、車夫は段々其數を減少する樣になるのは、自然の數であるけれども、萬一新出願者が益〻多きを加ふる樣に至つては、國家經濟上は勿論、人力車夫の前途に對して喜ぶべき兆候ではないから、今日に於ては時代相當に是が許否條件の如きものも、昔時に比しては嚴格なる方針を以て取扱つたのである、夫れ故以上の三要點に付ては、當局者は殊に注意したきことである。

車夫の前途は現時に於ける社會問題の最も注意すべき點であるから、今日に於て豫め研究し置くの必要のあるのは、今更言ふ迄もなきことである。或は車夫は移住民に適すべしと言ふ者もあり、或は人夫として海外に渡航すべしと稱する輩もあるが、是等は比較的實際論に近いけれども、余の見聞する處に依ると概して彼等の多くは職工、土方等には適當しない、夫れであるからこれが變換をなすべき職向は易き樣で、却て難きものゝ樣である、余は我親愛なる警察官諸氏と共に、人力車夫の將來に付き、大に研究を試みんと思ふて居る。固より如此事柄は直接警察の職責問題ではないが、苟も警察の職に在りて、營業上人力車夫監督の任にある以上は、是が將來に付て考慮を廻らすが如きは、當局者として少なくも親切なる行動なるべく、況や若しも是等の車夫にして、一旦方向を失し其道の宜しきを得ざる場合には、結局警察の厄介問題ともなるべきものなるをや、決して等閑に付し置くべきものであるまいと思ふのである。

二六　動物虐待の取締に附て

社會の進步に伴ひ、人類が動物保護に注意するに至るべきは、自然の數で、我國にも近來動物虐待防止會が起つて、外國人も是に同情を寄せ出資する者さへ多いと聞いて居る、是甚だ喜ぶべき現象である。然るに世人或は人類虐待問題の生せる今日に於て、動物虐待を防止せんと企つるが如きは、事の緩急を謬れるもので、人類虐待の防止は動物虐待の防止に對する先決問題だと言ふ者がある。乍併動物の虐待すべからざることを自覺する以上これと同時に、人類の虐待すべからざるを知るにも至るべく、即ち動物の保護は、間接に人類の保護を敎示する具となるであろうと思ふのである。

警察が動物虐待に對し、取締を勵行すべき理由は、特に喋々を要せざる所であるが現時我國に於ける警察取締上の實況は、尙頗る遺憾なきことを免れない、例へば乘合馬車馬匹の如き、野犬撲殺の如き豚猪の類を店頭に露出せるが如き、其他改善を要すべきものは少くない、特に最も注意すべきのは、野犬撲殺の方法及道路に卒倒せる牛馬等に對する取扱方法である。

余は我國の現狀に照し、動物の保護は刻下の急務であると信ずるから、玆に先づ歐洲に於ける動物保護の沿革を叙述し、次ぎに伯林に於ける野犬撲殺の方法を述、べ以て聊か我國將來の立法上の資に供し樣と思ふ。

所謂動物の保護とは、不必要なる虐待に對して、動物を保護するの意義である。　刑法上始めて動物虐待を禁じたのは英國で、千八百二十二年の法律を以て之を規定したのに始まつて居る、獨逸諸州では、千八百三十八年以來、法律に依りて之を取締り而して是等の法律は、獨逸帝國の法律に依りて統一せらるゝ様になつた、獨逸帝國刑法第三百六十條第十三號には、これが規定を設けて「何人たりとも公然又は人の不快を惹起すべき方法に依り、惡意を以つて獸類を窘責し、又は之に暴行を加へたる者は、百五十「マルク」(我國の約七十五圓)以下の罰金又は拘留を以て處刑す」云々とある、其他獨逸國では、千八百八十年の鳥類に關する保護法竝に無數警察令の發布があつて、而して其玆に至つたのは、動物保護協會の功が與りて多きに居るのである。動物保護會の起つたのは千八百二十四年倫敦に於て、マルチン氏が創設したのに始まり、獨逸國では千八百三十七年始めてスッツトガルト市に於て、クナップ氏の創設する所と爲り、千八百四十一年にはミユンヘン市に於て、ペルナー氏の創設する所となつた、現に獨逸國では總計二百有餘の保護會を有して、其會員は七萬五千人に及び、又一個年の收入は、十萬「マルク」計りで、財產は八十六萬「マルク」の多きに達したと云ふことである。現今に於ける人性主義に依り創設せられた動物保護會は獨り猛烈にして且輕卒なる虐待方法を防止し、及動物を濫用し、若くは殺戮することを防ぐを以て目的とするのみならず、家畜其他の動物を改良し、併吟鳥を保護することをも目的として居る。又現時に於ける保護會の精神は、單に同情、正義、施恩等の感情のみに止まらず、進んで動物保護の實行に依り、人類をして或は經濟的に或は道義的に之を奬勵し、殊に年少者を感化して粗暴の擧動を防止せんとするのに在る。獨逸に於ける多くの保護會は、聯邦毎に聯合すべきは勿論、獨逸帝國全體を通じ、合して獨逸中央協會をも組織して居る、此大聯合會は二年乃至三年毎に會合するのが常である、即ち千八百九十五年ブラウンシュワイグに於て、千八百九十八年ハンブルグに於て、開會した樣な例である、尙動物保護會の外、鳥獸保護會、魚類保護會等の設けるもある。

動物保護に關して參考に供すべき原著は、ブレデンチェル氏の「動物倫理」、ヒッペル氏の「刑上法に於ける動物の虐待」ランゲ氏の「動物保護會の運動及獨逸刑法第三百六十條第十三號に就て」ウェッツリヒ氏の「動物の權利」である。又之に關する雜誌は、獨逸國では十種以上に及んで居る、伯林の如き、ダルムスタットの如き、ドレスデンの如き、フライブルグの如き、ケルンの如き、ライプチッヒの如き、ボーセンの如き、シュレスウイッヒの如き、即ち是である。殊にドレスデン及ライプチッヒに至りては、各二種以上を有して居る。　其他瑞西のベルン墺太利のリンツ、グラッツリガー、維納等皆左樣である。

次ぎに伯林に於ける野犬撲殺の方法に關しては、千八百八十八年以來道路及公けの塲處では、是が捕獲方法の變更を見る樣になつた。　同年代までは口環及稅章(飼犬には稅金を賦課す)を附せざる犬を捕獲するのは、伯林皮剝商の手に依り實行せられて、而して此種の犬殺しは、人之を稱して穢多(シンデル)と呼ひ、大に公衆に嫌忌せられたのである。　蓋し此輩は捕獲した犬を、頗る亂暴なる方法に依て取扱つたからである、是等の沿革は實に我國の現況と相似たる所がある、同年即ち千八百八十八年に及ひ、個人の設立に係る伯林動物保護會は、始めて人情に適合せる方法に依り、自已の傭入れに屬する吏員をして、捕犬せしむる事と爲り、警視廳は同年十月四日の契約で、捕犬の事を此協會に委任する樣になつて、而して協會會長の任命せる捕犬員は警視廳の認可を要し、同廳第二部は是等の吏員が、果して業務に適するや否やを取調べたる上、之を試驗する事とした、而して未成年者及窃盜罪等に依りて處罰せられたる者、其他不都合の聞へある者に對しては、之を認可せざるものとしてある、又是等の吏員の捕犬上に關する人民よりの訴願は、警視廳に於て之を裁決すべきもので、而して、其訴願が理由あるときには、協會は其捕犬員を免職する責任がある。

尚是等の捕獲したる犬を收容する爲には、特に市内に畜舍を設け、三日間之を繫留すべく、又之を殺戮せんとする場合には、更に協會の設立したる畜舍に移送するのである。

千八百九十二年六月八日及千八百九十九年三月五日警視廳と協會との間に新なる契約並に捕犬員に對する細密なる規定を設けたから、益〻其改良を見る樣になつた。即ち前には協會の傭入るべき捕犬員は、協會に於て採用した後警視廳の認可を受くる規定であつたが、此新なる契約が成つてからは、先づ警視廳に於て試驗した後、始めて任命する事と爲つた。而して大審院は其判決例に於て、警視廳の認可を受けたる捕犬員は、刑法第三百五十九條に於ける官吏として之を認むる樣になつた(同條に曰く此法律に謂ふ官吏とは、職務上の宣誓を爲したると否とを問はず、獨逸國の職務又は一邦の間接又は直接の職務を、終身又は有期に、又は一時任せられたる、總ての者及公證人を指稱する者とす)云々。

伯林に於ける現時の捕犬方法は、右の吏員に於て、針金から成立する細環に滑革を以て作つた柄を附し、之を以て道路に於ける犬を捕ふるのである、其吏員は十二人ある、余が昨年動物保護會に於て取調を爲した當時、係員の余に述べたる處に依ると、十八人に增員せんとする計畫であつたのだ。而して此の如くして捕獲したる犬は、三日間之を保護會の設立に係る畜舍に繫留し(但し產兒は直に撲殺するも差支なし)所有者尙來り求めざるときに限り、撲殺することを得るのである然れども實際上に於ては、尙五日間之を止め置くのを例として、甚しきは三個月間も繫留して置くことがある、犬は其形の大さに由り、其飼養料を異にして、一日三十「ペンニー」乃至六十「ペンニー」(十五錢乃至三十錢)を支拂ひ、外に捕獲代として三「マルク」を支拂はなければならぬ、此畜舍には犬を失つた人が多く來て、愛犬を探索するを常とする。尙病犬を全快せしむるが爲めに收容する畜舍、及狂犬を繫留する畜舍がある、犬を殺すには、獸醫をして「ブラウヅイレー」と稱する劇藥を注射せしむるものであるが、一匹の犬に對し十%を使用するときは、僅に十二秒時にして倒死するのであるる、余の參觀したときにも、忽ち三頭の犬を殺し、尙引續き余に見せ樣としたが、余は既に充分なる旨を述べて立去つた。

伯林動物保護會の總裁には、　獨逸皇太后陛下其任に當らせ給ひしも、　陛下は曩に崩御あらせられたから、其御後任には　皇后陛下を奉戴せんとのことであつた。

現時同協會では、一個の事務所、二個の畜舍(其中一個は伯林郊外に在り)を有し、尚一個の避難畜舍がある。

警察官の動物虐待取締に關する要點を述ぶれば、前に述べた如く、刑法に動物虐待に關する規定があるから、警察官は此條文に照し告發すべきもので、例へば道路で多量の荷物を積載せるが如き、馭者が濫りに馬匹を鞭つが如き場合に、其適用がある。　現時我東京に於ける警察上の取締も、略ぼ之に類似して、九段坂等の如き急坂を登るに際し、濫りに鞭を加ふるが如き場合には、其貨物を減少せしむべく、又乘合馬車の馬匹を濫りに鞭つが如きに至つては、之を動物虐待として告發すべく、之に對しては各警察規則に規定がある。　又馬匹檢査の如きも、東京府下に於ける乘合馬車の馬匹は、隔月一回主管の事務員及獸醫立會の上之を檢査すべきもので、是が爲めに不認可を被りたる馬匹も少くない、近來では營業者も稍〻此點に注意し、頗る面目を改めたが、尚改善を要する點は多いのである、其他道路に斃死した牛馬の取扱方法の如きも、漸次改善しなければならないのは論を俟たない。是等の點に就ても歐米では夙に相當の設備があつて、文明國たるに耻ぢざる裝置をして居る余は我國の動物虐待防止會が、將來伯林の如く發達せんことを望むと同時に警察官廳に於ても、此點に意を用ひ、兩々相俟て、我國今日の時代相當なる設備を設けらるゝ日の、速に到達せんことを希望して實に止まないのである。

二七　伯林の浴場取締を論じて我國に及ぶ

現時伯林市の公開の浴場は總計九十四個所あつて、其内七個所は市立の河川浴場四個は市立の陸上浴場、九個は私設の河川浴場、七十四個は私設の陸上浴場である以前浴場の取締に付ては、警察は何等の干渉する所なく、又之に干渉すべき理由をも見出し得なんだのである、然るに衞生警察上より二回計り、浴場の視察を遂げたのに次ぎの如き結果を見る樣になつた。

伯林に於ける某醫學博士は、二回の演說で、浴場用の水は病因となるの虞ありて、使用に堪へざるもの少からずとの斷定を下した。玆に於て千八百九十六年の夏、市中の總ての浴場は理科學者並に醫會の衛生委員に依り試驗をし、又私設浴場は尙二人の區內設置の理科學者からも試驗を爲す樣になつた。

調査の結果に依ると、河川浴場の設置方法に關しては、僅少の點を除くの外特に注意すべき點を見出さなんだが浴水其物に付ては、注意すべき點を發見した、即ち我東京市の隅田川とも稱すべきスプレー河は、交通頗る頻繁なる爲めに、河水の混濁が甚しく、又河流は非常に緩漫であるから、河水の新陳代謝を妨ぐるものであると云ふのである、運河の完全なる構造變更に依つて、多少河水の不潔は之を除去するを得たけれども、水質の改良は之を如何ともすることは出來なかつた。此事は千八百九十六年の黴菌的及科學的の檢査に依り、之を證明することを得た、蓋し其原因はスプレー上流河畔に於ける工業の發達に伴ひ、製造所の增設其他船舶交通の頻繁に基くのである。

河川入浴の方法は、之を改むるに由なき故に、衛生警察の立論上より之を廢止することは到底不可能たるを免れない、即ちスプレー河水は假令混濁しても、伯林市民が夏期之に入浴する者は、其數百萬以上に達し、特に其内の多數は貧民であるから此河水に依りて清潔を保持するのは、極めて簡便の方法である、況んや積極的にスプレー河水の傳染病に有害であることは、容易に是が斷定を下し得ないから、學問上より河水入浴禁止の提議の排斥さるゝのは、亦已むを得ないのである、乍併當局者たる警視廳は、早晩公共の健康保持の爲め、公益に基き河水入浴禁止の論議の起るのは、之を推測するに難からざる故に、當局者は此問題を決定するに當つて其健康上に害ありといふの點をば、公衆全體の健康に對する利益と較べて、果して前者の害が後者の利益を超過する場合に於て、始めて之か禁止を斷行すべきものである。

伯林市内に於ける浴場の種類は頗る多い、即ち其少數のものにあつては、游泳用のものがあつて、其多數は槽浴を以て常とする、(所謂槽浴とは我國の槽浴とは其趣を異にして、各人毎に一槽内に入浴すべきもので、入浴終れば其湯水は注ぎ出すのである)通常槽浴を營む浴場では、是と同時に藥湯の設けあるを常とする。近來では又光線浴の發明があつて、其浴室は非常に美麗なるものもある、又極めて簡畧なるものもある、又其浴室内では通例按摩の設けがあつて病人等の需めに應ずるのである、特に小規模の浴場には、多くの缺點があつて、空氣の流通の頗る不完全なる浴室も亦尠くない、又或浴場では我國の如く劃然男女の浴室を分ける必要があり、尙治療的浴場では藥湯の設けもある、又傳染病患者に對しては別室を設くるの必要がある、特に黴毒患者に對しては尙更である。又露西亞、羅馬浴場(夙に歐洲に行はるゝ一種の湯浴)の休憩室では、患者の用に供すべき空氣の流通が頗る不完全で、又按摩室に於ける換氣方法も頗る不完全であることがある。其他浴場主及看護人等の素養の頗る缺けたる者があつて、唯だ其内の僅少者が看護人若くは按摩の免許を有するのみである、是等の缺點を補ふ爲めに、法律上の規定若くは警察上の規定の必要を望む者が頗る多くなつた、乍併浴場は帝國營業條例中の許可を要すべき營業に屬せざるもので、單り其建設上の設計に付ては、建築警察上から之が許可を要すべきものである、而して此場合には衞生警察上の點に注意すべきもので、其他の點に向つては、之に干渉を試むるを得ないものである、特に總ての私設浴場に對しては、其建設並に營業の方法等に對し、深き干涉を爲すのは、又頗る一考を要すべき點がある、即ち百八十萬八千の人口を有する伯林全市に對し、僅に九十四個の浴場を有することは、其數比較的非常に僅少であると言はなければならぬ、況んや入浴は衞生上健康を保持するに於て、大なる効果のあることは、既に前世紀に於て一般に承認せる所である。然れば公衆の健康保持の上から論ずると、浴場の增設は最も必要なことで、特に游泳用並に除垢用の浴場に於て然りとする、然るに私設浴場の增設は、實際殆ど之を見ることなく、單り藥湯に屬すべきものに付ては、是が新設を見ることが屢〻である。

此の如く需用の進むに隨ひ、伯林市は市立の浴場を設けて、可成廉價を以て入浴を促すの傾向を呈する樣になつた、そうして此公益上の觀察點から企畫されたる浴場に對しては、私設浴場主は之に反抗して、伯林市及其附近で、特に組合を設けて一致を謀り、其主たる目的は、營業者の經濟上の點に付て改良を試みんとするにある之に反して市立の浴場には種々改良を加へたから、市立と私設とは互に競爭を試むる樣になつた。又千八百九十八年に州知事は組合に對し、市立浴場の行政上に立入るべきを禁じ、特に之が爲めに私設營業主の全體が損害を被るべき事は、未だ之を證明し得べからざるものと說明した、なぜなれば入口の增殖に隨ひ、浴場の增加は免るべからざる數であるからである。

其他所謂藥湯なるものに付ては、頗る前者と其趣を異にして、入浴患者は其費用を支拂ふことが多いが、通常の浴場主は、之に對して反抗を試むる者はない、蓋し浴場其物の性質が然らしむるのである、而して藥湯は一般に通常の浴場よりは、取締を要すべき點が多いから、之に對しては亦相當の法規を設くるの必要がある。

若し夫れ我國の沿場に付ては、古來幾多の沿革があつて、此種に對する我國の警察は、伯林と異り古代から之が取締を試みたるものである。殊に風俗警察の沿革上より論ずると、德川時代には湯屋女に對しては、屢〻之が雇入禁止の制令を發したことがあり、又浴場の構造制限も今日の樣に完全でなかつたから、屢〻火焚場等から火を失し、東京の現行法に於ける二町の距離の如きも、一は營業の保護に基因したるものであろうけれども、又火災豫防の點も其一原因でなければならぬ。そうして今や建築警察が漸次完成するに隨つて、浴場から火を失する樣なことは、殆ど稀有に屬するのである、營業保護の上から距離制限の必要があるならば、何ぞ單り浴場のみに限らん、質屋、古物商、寄席、宿屋等一として然らざるものはない。然れば浴場に距離を設くる如きは、殆ど謂れなき立法と稱すべきである、我東京市の如きは、人口殆ど伯林市と同じであるが、浴場の總數は八百四十七の多きに達して居る歐洲の樣な概ね個人毎に獨立的浴槽の設けある、其構造の宏壯なるものは暫く之を措き、公衆の比較的低價にて入浴し得るのは、淸潔保持の上より論じても、衞生上から論じても、歐洲に比して毫も遜色のない所である。余は一層進んで貧民倶樂部等に於ても、一日も早く公設浴場の設けられんことを切望する者である、畏友山根正次君の如きも、頻りに此說を唱道せらるるのは、實に余の心を得たるものである、又先年某雜誌中に公浴協會の總會と題して、左の記事が掲載してある。

公浴協會とは、獨逸國に於て各市邑に公衆用の浴場設置を完全ならしむるを目的として起れるものなるが、近來社會的理論、社會的事業の發達と共に、大にその贊成者を增加し、五月末日ダンチヒ市に第四總會を開ける際には、各聯邦政府の代表者を始め、會員千三百十六名の多きに達し、益〻公浴場を增設すること公衆をして廣く之を利用せしむるの精神を養はんことに盡力するの決議をなせりと。蓋し歐洲の俗は毎朝室内にて身體を洗拭する習慣あるも、入浴に至ては其事甚だ面倒なると、且多費を要するとに由り、貧民一般は入浴すること甚だ少なく、随て不潔不健康の結果を來たすを以て、無費若くは少費の公浴場を設くるは社會上必要の問題なり、本邦の如き古來の習慣裸體同浴を厭はざるが故に、自ら廉價自由に温浴を試み得られ、随て一日入浴せざれば直に不快を感ずるが如き清潔の風習を養はんものなり。

余は益々我國浴場が社會の進歩に伴ひ種々の點に於て改善發達せんこと、希望に堪へざる所である。而して之が責任に當るべき、警察當局者も、立法上亦相當進運の域に進まんことが必要である、若し夫れ之が内容に關しては、多少の鄙見のないでもないが今玆に之を論じない、他日具體的に之を發表するの時機もあるであろう。

二八　賣淫の取締に附て

余は茲に賣淫の取締に付き、第一に賣淫の性質、第二に賣淫の種類、第三に賣淫取締に必要なる警察機關、第四に警察の賣淫婦に對する手心、第五に賣淫の立法上の研究問題と、五つに分けて述べて見ようと思ふ。

第一　賣淫の性質

人類が社會に生存して以來、隨分社會問題に付ては難かしい問題がある、而して其或部分は既に解決された問題もある、然れども今日迄尚未だ解決することの出來ない最も困難なる問題は何であるか、曰く賣淫問題であると云ふことは、ドクトル、ペルマン氏が、曾て某監獄學會に於て、演説の劈頭に於て述べられた言葉である。而して此言葉は實に旨言で、今尚賣淫は如何にして取締れば、宜いかと云ふことは、解決されて居ないことである。それで余は先づ以て是まで賣淫に付ては、どふ云ふ取締の主義があるかと云ふことを、述べて見たいと思ふ。

第一は自由説、これは國家は全然賣淫を取締るに及ばぬ、自由に放任して宜いと云ふの説。第二は制限説、國家は或範圍内に於て制限しなければならぬと云ふ説。第三は絶對禁止説、場所の如何を問はず賣淫の種類の何たるを問はず、悉く取締をしなければならぬと云ふの說である。

第一の自由說は、今日隨分行はれて居る、例へば北米合衆國は自由說を採つて居る、露西亞の如き、英吉利の如き、皆此自由說の系統に屬して居る。其自由說の根本の一說を言へば、賣淫は到底取締が出來るものでない、處罰した所が取締は困難である、故に、自由に放任すべしと云ふのである。第二說は、賣淫の取締をし樣と思ふたならば、憲法上種々の法律に於て、多くの牴觸する點を發見するのである、故に到底法律の上から取締が出來るものでないと云ふのである。第三說は、哲學者などがいふ說で、即ち人間の身體は、自由である、人間の身體は賣買も出來なければ、又讓渡も出來るものでない、故に國家は賣淫上に付ては、法律を設くる權能は無いと云ふのである。第四說は、人類は道德上の規定に反いてはいかぬけれども、道德上の問題と法律上の問題とは、之を混同することは出來ぬのである、而して賣淫は道德問題であつて法律問題でない、若し淫を賣買すると云ふ者があつたならば、それは自分が自分の身體を汚すのであつて、實に不道德極まることである、恰も多量に酒を飮み煙草を喫ふと、健康に害があると同樣に、全く自業自得の報ひであつて、詰りこれは不道徳の問題に屬する、故に神の前に向つては、誠に濟みませぬことを致しましたと云ふことを、謝罪する事はあろうけれども、法廷に於て判官の前で惡い事を致しましたと云ふべき問題ではない。要するに人類の法廷に於ては、何等の關係がないと云ふのである。第五說は、賣淫は一の契約である、賣る人があるからこそ買ふ人もあるのである、賣淫婦は何等買淫男の權利は之を毀損せぬのである、婦は男の請求に依りて、不道徳のことを行ふのである、換言すれば男と女との間には、意志の合致がある、して見れば相互が其身體を汚し、罪惡を犯したからといつて、其行動に對しては、法律が何等關係すべきものではないと云ふのである。先づ大體自由說の說く所は余が今日迄研究して居る、結果に依ると、斯う云ふ類の筆法から說くのである、そこで批評は暫く後に讓つて、次ぎに制限說を紹介しよう。

第二の制限說は、賣淫は到底之を根本的絕對的に禁止することは出來ない、賣淫と云ふものゝ事實は、到底區々たる法律命令を以て、之を差止めることは難い、故に國家は或度合までは之を默認し、或範圍を定めて、嚴重の取締をしなければならぬと云ふのが制限說である、此說に依るときは、若も之を第一の自由說の如く自由に放任したならば、益〻社會に害毒を爲して、到底公安を維持することは出來ないのである、恰も軍人が生命を毀損した時には、其行爲に對して國家は干渉しなければならぬ、何故なれば國家の生存防禦力に非常なる影響を及ぼすからである、それと同く國家は賣淫に付ては、豫め或範圍内に於て、之を取締らなければならぬと云ふのである。要するに此制限説は一般の風俗を害し、一般の秩序を紊し、一般の健康を害すると云ふの點に著目するのである。第一の自由説と此制限説の由つて分るゝ所は、個人を基とする主義が自由説であつて、之に反する制限説は、公共の安寧秩序とか、一般の風俗上とか云ふ點に重きを置くのである。而して所謂一般の風俗とは言ふまでも無く、若も賣淫を抛つて置けば、惡習を社會に感染せしめ、其結果良家の家庭にも、非常なる影響を及ぼすものである、又其爲めに犯罪行爲迄をも惹起せしむるものである、要するに淫を賣買することは、獨り其者どもに黴毒を感染せしむるのみならず、延ては其妻子にまで影響を及ぼし、一般の健康をも害することになる、恰も傳染病に對して警察の取締を要する如く、衞生警察上よりも賣淫は取締らなければならぬと云ふのである、略言すれば、賣淫は風俗警察幷に衞生警察の兩點から、取締らなければならぬと云ふのである。

第三の絶對禁止說は、主として昔時に於て行はれたる說であるが、今日に於ても、往々宗敎家道德家などに於ては、此說を主張するものがある。今試みに我國古來の沿革上より言へば、昔は隨分酷いことをして賣淫を取締つたものである、例へば德川時代に於ては、賣淫を禁じて、犯す者は賣手の家屋を沒收し闕所に處したこともある、又或時代には殺害する事さへあつた。又昔時に於ては女を賣ふと云ふことは、人身賣買の問題に屬し、買つたる品物は買手の損であると云ふ樣な調子に、法律上物の關係上から說いて居る。又慶安五年などの達に依ると、妓樓に於ては女を三人以上置くことはならぬ、犯す者は處刑せらるゝと云ふことであつた、今日の東京明治座の邊りは舊時芳原と稱し、後に庄司某と云ふ者が、賣淫婦は一處に集めなければ、取締上にも困難であると云ふことを其筋に上申し、竟に今日の新芳原が出來たのである、而して其結果舊芳原以外江戶市中に於て遊女を隱すものがあると、其犯したる者は勿論、町內の者までも責任を負はなければならぬと云ふことになつた。又延寶元年には茶屋の給仕女は、二人以上は之を置くことはならぬと云ふ達もあつた。尙寛永三年には、女踊子の師匠までに嚴しい警察上の取締を擧行したることさへある、彼の有名なる大岡越前の如き、水野閣老の如きは、警察行政上に於ても、頗る敏腕の聞へある人であつたが、是等の人の手腕でも到底賣淫の取締は終に之を解決することが出來なかつたのである。故に當時德川時代の此種に對する達文を見るときは、當局者の取締上大に困難を覺へた形跡が存在して居る、即ち諸達文中には、必ず前置がある、曰く「屢ゝ相達し候通り」と、是が當時に於ても賣淫は對絶的に止めることの出來なかつたと云ふ何よりの證據である。其後明治五年になつて有名なる人身賣買に關する解放令が發布になり、人身の自由と權利を主張することになつたことは、我國に於ける賣淫歷史上に於て、最も記憶すべき事實である。殊に明治五年の太政官の布告に次で、司法省の達抔も頗る注意すべき事柄であつて、其文義に依るときは、元來は娼妓藝妓は人身の權利を失ふものであつて牛馬の如きものである、然れば人より牛馬に向つて返辨を求むる理無し云々と、說き來つたのである、次ぎに佛蘭西などに於ても、十二世紀頃には、賣淫に關しては非常に嚴重なる法令を發して取締をした、又十三世紀及十四世紀頃に於ては、若も女を誘拐する者あれば、焚殺すると云ふ位迄に嚴しいことであつた。又英吉利に於ても、古昔ノルマン時代には、非常なる嚴しい刑を行つたことがある、之を要するに賣淫を絕對的に禁止すると云ふ事の不可能なることは、今日までの沿革歷史の證明する所である。以上述べた所に依つて、余は賣淫の取締に關し、三說あると云ふことに付き、其大體を述べた積りである。

次ぎに結論として、右の三說に付て少しく鄙見を述ぶれば、第一說の自由說は到底我國には適當せぬ、英國の如き自治衞生の發達したる處は、賣淫婦も自治的に、醫師に就き又は自分に於て、局部の洗滌に注意する事あるも、尙且つ警察の取締上より論ずれば、非常なる缺點が多いのである。然れば自由說の採るに足らぬ事は、是迄の歐米に於ける經驗に徵しても、之を證明して餘りあるのであるから、今更何を苦んで我國に於て、之に傚ふの必要があろうや。又第三の絕對禁止說も、歷史の證明する如く、到底不可能の事柄で、今日に於ては警察官中などにても、此の如き迂論を吐くものは殆どないのである、そこで余は公平の判識に依り、不完全ながらも制限說に同意を表して居る。然るに玆に困つた事は、賣淫は兎角人權問題に屬して居る故、往々宗教家の如き、教育家の如き、社會から、此問題がやかましくなつて來て、殊に今日では社會主義が最も發達して、個人の自由と云ふことを言出したものであるから、歐洲に在りては假令制限主義を採れるものありとするも、我國の如き妓樓の制度は、今日に於ては段々跡を絶たんとするの傾向を呈するに至つたのは、風俗取締の上から言ふても、衞生警察の方面から言ふても、遺憾千萬のことである、例へば現に制限主義の行はるゝ伯林などに於ては、妓樓は夙に之を廢するようになつたのである、又賣淫を以て名高きハンブルグなどに於ても、今日にてはボルデル即ち妓樓は現に尙存在して居るが、當局者の余の問に答へたる所に依ると、決してボルデルとは公言しない。我國の如きも歐洲と同く、近時に於ては段々人權の進歩に伴ひ、一時は廢娼論などが盛に行はれたこともあつた、併しながら警察上の着眼點から言へば、假令此問題は、今尙根本的に解決することが出來なくても、出來るだけは之を取締ると云ふ外致方が無いのである、或は今日に於ても、稀には警察の取締は不完全なる故、寧ろ廢したが宜いとか國家の體面上より之を廢したら宜いとか稱する者もあるが、併し是は事理に通ぜざる空論であつて、固より今日の警察上の取締は、余等に於ても頗る不完全なることは免れぬと思ふが、此問題は畢竟局外より見る程に簡短ではない、種々の社會的現象と相待つて、解決しなければならぬ問題であるから、若し之を徒に解放する樣なることがあつては、意外の結果を呈するに相違ないことゝ信じて疑はないのである。兎に角余等の立場より言へば、歐洲などに於て、段々自由說の系統の方に社會の趨勢が赴きつゝあると言ふことは、殘念千萬のことゝ思ふ、賣淫を以て有名なる、和蘭のアムステルダムに於ても、今日にては黴毒檢査は、國法の上からはやつて居ない、和蘭のレツテルダムも同樣であつて、其地の警察長官が余に言つた所に依ると、職權を以て取締ると云ふことではなくて、警察は賣淫婦に對し、黴毒檢査を諭示するのであるとのことであつた。之を要するに余の考では、其取締が困難であるからとて當局者に於ても抛つて置く譯にはいかぬから、或度合までは是非とも取締方を考へなければならぬ、然れば今日の時代に於て、廢娼などとは思ひも依らぬことゝ考へる、況んや歐洲に於ても、現時尙サクソン王國の如き、ハンブルグの如き、ブレーメンの如き處に於ては、其法律上の解釋は暫く之を措き、兎に角事實上の妓樓は存在して居るのである。又普國の如き、瑞西の如き、白耳義の如き、佛國の如きは、假令特別に妓樓の制はないとしても、兎に角警察監督の下に於て、現に賣淫婦を檢黴しつゝあるのである。

次ぎに警察上注意すべき點は、風俗警察と黴毒檢査なる衞生警察とを、混同すべからざることである。蓋し黴毒檢査と云ふ上から言へば、成るべく一人でも、澤山の人を押へさへすれば手柄ではあるが、風俗警察の方面から言へば、公衆の風俗を害せぬ限りは、默許して差支ないのである、然れば、風俗警察と衞生警察とは、必ずしも一致することは困難である。故に衞生警察の上より言へば、其成績の擧否は暫く之を措き、絶對的に賣淫を禁止するの必要があるかも知れぬが、兎に角余等は廣く警察上より論じて、制限説の適當なることを主張する次第である。

次ぎに余は風俗警察上より、少しく一般邦人の注意を請いたいのであるが、兎角我國では從來の慣習上妓樓は華麗に失する餘り、芳原の如きは、今日では恐らく世界的とでも言ふことが出來樣と思ふ、兎に角此の如き不夜城が、東京の名所の一として、帝都の一隅に巍々として聳ゆるのは、頗る笑止に堪へぬことである。夫れ故に芳原問題は、夙に外國人も研究して居ることであつて、早晩此點に付ては、適當なる解決を見るの時機が必ず到達することゝ固く信じて疑はない。

先きに娼妓自由廢業の開始せられたる際、警視廳は先づ以て品川、新宿、千住、板橋などの四宿では娼妓の張見世は勿論、看板も掛けることはならぬ、又外から見通しの出來る樣のことはならぬなどと云ふ樣なる工合に、隨分嚴肅なる取締を擧行することになつたる結果、今日では舊四宿は多少の面目を改むる樣になつた、是も風俗警察上の一進歩であろうと思ふ。兎に角市府の體面を保持すると云ふことに付ては、警察官は勿論、一般臣民たる者は深く考へなければならぬことゝ思ふ、芳原などに於て、現時段々張見世の少なくなつたのも、喜ぶべき現象である。曾て英國倫敦の社會主義を研究して居る、有名なる某學者が、東京に來て當時の內務大臣板垣伯に會つた、所が其人は芳原のことを非常に能く調べて居つた、其席に於て余は其人に向ひ、貴國では賣淫のことはどう云ふ工合になつて居るかと言ふと、其人の言ふには、私の國には賣淫などはありませぬと答へた、實に辭の上では潔白千萬であるが、其後余が倫敦の賣淫の實況を視察する所に依ると、實は皆嘘である、畢竟するに彼國人は其樣に嘘を吐く位にも、國の體面を考へて居るのである。又前に述べた通り先年余がハンブルグに遊んだ時も、余は警察研究に出掛けたのであるから、吾々に對しては別段警察當局者も秘密にしなくても宜かりそうなものであるのに、其地の風俗警察の係長は、余に嘘を吐いた、先づ余は貴地に於てボルデル即ち妓樓があると云ふことは、豫々承つて居つたが、一體どう云ふ風の調子に取締つて居るかと問ふたら、係長答へて言ふに、それは以ての外だ、我國には今日決して此の如きものは、ありませぬとやつた、反つて余に追捻に云ふ樣、承れば御國には、芳原と云ふものがあるそうである、全體日本の女はあゝ云ふ方の稼業には、喜んで就く傾向があるそうです云々と述べた、余は固より之に對しては、直に相當の辯明はして置いたが、それは暫く措き、余は係長に向ひ、それではあの邊の彼の家は、ボルデルでなければ何であるかと言ふと、あれは誰だ席を貸して居るので、賣淫婦の爲めに特設したる殊に妓樓と稱するものを、警察が認めてはないと言つた。そこで余は兎に角ハンブルグのボルデルとは豫て聞き及んで居るのに、警察に於てボルデルは無いと言ふのは、おかしいと思つて、其晩偶〻市内を散歩して或書舗の前を通つた所が其處に風俗警察と云ふ或る書物が目に當つた故、これは面白い本と思つて之を求め、序に其書舗に就き、當地にはボルデルはあるかと尋ねると、本屋先生は、餘り市の體面をも頓著せず、ありますともと白狀した。其後余はブレーメンの警察に行き警察長官たる元老に面談したときも、元老は當地には、ハンブルグの如き妓樓はないと言つた、然るに實際上はあるのである。兎に角芳原の如き派手のやり方は將來に於て、大に研究すべき問題である、畢竟するに、能く國の體面と云ふことを考へなければならぬので、此點に付ては、我國人は餘り淡泊過ぎはしないかと、深く感じた次第である。

次ぎに余は、少しく賣淫に關する立法上の形式に付き述べ樣と思ふこれは黴毒に關し特別なる法律を拵へて居る處は少いのである、英吉利は曾て賣淫の取締に關係する特別法を拵へたのであるが、其後人權が發達して、段々自由說が行はれ、一名英吉利主義とまで稱する程になつた、是等の點から舊時は法律の設けがあつたにも拘らず、今日にては全然無くなつてしまつた。又其他の國に於ては、余の聞き及ぶ所では、概括的に警察の內輪の規則などに一任して居る、蓋し賣淫の取締などのことを、帝國議會などで、逐條的に討議するなどのことは餘り聞へた話でない、そこで成るべく警察に之を委任すると云ふ方針になつて居るらしい、佛蘭西の如き、白耳義の如き、和蘭の如き、西班牙の如き、皆此類に屬して居るのである、併しながら絕對的に法律上に規定せぬと言ふのではない、僅に民法刑法中等に於て、概括的の法文を設けては居る、我國も其例に傚つたので、今日は刑法の中にもちよつと賣淫の事に關する規定はある、又行政執行法の中にもちよつと目立たぬ樣に這入つて居る。此點に付ては、娼妓取締規則の如き、內務省令などは頗る目立つべき立法とでも、言ひ得べきかと思はれる。又聞く所に依ると、伊太利などでも、內務省に於て全國の警察官廳に對し、標準を示して居ると云ふことである、是も警察官廳の弊害を慮つて、外部に發表せずして、統一を圖ると云ふことは、誠に結構なるやり方であろうと思ふ。

第二　賣淫の種類

次ぎに賣淫の種類のことを簡單に述べよう、賣淫の種類は、密賣淫及公許賣淫の二にも分つことが出來る、又廣義に於ける公許賣淫者の中には、我國の如き、警察直接の監督の下に立つべき、妓樓制度の如きは勿論、歐洲の所謂警察監視の下に屬すべき賣淫婦も一種の公許賣淫と言ふべきものである、此點より論ずるときは、藝妓の如きは、密賣淫の分類に屬すべきものである。

次ぎに賣淫婦は、又之を單獨住居者及雜居者の二に分類することも出來る、例へば藝妓中には自前と稱し一人で住居をすべき者もある、藝妓を以て直に賣淫者と認むるは、苛酷かは知らぬが、假りに之を一種の賣淫婦として、例を擧げたのである。次ぎに雜居者とは妓樓に共同的に生活をして居ると云ふ樣なものゝ類である。

其次ぎに賣淫は、又之を專業者及兼業者に分つことが出來る、例へば娼妓は賣淫を專門として居る故、專業者であるけれども、傍ら他の職業を業とする女義太夫、女俳優等の如き者の中には、或は兼業者とでも稱し得べき者があろう。其他賣淫の種類中には登記の賣淫婦と稱し、登記をなして賣淫をなす者もある、即ち娼妓は登記に依るから、之を登記賣淫婦と稱し得べきも、其他の賣淫婦は、無登記賣淫婦に屬するものである、其外分類は種々に之をなすことも出來るけれども、此事は此位にて略することゝする。

第三　賣淫取締に必要なる警察機關

次ぎに述べたきことは、風俗警察に必要なる機關のことである、そこで廣く風俗警察と言ふときは、賣淫の取締も其一に屬することであるが、今日歐洲の用例に依れば、單に風俗警察と言ふときは、之を狹い意味に解して、賣淫の取締のことを稱して居る。我國に於ては之に反して、藝妓、待合、寄席、富籤類似の如きものを、廣く風俗取締と稱して居る、其他廣告の取締喫煙禁止の事柄までも、風俗警察として取扱つて居るのである、先頃又「ペスト」の爲めに跣足の取締が、衞生警察として立法せられたが、「ペスト」流行後も尙行はれて居るので終に今日では、自然に風俗警察の管轄に這入つて來たのである。偖此狹義に於ける風俗警察に必要なる機關に付て、第一に注意すべきことは、警察上賣淫は之を分業的機關に於て取締らなければならぬことである、換言すれば專門的の警部や專門的の巡査を以て之に充てねばならぬ、此理由に依り伯林警視廳などでは、別に風俗取締の一課の設けがあつて、分業的に取締をなして居る、尙詳しく言へば風俗警察課には、一人の警視が係長であつて、其下には十二人の警部が居つて、又其下には百八十一人の巡査が附屬して居る、尙其外に事務員として一人の庶務係長と十二人の書記があつて、伯林の市中をば、十二の風俗警察區劃に分つて居る。　之に反して、今日に於ける東京警察などの組織では迚も比較にはならない、それであるから、風俗取締成績の良否などのことは、一面に於て其警察機關の如何をも、能く考へて研究せねばならぬことゝ思ふ、之は大體に於ける風俗警察の機關に付ての話である。

次ぎに第二の警察機關としては、警察醫の組織を完全にしなければならぬ、殊に我國の如きは、此點に付ても經濟上の關係からして、頗る不完全である、今試みに伯林の例を話せば、一千九百年の十月以來伯林警視廳では女醫の新設をも行ふに至つたのである、即ち黴毒檢査の爲め、新來賣淫婦の生殖器は、先づ以て之をして診察せしむることゝしたのである、併しながら若も女醫診斷の結果、黴毒があるとか、花柳病があるとかに決定したときは、直に之を男醫の方に引渡すと云ふことになつて居る、それで警察醫の數は伯林では千八百九十一年は六人より八人に增員し、千八百九十五年には十二人と迄なつた、尙各醫師は二時間づゝ診察をして居る、又別に看護婦の設けもあつて、四人計りの定員である。　之に反して今日に於ける我東京の警察醫と稱するものは、妓樓所在地の黴毒專門醫は之を別問題として、警視廳に於ては、之を分業的に置く程には經濟が許さない、故に此方面に於ける專門的警察醫の設けはない、つまり一面に於ては「ペスト」とか赤痢とかの事務に惱殺されて居るのである。

其次ぎに余が平素警察取締上にも最も必要と感じて居る第三の警察機關は、正業を授くべき機關の設けの事である、此點に附ても殘念ながら我國では、是が設備は皆無である、唯だ惡いことをするな惡いことをするなと言ふ許りで、賣淫婦でも一概に自ら進んで惡いことを仕樣と云ふのではあるまい、それも貧乏だから、仕方なくてやるのであろう、試みに之を伯林に於ける十年間の統計に徵すると、千九百年には傭人其他の職業に就いたる者は、實に五百十三人の多きに達し、又婚姻したる者も二十二人ある、乍併概して婚姻した者は、每年割合に少いのである、又千八百九十一年から九十六年まで六年間の統計に依つて見ると、九十一年には婚姻をしたものは、四十八以上になつて居つたが、其後千八百九十七年には、三十九人になつて其以來は大に其數を減じて二十臺になつた。　此の如く最近十年の統計に依ると、婚姻の成績は極めて惡いのである、蓋し之が原因は獨り賣淫婦に限らない、一般に住居の困難、生活の困難と云ふ樣なる原因からでもあろう、兎に角之は全く一面に於て賣婬婦を減少する爲に、公共的の救濟協會を設けて居る結果である。而して是等の機關は、風俗警察の方面と提携して、其職務に從事して居る、どうか我國などに於ても、一日も速に賣淫婦などに、正業を授くべき機關の設備を見るに至りたきものである。

それから次ぎに注意すべき第四の警察機關は、風俗警察と營業警察の兩機關が、互に提携すべき事柄である、抑も賣淫の取締と云ふものは、警察の中でも、殊に營業警察とは至大の關係を有するものである、例へば料理屋飮食店等の取締と云ふものは、營業警察の部類に屬すべきものであるけれども、又風俗警察の方よりも著眼せねばならぬ、故に營業警察の方面より、料理屋の營業を許可するときには、又風俗警察の方面とも篤と協議を遂げ、能く調査したる上で許可しなければならぬ、例へば警察時間と稱すべき、營業時間の制限なども、風俗が惡い場處では十一時限に閉店せしむるとか、又風俗上別段差支のない場處では、十二時までは宜いと云ふ樣な工合に警察の時間をば其場處並に飮食店の性質などに依りて定めるのである。我國に於ては一般に歌舞音曲をば、十二時限と云ふことにして取締をして居る、歐洲などでは警察に於て、活用的に時間の斟酌をなして居る、是も將來我國の立法上注意すべき點と考へる。

次ぎに第五の警察機關としては、賣淫警察は、刑事警察に最も關係を有する事である、それで伯林の警視廳の組織では、風俗警察は刑事警察の系統に屬して居る、我國でも古來此兩機關の間には、密接の關係を有して居つたものであつて、遊廓から犯罪を擧げると云ふことは多いことで、德川時代に初めて芳原を開放したときの許可の條件中にも、樓主は惡漢を發見したるときは、其筋に密告しろと云ふことであつた。然れば風俗警察と刑事警察とは互に手に手を合せて、職務を盡さねばならぬと云ふ關係があるのである。

次ぎに第六には賣淫警察は廣い意味の風俗警察にも關係がある、例へば寄席、裸體畫、春畫、小說などの如きは、悉く春情を促すべき媒介物であるから、これ亦互に手に手を合せて、取締らなければならぬ。

第四　警察の賣淫に對する手心

賣淫の取締の手心は、警察上最も注意すべき事柄であつて、單純に風俗上の犯罪人を擧げると云ふ樣な筆法ではいけぬ、殊に一般に未成年者の犯罪に付ては、最も注意しなければならぬと同樣に、賣淫の取締に付ても、未成年者に對しては、千篇一律に濫りに嚴格なる取締をすることは、宜くない事である、殊に未成年の賣淫婦中初犯の者などに對しては、警察官は先づ以て其家族を呼んで注意を與へ、改悛の見込ある者なれば、之に引き渡してやる樣にして可成警察の監督は避け得らるゝなれば避ける樣にしたきものである。伯林警視廳では、千八百九十二年以來一人の僧侶が在て、賣淫婦の警察に來た者に對しては、注意を與へ說諭を加へ、懲戒を主とすべき感化院に收容して、之と連絡を採り、善良なる家庭に入れると云ふことに努力して居る、乍併固より其見込のないものに對しては、直に警察の方に引渡すと云ふことは勿論のことである、それで千八百九十年中には、八百四十九人の賣淫婦中で感化院に於て其百四十一人だけは、善く感化の目的を達したと云ふことである。殊に警察上最も注意をしなければならぬのは、初犯の賣淫婦に對しては他の賣淫婦との交通を避けしめることであつて、若も是等の者をば一緒にさせると、自然に惡い感化を受ける樣になるから、成るべく分房の制度を採用して居るのである、乍併初犯の者だと云ふても、人次第である例へばコーヒー店とか舞踏場の女などの中には、巧みに警察の視線を逃れ、賣淫をしたるものもあろう、而して是等の者は既に是迄も夙に惡友の薫陶をも受けて居ること故、濫りに分房制度をやつても仕方はない。尚注意すべき點は、濫りに此賣淫婦をば囚人同樣に取扱ふのも、間違つたことである、故に向ふでは賣淫婦は通常の馬車を以て護送して居る、之に反して我國では、囚人護送馬車を以て送ることになつて居る、是は今日の時代では仕方なきことゝ思ふが、追々には改良したきものである。又向ふでは賣淫婦の宿所の分つて居るものに付ては、直接に警視廳に呼寄せると云ふことになつて居る、殊に此點に付ては、未成年者の賣淫婦に對しては、最も注意しなければならぬ、向ふでは十六歳以前で登錄をしたものが、千八百九十一年から千八百九十五年までは、少いときは僅に二人であつた、千九百年の統計では、四人だけ十六歳のものがあつた、是は大層宜い法律が出たので、即ち千八百九十一年二月に、未成年者の保護律と云ふものが發布になつたのである、而して此法律に依ると、十八歳以下の者にして黴毒に罹つたものは、惡い風俗の社會から脱せしめて、成るべく潔白なる職業に就かしめると云ふの方針でやつて居る。

それで我國に於ても、一時世人の注意を惹起したる娼妓自由廢業は、東京に在りては、三十三年の九月から三十六年の十月までの調査に依ると、丁度一千四百五人もある、其結果は如何なるものかと云ふことは、遺憾ながら取調が出來て居ない、是は警察が不熱心と云ふ譯ではなくて、中々取調が困難なのである、茲に分明して居る結果に依ると、商業を營んで居る者が八十一人、其他の正業に就いたものが、百二十八人あると云ふことであるが、此以外に於ても警察の方面で分らぬ者も澤山あろうと思ふ、是は畢竟地方などに散亂して居る者も多いことであるから、東京の警察ばかりでは取調は出來ぬのである。

第五　賣淫の立法上の研究題

第五段に於て立法上より將來に於ける賣淫婦取締上、研究すべき重なるものを言へば、第一は待合問題である、東京府下の待合茶屋は、三十五年に於ては五百二十六軒、三十六年は五百六十八軒、三十七年は五百九十三軒、三十八年は六百四十四軒もあつて、漸次増加するばかりで、此待合は將來如何になすべきやの問題を生ずる。次ぎに第二に藝妓も頗る研究問題であるが、是も三十五年には三千四十一人、三十六年には三千六十八人、三十七年は二千七百八十九人、三十八年は二千九百九十七人計りで、先づ平均三千人である。其他第三には高等密賣淫取締は如何に取締るべきや、又第四に密賣淫の取締は如何東京府下で三十八年中此密賣淫を擧げたのは、總計七百五十一人で、其中有毒者は百六人であつた、其他將來第五に於て娼妓を如何に取締るべきや、第六に於て女義太夫、酌婦等の取締問題如何等、殊に紅葉館の女中は警察上藝妓なるや否や等の、面白き問題をも生ずるのである、一々是等に付ても卑見を述べたいのは山々であるが、遺憾ながら玆には先づこれだけは意見の發表を見合すことにする。

二九　富籤類似射倖行爲の取締に附て

近來社會が追々澆季となつたに付ては、射倖行爲も亦之に伴つて、到る處益〻盛になるのは、警察上からも痛歎の至りである。乍併此點は獨り我國ばかりではない文明諸國でも、寧ろ文明の弊に伴ふべき徵候として現出すべきものかと思ふ、現に文明國では、前々より一般に公然富籤其ものを政府の手で擧行し、又は公認し、獨逸國の如き歐洲各國中比較的に紀律の整頓した聞へある國ですら、之を公行する次第で、米國の如き自由國では、今や殆ど其極端にまで到達して居る。又聞く所に依ると、近來佛國でも殊に是等の射倖行爲は、最も其弊害の極點に達せんとするの傾向で、取締上頗る社會の耳目を惹起しつゝあると云ふことである。其他伊國、支那等は勿論、マニラ等でも廣く行はれ、殊に米國主義の漢堡などでも盛に行はれて居る樣だ。尤も射倖行爲と稱しても、其目的に依り之を區別すべきのは勿論で、例へば美術上又は體育上等の奬勵の爲めに、之を擧行するものゝ樣なのは、其目的が頗る高尙で、斯道の發達進歩を助長する上に於て、或は必要の事でもあろうかと思ふ、亦夫の「ペスト」豫防の爲め捕鼠鬻鼠の抽籤の樣なものも、公益上の理由に基けるものであるから、是亦敢て怪むには足らないと思ふけれども、單に何等の目的があるのでなくして、獨り不當の私利を得んことを以て、目的とする如きのは、徒に坐食遊惰の民を養成する所以で、獨立獨行の精神を育成すべき趣旨に戻る譯である。元來富籤許否の根本問題に付ては、經濟學者及刑法學者間にも、種々の議論はあるが、余は警察上からは、容易に公認説の適當なることを發見するに苦しむのである。抑も商業には一種の權略をも要すべきのは勿論で、所謂商策なるものは、斯道に於ける必要なる條件ではあろうけれども、徒に名を營業に籍り多大の金錢物品を賭し、何等金錢の貯蓄なき者をして、勞力をも要しないで、獨り僥倖心に訴へしめんとする樣な、薄志弱行的なる人類一般の思想を中心とし、此好奇心を利用して射倖行爲を營まんとする樣なのは、獨り風敎上有害なるばかりでなく、苟も風敎を維持すべき責任の衝路に當れる敎育家、又は警察官などに於ては、可成之を矯正するの責務を有すべきは勿論のことである。近來我國でも射倖の行爲盛に行はれるのは全く文明國に於ける弊害の漸次我國にも輸入し來らんとする結果であろうが、兎角我國人は裸體畫の問題の如きも、其一であるが、其國の沿革經過をも省みずして彼れに於ける弊害をも併せて、直に採て以て我に行はんとするの弊があつて、誠に痛歎の至りに堪へない。先年盛に我國で行はれた、米國新式の數理的方法に依る福長商店の射倖方法の如きは、米國の如き自由國では、或は警察の干渉すべき範圍に屬しないであろうが、我國等に於て之を默認するが如きは、警察上よりは不適當なる措置と思ふ、蓋し我國と彼國とは、國體が自ら其趣を異にして、風俗習慣も亦異る所があることであるから、彼國で盛に行はるゝ新法だとて、必ずしも我國で之を認許するの必要はないと思ふ。 先年余が當局に在職の當時東京でも之を擧行せんが爲めに、余の私見を徵したる者もあつて、余は一言の下に之れを刎ね付けたるのである、世人の知る如く、射倖行爲の取締に付ては、去明治三十三年內務省令第二十六號を以て、賣買取引に附隨する射倖行爲にして、公安又は風俗を害するの虞ありと認むるときは、地方長官に於て之を制限又は禁止することあるべしとの明文を設けられ、又之に對しては、當時特に警保局長から地方長官に向け、通牒を發せられたる次第もあるが、元來射倖行爲は、獨り賣買取引に附隨したる場合のみに限らず、其他の場合でも發生し得べきことであるから、當時警視廳では賣買取引に附隨せざる射倖行爲でも、公安又は風俗を害する虞ありと認むるときは之を制限又は禁止することあるべしとの警視廳令をも、發布せられた次第である。 爾來社會の趨勢を見ると、射倖行爲は益ゝ盛に行はれ、近頃では殆ど極點に達せんとする傾向がありて、隨て其弊害も亦底止する所を知らざるの感がある、前に述べた福長商店の如きは、此點に付き流石は米國の數理的新式丈け、其方法は最も巧妙なる手段を行つたものである、然れども我國の現狀取締としては不都合であるから、警視廳では特に日本橋警察署長に於て、警視總監の命に依り、之が禁止を命じた次第である然るに企業者は日本橋警察署長に對し抗議書を提出して、其連名者中には、堂々たる知名の博士及學士等の名前もあり、其提出した書面中には、是等の方法は決して射倖行爲に屬すべきものではなくして、警察官廳の命令は不法の處分である故に敢て遵奉すべき限りにあらずと言ふのであつた。茲に於て警視廳は、此の如き抗議書は、之を受理すべきものにあらずとして却下したと同時に、警察官廳の處分命令に服從せざるの理由を以て、警視廳令の明文に基き、之を科料に處したのである、が、當業者は之に對して正式裁判を仰ぎ、茲に原被兩造の出頭と成つた次第である而して其係檢事がした論告は、最も余等の意を得たるもので、其論告に曰く、日本橋警察署長は、廳令に基き警視總監の命令を傳達したるものである、當業者は之が禁止命令を受理したことは、亦自認する所に依つて明かで、此兩點に於て既に明白なる以上は、其事實の內容の如きは、行政官廳の認定權に屬すべきもので、敢て司法權の干涉すべき限りではない、然れば苟も行政官廳の命令に違反したる以上は、警察官廳がこれを處分するは適法である云々と言ふのであつた。然るに圖らざりき裁判官は、法の適用を誤つた理由で、警視廳を敗訴に歸せしめた次第である、其意は蓋し福長商店の行爲は、內務省令の所謂賣買取引に附隨したる行爲で、警視廳令の所謂賣買取引に附隨せざる行爲にあらずといふにあると思ふ。兎に角此問題は司法處分に屬して、余等行政官の彼是喙を容るべき限ではないと思ふ、然れば司法處分は暫く之を措き、行政處分として之を考ふるのに、今日では旣に行政執行法の如き規定もあり、司法處分の如何は之を待つに遑なくして、該法に依り單獨に之を執行し得べきは勿論であつて、其司法的判決の如何に拘らず、行政處分として直に之を差止むべき義であるから、日本橋警察署長は、行政執行法に依つて、福長商店の行爲を差止めたる丈けである、然るに福長商店では、單に判決を楯とし、權利を主張して、引續き射倖行爲を營みつゝあつたとの事であるが、此點から論ずるときは、何程行政執行法の如き警察の武器があつても、各府縣との連絡を缺いては、警察の實効を完ふすることは頗る至難の事である。呉々も警察の事は是等にのみ拘らず、互に提携して實效を奏することが、最も必要であるから、將來に於ても益々各府縣相互では、是等の點に注意すべきは勿論、監督官廳たる内務省でも、是等の點に付ては將來益々統一を圖らるゝ樣希望に堪へない。

尙前問題に付き、余の最も趣味を感じた事は、長野縣の出來事である、當時藤崎同縣警務長の話に依ると、同縣では全く東京と反對の現象を來たし、同縣警察ではこれより先きに、福長商店の行爲を以て、内務省令の所謂賣買取引に附隨する行爲なりと認めて、之を處分した所が、同商店は之を裁判所に訴へた結果、裁判所は是等の射倖行爲は、賣買取引に附隨せざるの行爲であるとの故を以て、之を無罪としたとの趣で、長野縣知事は直に警視廳令の立法に倣つて、賣買取引に附隨せざる取引行爲云々なる縣令を發布し、忽ち之を禁止した由である。此行爲は誠に機敏の處置で警察上の行動としては尤千萬の事と思ふ、判事の頭腦も人に依り、其思慮を異にすることは勿論であるが、東京と長野と判決此の如く相違を來したことは、頗る面白き現象と考へる。

元來射倖行爲の何者であるかは、古來民法上の大問題で、學說區々にして一致する所はないが、或は當事者双方の損得が不確定なる事實に依るときには、之を以て射倖と見做し或は當事者の一方の損得が、或る偶然の事に依れば足れりとの說等あつて、我國舊民法では、條文の對照上兩說を採用するが、現行法では別段射倖の文字はないが、當事者の一方のみに於て、偶然の事に係れば之を射倖と稱し得べしと、は一般に民法學者の主張する所であると思ふが、行政法上に於ける射倖行爲は必ずしも損失と利益とを必要の條件とするの趣旨ではなく、私見としては損失の事は問題外として、苟くも不適應の利益を得ることが、偶然の出來事に係るときには、これを以て直に射倖行爲であると解釋するのが、適當なる內務省令又は警視廳令の解釋と考へて居る。

次ぎに私見としては、今日の如き旣に行政執行法の規定ある時代に於て、此の如く警察命令を以て、制限若は禁止處分に違背したる場合に於て、科料若は拘留に處すると稱するが如き立法を爲すのは、大體に於て不必要の事かと思ふ、なせなれば今日となつては、執行方法の規定間然する所がないから、警察罰を附しないでも、實際上敢て差支ないことゝ考へらるゝことである。乍併既に地方長官に於て、廳府縣令にて罰則を規定した以上は、長官の意思表示の順序として、一應之が法文を適用するは尤の次第で、其結果司法處分を煩すに至つたのは、是亦自然の數と考へる、尤も司法處分の判決は、行政上別に拘泥すべき限りではないけれども、徒に實際上に於て必要なき立法をして、竟に之が繋累の爲め司法と行政との牴觸を來たす樣なことは遺憾千萬の事と思ふ、固より法理論としては强制罰と警察罰とは、其性質を異にすることであるから、之が規定をしたとて、敢て違法の立法ではないと思ふ、大體に於ては實際上必要なき規定と思ふのである。

借又次ぎに行政上の救濟處分としては、如何なる關係を生ずるやと考ふるに、是が救濟方法としては、行政訴願の一途があると思ふ、然るに余の私見としては、多少の意見があるけれども、先年警保局長が、廣島縣の伺に對して答へられた所に依ると墓地取締規則に依り墓碑建設を許否する如きは、賞功旌表の典と相待つて、一般の公安風俗に關するから、普通警察の範圍に屬し、地方警察ではない夫れ故に訴願としては受理すべきものでないとの解決を下されたる所に依ると、富籤類似の如き射倖行爲は、此筆法より推すときには、當然訴願の目的とならないのは勿論の次第であるから、地方警察に屬すべきものに非ずと、解釋するの外はないと思ふ。

右に依り余は先年發生した福長商店の事實問題を捉へて、卑見の概要を述べた次第であるが、然り迚射倖行爲の事たる、社會の進歩に伴ひ、或る程度迄は之を默許するは已むを得ざる次第であつて、商業の發達に伴ひ、警察官に於ても、商策の何ものたるは多少斟酌すべきことゝ思ふ。或る縣では賣買實價の三倍位迄を景品として給付するのは、公安風俗を害せざるものとして、取扱ひ來たつた處もあるやに漏れ聞くが、東京では尙其以上の程度迄をも之を默許に付し居るのである、尤も假令其程度内の景品でも、其方法にして苟も公安又は風俗を害するの虞ありと認るときには、之を禁止するは勿論のことである。是等の點も我國の如き帝國的警察に於ては、可成内務省に於て統一的の標準を示さるゝことが、必要かと考へるのである、尙一言添へたきことは、兎角多數の人士は、到底社會の趨勢は射倖行爲は禁止すべき限りでないから、是等の事柄に干渉するは愚の至りであると稱する議論もあるが、是等の點は前に述べた通り、我國の現狀に照し頗る弊害あることゝ思ふから警察上よりは可成之を取締ることが最も必要と思ふ。兎角此問題に付ては、常に勸業銀行の債券問題を以て之を詰問する者があるけれども、之は一應尤の譯で、恰も裸體畫問題に付、廳府縣長官は認定の職權に基き、裸體畫の陳列に對し、實際上に於ては各府縣區々に之が取締を爲すと同時に、一面に於ては出版警察上より、內務大臣は之が處分の權能を有する爲めに、往々出版警察と裸體畫掲示禁止問題との牴觸を見ることのある樣に、同樣の一國政府で、一面では勸業銀行の如き射倖行爲を認めながら、一面で內務省令又は廳府縣令を以て、射倖行爲を制限又は禁止するが如きは、頗る矛盾したる行爲と思ふ、乍併此等の點は根本的立法問題に屬すべきもので、成法上よりは既に內務省令又は廳府縣令等に於て、相當の取締規定ある以上は、之に依り取締を爲すは當然のことゝ考へる。然れば勸業銀行債券の如きは之が立法の理由は暫く之を措き、國法上是等の規定は、之を例外と見做すの外はないと思ふ、臺灣の彩票も亦是と同樣である。

尙、最後に少しく懸賞問題に付き卑見を述べたいのは、一と口に懸賞と言へば、其名頗る美に似た所があるが、其實純然たる射倖行爲の範圍に屬すべきこともあり、又著作權の如き人の高尚なる頭腦の發成物として、產出するものもあると思ふが、警察上よりは常に之が區別を心得居るべきことが必要と考へる、然れば將來に於て萬一公安を害すべき懸賞方法が發生して、之を取締るの必要が生じたときには、警察は何時でも相當の方法を爲し得べきは勿論のことであるから、此點は立法上豫め研究し置く、必要があると思ふのである。

三〇　演劇取締に附て

文明國の劇場は、概して華麗宏壯を極め、其建築は美術的で其國民の演劇に對する觀念も、亦之を我國人の眼より見れば、寧ろ想像以外に亘るものが多い、これは丁度家屋及道路に關し始めて彼地に遊ぶ者に、一種の觀念を惹起せしむるものがあると同く、此特別建築物とも稱すべき劇場其物も、亦一種の刺擊を吾人に與ふべきものゝ一である、試みに之を東京の歌舞伎座明治座等の如き劇場と比較すれば、我國の劇場は、種々の點に於て未だ彼に及ばざること遠しと言はねばならぬ。而して其何故に、此の如く甚しき懸隔を生じたかといふと卽ち第一には演劇其物は、實に美術的觀念より生ずべきもので、美術的觀念の進步に伴ひ、演劇も亦發達すべきものである。第二には劇場の建設は、經濟問題に至大の影響を及ぼすべきものであるから、其建設者が富裕ならざるに於ては、決して此の如き一種の奢侈物に資財を投ずるの餘裕を生ずべきものではない。第三には劇場建設の完全は、火災豫防の發達に伴ふべきものであるから、西洋では火災警察上、及建築警察上よりも頗る嚴酷なる取締をなすので、隨て其建築方法は頗る完全なものである。第四には、劇場其物の沿革上の理由が然らしむるのである、即ち西洋では、貴顯の地位にある者が卒先して劇場を建設すると云ふ樣な慣習を成したる爲め、劇場其物の地位も、亦隨て非常に高く、或は之を國家の建設物として其劇場より生ずる利益を國家の收入とした時代さへもあつたと云ふことである。其他帝室又は王室に於て自ら之を建築し、若くは市の經營に依り市立として建設することがある、此等の結果として、一面では沿革上非常に其地位を高からしめたものである、然るに我國の如きは、僅に個人が之を建設し、若くは會社で之を建設するに過ぎないのである。第五には西洋では、俳優其者の地位が甚だ高い、其殊に甚しきは、大學を卒業し學士の肩書を有する者で、自ら奮て俳優と爲るものさへあると云ふことである、之に反して我國では其地位が非常に低く、隨て一般敎育上の觀念を缺ける者、比々皆然りと云ふ有樣であるが、西洋では前に述ぶる樣な譯であるから、社會も之に敬意を表し、俳優中には往々帝室に出入するを許さるゝ者さへある、彼の墺地利の維納の如きは、殊に皇帝陛下より俳優に對して、恩給を支給せらるゝの待遇を受くる者がある。第六には脚本の品位の頗る高尙なることである、即ち西洋では有名な文學者に於て、自ら之を作るのである、蓋し演劇なるものが、世道人心に大なる影響を及ぼすべき事は、言を俟たない所で或は人を笑はせ、或は人を泣かしむる等、社會上の現象其間に出沒し、觀客に至大の感化力を與ふべきものであるから、演劇の事業を社會敎育の方面より觀察すると、實に生ける學校と稱しても、敢て誣言ではあるまい、我國でも曩に日淸戰爭の際到る處に壯士演劇を興行したが、當時我國民は之を觀て、不知不識の間に、一種の敵愾心を勃興したことは、殆ど動かすべからざる事實である。而して所謂脚本なるものは、恰も敎科書と同樣に、演劇其物の基礎とも稱すべきもので あるから、脚本を作る者の人格の如何は、亦演劇其物の品位にも、至大の影響を及ぼすものであることは勿論である、我國でも昔時は近松の如き名家が執筆したることもあつて、尚近年に至つては、益〻碩學鴻儒の手に成るべき傾向を呈するを見る樣になつた、此の如く西洋の脚本は、槪して學識に富める作者の手に成る者が多いから演劇其ものも隨て高尙で、淫猥の點を認むることは殆ど稀である。第七には凡そ演劇なるものは、我國でも古來之を無筆の早學問と言ふて、社會の鏡とも稱すべきもので、畢竟公德上の觀念に基けるものであるから、觀客の劇場に於ける風儀も、亦自ら規律的で、常に整肅を保つべきものである。

余は是から尙警察上の觀察點より、演劇の取締を爲さゞるべからざる所以を說明し樣と思ふ、蓋し演劇の取締は、警察の取締中大に力を用ひざるべからざる性質を有すべきもので、此點に付ては我國の警察も、尙大に步武を進めねばならぬ餘地を存して居る、而して外國では何故に此の如く警察が注意するかといふに、前述の如く演劇其物が、社會敎育上重大なる關係を有するから、之に對しては又其取扱上に付き相當の注意を加ふべきは自然の結果である、然れば彼國では、脚本其物も我國の物よりも比較的完全で、且警察の之に對する取締も、亦大に整頓するものがある、而して我國今日の時代では、演劇其物が未だ彼の國迄に發達しないから、是が取締上の事に付ては、寧ろ彼の國よりも一層の注意を加へなければならぬ。

抑も劇場、寄席、觀物場等に於て、往々風俗上不都合なる點を發見することの多いのは、畢竟警察の不注意と言はねばならぬ、甚しきは身警察の職に在りながら、未だ曾て足を劇場に入れたこともなく、徒に之を卑しむ者もないではない、身苟くも演劇取締の職責を有する者で、尙此の如き着眼點を有する者がありとするなれば、余は實に斯道の爲めに遺憾とするのである。余の經驗する所に依ると、演劇は其開場の場合では、特に其初日に於て吏員を派遣し、風俗其他不都合の點を發見すれば、之を脚本と對照し、直に差止むべきものであると思ふ、然るに惜むらくは是等の點に於て、往々粗漫に流るゝこともないともしない、其甚しき開場の後幾數日を經て、既に公衆が無數入場した後に、警察で漸く之を知るといふが如きことで、果して能く警察の職責を盡し得たと、稱することが出來るであろうか、これ獨り劇場のみではなく、觀物場の如きも亦同じ理である。之を要するに弊風惡習の未だ公衆に傳染しない前に、豫め速に之を防ぐ手段を講じなければならないのは、識者を待つて後に知るべきことではない。

劇場を警察上から分類せんとする者で、往々之を演藝の種類に依りて分つ者がある、これ頗る研究を要すべき事である。余の見解に依ると劇場は讀んで字の如く、演劇の場所其物を言ふに過ぎない、而して所謂劇なるものは、必ずしも字義に拘泥して、嚴格に解釋するの要を見ない、抑も警察が劇場寄席等を取締るの趣旨は苟くも風俗を紊すが如きことがあれば其演劇なると落語なると觀物たるとを問ふの必要はない、換言すれば演藝其物は、其左手を動かすと右手を動かすと、又其足を動かすとは、之を論ずるの必要はない、劇場で演劇をなし、寄席で落語を演ずると云へる觀念は、畢竟警察上の着眼點より生ずべきものではなくて、一般の慣習上から、或は劇場たり、或は寄席たり、便宜上其名稱を附したのに過ぎない、而して警察上の着眼點から論ずるときは、風俗警察、建築警察、火災警察の三點から、取締を爲すべきものので、警察は宜しく此着眼點から規則を定めねばならぬ。之を要するに演藝其ものに拘泥して、其種類に依つて規則を定めんとする如きは、迂も亦甚しと言はねばならぬ。夫れ故に其建築が完全で、其火災豫防は取締の主旨に適ひ、風俗上の取締も亦問然する所ないなれば、其場所で落語を演ずるとも、演劇を興行するとも、毫も警察の關與すべきものではない。反對論者は曰く、興業稅藝人稅等なるものは、內務部の系統に屬し、市郡役所で課稅の關係を有して居る、而して警察が或ものを劇場の興業なりと認定するときには、市町村も亦之に基きて演劇興行稅を賦課すべきものであるから、警察は常に明白に、其果して演劇なるや否やの點をも研究し、併せて劇場の何物たることをも、劃然明定するの必要があると、然れどもこれ謬れる說である、課稅の問題は何等警察に關係を有するものではない、即ちこれ職權の管轄外に屬するから、取締の主旨に適合しないものと言はねばならぬ。之を要するに警察の規則に於ける演劇なるものと、徵稅規則上に於ける演劇なるものとは、必ずしも一致するを要しないのである。

獨逸伯林の劇場の取締規則に據ると、人の遊覽場は、劇場と、曲馬場(チルクス)と、公然の集會場との三種に區別して居る、此點に付ても、將來我國立法上の參考に供する價値がある。即ち劇場、曲馬場、集會場の三種中、所謂曲馬場なるものは、未だ我國には存せざるもので、例へば彼の相撲興行の如きものは、之を曲馬場に通ずる建築物として許可すべきものである、而して尙其場所に於て馬を馳驅しても差支ない、又其舞臺たるべき場所を變へて、寄席用に利用しても、建築警察上より論ずれば、何等の差障あるを見ない。抑も歐米に於ける曲馬場の沿革と云ふものは、遠く羅馬時代に胚胎せるもので、小兒等の觀覽上には、殊に志氣を鼓舞せしむべきもので、我國にも將來之が發達を希望すべきと同時に、現時に於ては相撲塲の如き、先づ此の方法に據り、建設することゝしたならば、警察取締上頗る其効果の著しきを見るに至るであろう。

集會塲の如きは、我國では未だ建築警察上よりは殆ど之が取締をしない、若し果して劇塲は公衆の多數集まるが故に、取締を爲すの必要ありとしたならば、演說集會塲等も亦之に準じて取締るべきは勿論である、乍併實際上之が取締規則を發表するの時宜に適するや否やは、一の疑問である。何となれば、之が取締に關しては、先づ建築技手を增置しなければならない、夫れ故徒に理論にばかり拘泥して、規則を發布しても、實際上取締の功を奏することが出來なければ、所謂死文徒法に屬するのであるから立法者は實際上の取締に適する樣に、漸次其步武を進め、取締の範圍を擴張すると同時に、其周到を期さなければならぬ、西洋では此系統の掛員も頗る完備して居るから、充分の取締をも爲し得るの實況である。

劇場集會場又は曲馬場の類は上述の理由に依り、必ずしも集會場若くは劇場といふ樣な言詞に拘泥して、取締を爲すことなく、唯だ大體の觀念に於て之を決定すべきのみである、然れば之を伯林の例に照して論じたならば、假令寄席で演劇類似の興行をしても、警察は之を禁ずべき謂はれはない、又之に反し劇場を寄席に用ひても宜いのである、警察が認可するに、或は小劇場と看做し、或は集會場と看做して認可を與ふるのは、詰り警察官廳が、建築警察の上から、之を分類したるに外ならないのである。

警察が演劇を許可するのに、一定の期間を限るが如きことも亦謬つて居る、これ畢竟警察が演劇其物の、風俗を壞亂するものなりとの前提を以て、着眼したるもので演劇は此の如き性質のものではない、故に其出願に對しては、差支なき限りは、幾日間でも許可すべきものである、若し不都合の點があれば、初めより許可せざるに如かないのである。

劇場寄席等の數を特に限定することは、理論上差支ない樣であるけれども、實際上之を制限しないのを以て適當とする、唯だ其建築に關しては、最も嚴格なる制限を付するを要する、例へば建築材料に不燃質物を用ひしめ、又非常口の設備階段の附け方等にも、一定の標準に據らしむべく、此の如くすれば、之が爲め營業者も自ら陶汰せられ、又一面には其數の制限ともなるであろう。現に東京府下に於ける寄席の數は、百五十有餘に及んで居る、これ蓋し從來其取締の寛大に失せし結果であると言はなければならない、之を歐米の例に考ふるに、劇場及寄席の數は甚だ少い、蓋し公德の觀念が盛であるから、漫に之を建設することがないのみならず、又大に資金を要するから、收支相償はざるに由るのである、故に我國でも其數の多き場合には、此等の類のものに對し、警察は嚴重なる規則を定むるが宜い。要するに其數の多きを防がんとするなれば、寧ろ完全なるものを建設せしむるの方針を執るに如くはないのである、而して其結果は適〻其數の制限を見るに至るであろう。

次ぎに俳優取締の問題に付ては、我國でも從來屢〻之を耳にする所であるけれども、俳優なる者は、果して警察の許可を要すべきものなるや否やといふに、或は府縣に依りては、從來藝人取締規則を設けたるの結果、多少其功を奏せしものもないではないが、立法論としては毫も差支のあることはない、若し强ひて其必要がありとするなれば、俳優に對して警察的の鑑札を付與するも可なりではあるが、可成的は是等の干渉は之を避け、寧ろ俳優其者の組合の自治規定に委するを以て妥當とする。之を伯林の例に徵すると、興行人が俳優を雇入るゝには、我國と同く警察上の許可を必要としない、乍併興行人に對しては、獨逸營業條例に於ては、特に警察の許可を要するの明文を設けて居る、而して其許可に關しては、經濟上及技術上の點に着目すると同時に、又人物の如何等をも觀察しなければならぬ。我國でも興行、人は、警察上の許可を要する、然れども我國現時の觀察點は、興行人の如何は深く問ふ所にあらざるものゝ樣である、將來に於ては一層之が技術上の點にまで、取調の步武を進めなければならぬ。

現時に於ける我國脚本檢閲の制度に付ては、曾て警視廳に奉職せし佐和正氏等が、歐洲に遊び、筋書檢査の整頓せるを見、感ずる所があつて、遂に之が制度を採用するに至つたといふことである。而して伯林警視廳の劇塲取締課長は、高等官たる書記官を以て之に充て、其下に文學者、試補等數人あり、又其下には屬官若干人をも有して居る、而して脚本は一々之を檢査して取締るべきもので、第二部中の一課に屬する、其方法は脚本の全體に就て、充分愼重なる檢査を爲し、或は全部の脚本を悉く却下する場合あり、又附箋を施して、此部分は風俗上不都合なるを以て、再考を促すといふが如き場合も屢〻ある、然れ共警察では如何に訂正すべしと命ずることはない、換言すれば唯だ注意を加ふるのみで、進んで文學の微妙の點に迄立入るを愼むにあるのである、而して脚本を提出するには、別段に制限を設けないが、慣習上我東京と同く、一週間前に提出せしむるを以て原則として居る、これ亦我國に於ても大に注意を要すべき點である、畢竟充分の精査をなすのには、相當の期限を要するからである。　又審査に關しては、文學的思想を要すること勿論である、即ちレクトルと稱する美文家を警察に雇入れ、脚本の檢査を爲さしめる、殊に注意すべきは、風俗上道德上の點は勿論、苟も外國に關係する點に付ては、殊に注意すべきものである、又其順序は美文家が脚本の大意を書き拔きて、試補に提出し、試補は之を劇場の主任課長たる書記官に提出し、又決定上に疑問を生じたときには、書記官は警視總監に、其箇所に付て意見を陳べ、遂に許否を決すべきである、又小劇場寄席等にて演ずるもの、例へば假りに我國の俄狂言、浪花節、源氏節等の如きものがありとして、一種の筋書を提出せしむる如きは、是亦大に注意すべき所である。要するに其寄席たると觀物場たるとを問はず、苟も落語などの演述を爲す者あるときは、之に關する筋書を徵し、警察上より注意を要すべきものである。又落語家「ヒユマニスト」にして脚本以外に亘り、警察に於て不都合と認むるときには之を差止むべきものである、元來寄席と觀物場とは、建築警察上より言ふときは、大體に於て其間に區別はない、畢竟東京にて、演藝にのみ依りて區別せんとするのは誤解に陷つたのである、現行法では寄席とは觀客が耳に聽くところのものを言ひ、踊などを爲すは之を例外なりといふに過ぎないのである。要するに觀物場と寄席との區別は、今日に於ては殆ど之が必要を見ない、殊に社會の進步に伴ひ、此區別は廢せらるべきの傾向を呈して居る、即ち今日に於ける落語家の談話は、幕府時代よりの沿革に基けるものなるにも拘らず、今や漸次他の演藝と合併して興行をなす者が多い樣になつた、これ蓋し人心の傾向は、耳目の變動を好むから、此の如き現象も亦之に伴ふものである。

然れは警察でも强ひて寄席觀物場等の區別を爲すの必要はない、乍併生人人形、菊細工「パノラマ」の類の如きものに對しては、其性質上其構造上に付き、自ら多少の變更をなすべきは、其物の性質の然らしむべき自然の結果である。

俳優が舞臺に於て演藝する場合に、軍人若くは警察官の服裝をなす如きは、一の問題である、これに付ては往々俳優が警部等の服裝をなすは、警察の威信に關する虞あるにあらずやと論ずる者があるけれども、余輩は思ふ、被服の如何を研究するよりは、寧ろ筋書の如何を研究するを以て、先決問題であるとする、なぜなれば脚本に於て、警察官に賄賂を贈るの事實其他苟くも警察の威信を害すべき點あれば、初めより脚本として許可を與へなければ、即ち可なるのである、豈區々たる服裝の如何を論ずるの必要あらんやと思ふ。

外國では男優は男裝し、女優は女裝するを以て常とする、現今我國でも男女混合の演劇が往々行はるゝことがあるから、取締上の問題となつたことがある、我國に於ても演劇の沿革上より論ずるときは或る時代に於ては、男女混同的であつたが、其猥褻の行動を來たすの虞ありとの理由から、遂に今日の如く男優が女子に扮裝することゝはなつたのである、然れども是れ警察の着眼點より云ふときは、誤謬たるを免れざる所で、公衆の眼に觸るべき舞臺其物に於て、兩性間に猥褻なる行動ある所以はなく、萬一内部で其間に不都合の點があつたとしても、夫れは畢竟私人間の關係で、警察問題とはならない況や男優が男子に扮し、女優が女子に扮するのは、人間自然の情に基くものなるをや。

次ぎに劇場で警察官に席を供すべきことに付ては、普魯西では千八百二十五年の内務省令に依りて規定せらるゝと云ふことだ、然れば之に依り警察官は一の職權を有するもので、伯林に於ても殊に警視總監、主任課長等の爲めに、相當の座席を供して居る。我國でも古來德川時代以降、是が慣習があつて、以て今日に至つた、唯だ余は政治上の集會には、往々警察上官の臨檢あるも、此種のものに對しては常に下級吏員を派遣するの弊が多いのを見て、將來益ゝ是等の點に留意する樣にならんことは、余の希望に堪へざる所である。

三　裸體畫に附て

余は玆に裸體畫の取締に付き經驗上から一言持論を述べようと思ふ。乍序先づ風俗警察なる意義であるが、是は古來歐洲でも行はれ來たつた用語で、我國でも之を襲用したのであるが、我國では廣く風俗の取締に關して之を稱へ、警視廳官制などの內にも、風俗取締なる名稱があつて、劇塲、寄席、裸體畫、喫烟禁止、祖裼裸體異樣の扮裝などの事を初め、藝娼妓、密賣淫等の事をも併稱して居るが、歐洲では風俗警察と言へば、今日では通常之を狹義に解して、賣淫取締の事を意味して居る。隨て此裸體畫問題などは、風俗警察の部類には屬せぬのである。乍併余の玆に述ふるのは我國の意義に依り、廣き範圍內に於て、裸體畫問題を風俗警察の一部として述ふるのである。

近來我國でも裸體畫問題は極めてやかましいが、美術と警察とは必ずしも竝行し難い點もあつて一概に美術眼を以て、この問題を解決せられては、風俗警察上からは迷惑千萬である。余は固より美術家ではなく、隨て美術思想に乏き者であるから、美術の事を述ぶる資格は無いが、歐洲に於ける裸體畵及塑像等は、希臘、羅馬の時代から古き沿革もあつて、歐洲人は數千年の慣習に養成せられ、隨て是等に對する觀念も、我國人とは自ら其趣を異にするから、彼の國に於ける公衆の裸體畵に對する觀念を、直に我國に推及するのは決して其當を得たものではないと考へる、況や彼の國でも伊太利の如き、佛蘭西巴里の如き美術國と、獨逸其他の國とは多少是等に對する觀念も、異る所があるのである。隨て歐洲でも、國に依り、警察上の取締も亦其趣を異にして、巴里などでは是等の取締は最も寛大であるけれども、伯林では頗る嚴格である。試みに巴里のルーブル竝にルキサンブルグの博覽會に往つて見ても、有名な大家で種々の裸體畵を描きたるものを見受け、又ハンガリー國のブッダペストなどでは、流石猥褻國だけあつて、裸體畵中隨分風俗を害すべきものを見受ける、又伊太利などでは、有名な裸體の塑像に對し、手淫を行ふ者さへあるを漏れ聞いて居る。我國では國俗が自ら其趣を異にして居るから、其取締程度も之を嚴格にすへきは、勿論の事と考へる。余としても一個人としては、段々裸體畵も見慣れた爲めに、更に是が風俗を害する虞はなけれども、公衆には未成年者も多く、所謂海老茶袴の處女も、見物することであるから、東京としては、人口百八十萬の感覺上から割出して判定するのは、風俗警察上の公平なる判斷であろうと考へる、現に某工學士は渡歐の上裸體畫を見恍惚として一種の感覺を生じた事を、余に語つたことがある。然れば美術家若くは多くの渡歐者等の着眼點から批評さるゝと、之を嚴格に取締るのは、如何にも警察の處置が不當である樣に感せらるゝかも知れないが、是は仕方のない事と思ふ。語を換へて言へば、少數者は多數者の犧牲となるは當然のことゝ思ふ。或は說を爲す者があつて、裸體畫も見慣るれば、平氣となる故、此の如き點に警察の干涉するのは、其當を得ないと云ふ議論をする者もあるが是は美術家などの着眼點からは一應尤の事とは思ふが、風俗を取締る警察官としては、不心得千萬の事である、此筆法から言へば、賣淫の取締なども、歐洲の例に倣つて早晩我國でも賣淫婦が路上を徘徊する事もあるべきを豫想して、是が取締を寛大にして置くこと、先見の明ありとも稱すべきであるが、警察としては、現時に於て取締得らるゝ限りは、之を取締こそ當然のことである。

抑も裸體畫の取締は、可成全國統一的にすへき事は、余とても大に望む所であるから、例へば東京の繪畫展覽會で許可せられたものを、地方で禁するなど云ふ事は、頗る統一を缺くの慊はあるけれども、裸體畫の取締は、地方長官に一任せられある次第で、地方長官の見込に依り、其土地の狀況風俗等に因り、取締らるべきは、是亦必然のことゝ思ふ、固より內務省からも地方長官に對して、一定の標準を示され居るのではあるけれども、裸體畫の性質上之を判定するのは、圖畫の性質にも由るべく、又警察官と雖も、必ずしも各人一定の意見と云ふ譯にはいかずして、種々の見解を有する者もあろうから、結局は責任官に於て、事實問題として之を判定するの外は、仕方の無いことゝ考へる。將來とても內務省が完全なる標準を示すことは、裸體畫の性質上到底不可能の事であろうと思ふ。余の意見では、比較的實際上に適する方法は、標準に添ゆるに差止むべきものと、不問に附すべきものとの區別を表示する爲めに、兩者の寫眞を可成多數豫め地方長官に示し置くことは、其統一を圖る上に於て便利かと思ふのである。要するに裸體畫は之を器械的千篇一律に其標準を示すことは到底不可能の事で、結局當該警察官の認定に依る外仕方のないことゝ思ふ。然れば差止められた裸體畫に對し、何故に之を差止めたるやの問題に對しては、之を警察官の頭腦の判定に任かすより仕方のなき事故、認定の標準を分析的に說明するは、頗る困難なる問題と思ふのである、恰も集會政社の取締に關して其狀況安寧秩序を妨害する虞ありと認るときは、警察官は之を解散するの職權を有して居ると同く、此場合に於て何が安寧秩序を妨害するやの問題に對し、其標準を聞紊す者があつても、結局警察官の心裡の判定に任かす外はないのである。又聞く所に依ると、繪畫には實體畫及想像畫の二種類あるとの事であるが、或る有名な美術家が余に言はるゝのに、警察の裸體畫取締の標準は、想像畫は之を默認し、實體畫は其內に於て風俗を紊すの虞あるものに就き、之を差止むるとすると、其標準も一定し、大に取締上便宜あらんとのことであつたが、美術的の分類は、必ずしも警察的の分類には符合するものではなく、風俗警察の取締上から論するときには、想像畫と雖も、警察官に於て不都合と認めた場合には、之を差止めるの外はないと思ふ。斯樣に論し來ると、警察官の認定の如何で、一擊の下に美術上の發達を害するの虞ありと言はんが、是は一應尤の次第で、余とても一國に於ける美術の發達は、濫りに之を阻害すべからざる事は萬々承知して居るから、警察官に於ても、固より差支なき限りは、濫りに美術の發達を害する如きことは、大に愼むべきことゝ思ふ、夫れ故充分に愼重の態度を執り、上官に於ても可成臨檢して遺算なき樣に注意すべきことゝ思ふのである。又美術家とても多少公衆の裸體畫に於ける觀念をも取捨して、時代に適合すべきものを陳列するのが、美術家の公德ではあるまいかと考へるのである。固より美術家が任意に是が研究上から、種々の裸體畫を描くことは美術家の自由で、現に裸體の實物に對し、其道の研究者が之を寫し取る樣なことは、其範圍は美術上の研究に止まるべき事で、警察の敢て干渉すべきことでは無く警察は單に公衆の目に觸るべきものに對し、之を取締るに外ならないのである。而して可成警察と美術との調和を圖らんとするには、或る適當の方法を設け委員會の組織等に依り、之を判定することゝすれば、美術家も一方に偏せず、警察官も或る一定の範圍内に於ては、差支なき限りは之を許可することゝもなり、實際論としては、是等委員の組織が好結果を奏するであろうと考へる。乍併其委員を設くると否とは、内務大臣、地方長官等の職權に屬すべきものであるから、果して實際上容易に之を實行し得るや否やは明言し難いのである。曾て上野公園内に於ける白馬會などで、特別室を設けたのも、畢竟警察官が濫りに美術を阻害しない精神の存する所を知るに足るべく、即ち特別室は其専門家に限り之を參觀せしむることゝしたので、適當の處置であると思ふ。唯だ玆に注意すべき點は、特別室内にある裸體畫なりとて、一概に之を猥褻の圖畫と言ふのは、其當を得ない見解で、畢竟裸體畫は假令猥褻でなくても、美術心の未だ發達しない人々に對しては、是等を識別することは、困難なる事實であるから、我國今日の實況に照らしては、少くも風俗を害するの虞ありと稱することを得るのである。治安警察法第十六條にも、公衆の自由に交通し得る場處に於て、圖畫の掲示にして其狀況安寧秩序を紊し、若くは風俗を害するの虞ありと認むるときは、警察官に於て禁止を命することを得と規定してあるのである、然れば今日差止められたものでも、後日許さるゝ時期の到來することもあるべく、又今日默認せられたる裸體畫でも、後日差止めらるゝかも保證し難いのである、要は時と處とに依り判定するより外仕方ないことゝ思ふのである。

三二　外國人の我警察に對する觀念

外國人の我警察に對する觀念の如何を研究するのは、恰も吾々が自己の缺點を、朋友知己の忠告に依りて矯正する樣に、其發達進步の上に最も必要なることは言を俟たない、隨て余は平素之が注意に怠らなんだが、吾々が自ら進んで朋友知己の忠告を甘受しようと思つても、尙面責直言の得易からざると同樣に、容易に之が批評を聞くことは出來ないのである。乍併余は注意の結果、少し許り其材料を得たから、是を茲に紹介しようと思ふ、然して其特種の警察事務例へば風俗警察の如き、營業警察等の如きに至つては、多少見聞する所のないでもないが、今暫く其一般警察に關するものに付て、之を研究しようと思ふのである。

余が曾て敎授を受けた、我帝國法科大學敎師ドクトル・レンホルム氏は、多年我國に在留して、別段日本の事情には精通する人である、曾て獨逸文で我が民法商法等を譯述して、又日本文明史と云ふ題目の下に、一書を著はし、其一節で我警察を歐米に紹介したことがある、唯だ此書は最近のものでないから、稍〻今日の事情に伴はないものが無いでもないが、亦一讀する價値のないものではない、其內に左の如く言ふてある。

日本の警察は、近世世界に於ける最良組織の一にして、數千年間の沿革を有せり吾々獨逸人が曾て森林中に猛獸と闘ひ、蠻勇を揮ひし時代に於て、日本人は業に己に卓絶なる歴史を有せる警察を組織し居れり。而して今日に於ける文明的警察は、我獨逸の警察大尉へーン氏に、頗る感謝すべき所あり、へーン氏は日本に留ること五年、日本政府の顧問として、大に警察の改良に盡力せり、彼が數年前逝去するや、日本の警察官吏は應分の醵金を爲して、東京向島三圍神社に之が紀念碑を建設せり、見よ日本人と雖も、其國に盡したる忠實なる外國人に對しては、恩義を忘却せざることを。

日本全國に於ける警察の組織は、帝國的にして獨逸の如き、町村警察の制度なるものなし、是日本警察の統一的にして、他に卓絶する所以なり。

巡査派出所は、頗る信用を置くべきものにして、市内到る處に、小なる木造の建設物あり、巡査は歐洲風の正服を着し、長劒を帶べり、巡査は日本古來の技術と稱すべき劒術を練習し、彼等の中には、斯道に於て有名なる人物を輩出せり。

日本の警察官は、自己の安全を顧る所なく、勇敢にして能く其職務を盡せり、是蓋し怪むに足らず、何となれば、日本の警察官は多く武家より輩出せし者なればなり。而して玆に所謂武家なる者は、古代に於ては、名譽の爲には其身を犧牲に供することを、大丈夫の本領なりと信じ居たればなり、通常巡査の俸給は、甚だ少額なり、然れ共日本は物價廉なるが故に、之を以て直に獨逸の警察官よりも、其位置の低きものなりとの批評を下すことを得ず。

日本警察組織の完全なることに對しては、吾人は感謝の意を表せざるを得ず、即ち全國に於ける公共的安寧の保持非常に完備せる點是なり、南は四國の果より北は蝦夷の隅に至る迄、吾人は安全に護身器を携帶せずして旅行し得べきなり歐羅巴の婦女子は一人にして、單獨に毫も顧慮することなく、日本國中を安全に通過し得るなり、世界の旅行者は、日本に於ける旅行の危險なるを稱する者ありしと雖も、是れ全く其眞相を誤りし者なり、或時英國の一旅人は、北海道に於て遭遇したる生命上の危險に付て物語れり、其談話に依れば、多くのアイヌ人は彼を殺さんとしたる爲め「ピストル」を放ちて、僅に死を免れたりと、然れども是全く虛言たりしなり、永久の間此無邪氣なるアイヌと生活を共にしたる某宣敎師は、其事實を探らんと試みたり、然るにこの談話は全く誤謬にして、アイヌ人は、決して其英國の旅人を襲擊するの意思あらざりしも、英國旅客が亂暴なる擧動を以て遂に此善良なる人民に向つて「ピストル」の一擊を試み、却てアイヌ人に憤怒の念を起さしめたりしなり、蓋し其英國旅客は、探險的旅行を試み、北海道に於て面白き一談柄を得んと欲したるも、意外に天下泰平にして無事なりしを以て、其談話を得んが爲めに、故らに自ら以上の如き談話を揑造したるものなりとの事實は宣敎師が調査し得たる所なりし。又或書冊に或外國人の夏期護身器として、劍を帶び日光に漫遊せしことを記せり、是亦要領を得ざるの甚しきものと言はざるを得ず、何となればこれ恰も獨逸人が護身器として、劍若くは銃を携へて有名なる温泉地、バーデン・バーデンに遊覽せりと言ふと同一なるが如ければなり、今此にバーデン・バーデンの如き、頗る警察の周到なる處へ、獨逸人が護身器として、劍を携へざるを得ずと言ふ者あらば、誰か之を怪まざるものあらんやこれと同く日光に遊ぶに、劍を帶ばざるべからずと云ふが如き者あるは、實に噴飯の至りにして、これ實に日本警察の眞相を知らざるものと言はざるを得ず。

市街の大なるは、支那の北京、英國の倫敦以上にも位せる日本帝國の首府たる東京に於て、其範圍の大なるにも拘らず、其警察上の取締なるものは、實に完全なりと言ふべし、何となれば此東京は、夜間に於てすら、一人にて武器を携帶せずして安全に徘徊することを得べければなり、日本人は、獨逸人の如く夜更し的の人民に非ず、十一時頃に至れば、多數の市街は眞に寂寥として家屋の扉は鎖され、延長せる道路は殆ど人跡なく、夜半三更若は四更の時に於て徘徊せば、殆ど一人の行人に逢ふことなくして、而も尚安全に全市を通行することを得べきなり。今夫れ月光煌々たるの夜、東京の市内を散歩し、曾て將軍の豪奢を窮めし濠邊を眺めつゝ、城外を徘徊せんか、誰か今昔の感に堪へざる者なからん、又一度宮城の電燈煌々たるに接せば、徐ろに日本の文明が、如何に速に長足の進歩を爲せしやに付て、感嘆措く能はざるなり、此深更に當り、稀に聞ゆるは遙に車聲の轣轆たるのみと遠く夜行巡查携帶の瓦斯燈の輝くを見るのみにして、四圍の靜肅なる、實に驚くの外なきなり。

尙此に一の面白き談話あり、數年前東京に於て、獨逸人の組織せし一の倶樂部あ

りて、頗る活潑に學生的の生活を爲し、彼等の解散は往々にして深夜に達するこ
とあり、蓋し郷國なる獨逸に於ける往昔の學生時代を追想し、麥酒を飲み豪談を
試むるを以て常とす、是に於て往々麥酒を飲過したる爲めに、宿酔を爲す者も亦
鮮しと爲さず、偶ゝ其會員中に、常に獨立獨歩家に歸るを以て例としたる一人あ
り、彼は醉餘屢ゝ蹣跚として自己の家に歸る、或夜某は特に飲酒の量を過したる
爲め、恰も其夜は月光四面を照して特に寂寞たりしを以て、堤畔松樹の下に於て
遂に熟睡し居たるが、會ゝ警察官の發見する所となり、警察官は彼を抱きて共に
腕車に乘せ、彼を其住居に送らんとしたるに、幸に彼は尙其自己の家を自覺し得
たるを以て、事なく其家に歸るを得たるが、其家に着するや否や、彼は復た熟睡し
たるを以て、警察官は遂に之を其家の料理人に引渡さゞるべからざるに至り、其
料理人より確に之を受取りたることの確證を徵する事となれり、而して其奇怪
なる受取證に記する所は、實に左の如くにして、松岡三次郞とは、其料理人の姓名
なりし。

私事今朝四時十五分、獨逸人某なに私の旦那を、巡査太田次郞より睡態の儘正

に受取候、其他に於ては全く異狀無之候。

嗚呼此狂行や、實に獨逸の學生時代を思ひ出さゞるを得ざるなりと云ふべし、若夫れ之を獨逸學生の中心市街たる、ハイデル・ベルグに於て起りたる事實なりとせば、其夜行巡査が此の如き擧動ありし時に當り、果して能く東京に於ける巡査の如く、親切にして且つ注意深く取扱ふことを得るや否や、吾人は頗る疑なき能はず、嗚呼日本の警察官は、實に善良なる警察官なりと言はざるを得ず。

レンホルム氏は以上の樣に、日本文明史中で日本の警察なる題下に、日本の警察を善美的に紹介して居る。即ちレンホルム氏は、日本の警察官は武士より成立する故、職務に熱心忠實で、且潔白だと言つて居る、乍併吾々は之を今日の實況に照して多少忸怩たらざるを得ない、昔時では或は氏の言の樣であつたであろうが、今尙之を以て能く是が眞相であると謂れるであろうか、今後警察官たる者は、益々相互に注意して、其美點を保持するのでなければ、遂には往古の名聲をして復た聞くべからざるに至らしむることなきを保しない。又擊劍の如きものも、今日果して氏の言ふ樣な、名聲を博し得らるゝであろうか、これ亦警察官諸君と共に、研究を要すべき所であると信ずるのである。

次ぎに余は、警察大尉ヘーン氏に關して一言しよう、こは曩に伯林に行はれたる巡査五十年祭擧行の際に、其五十年間の沿革史を編纂した、警察中尉シュミット氏の記したる一節で、即ち左の如く言つて居る。

警察大尉ヘーン氏は、日本に聘せられ最も力を日本警察の改善に盡して、天晴なる功名を爲せり、これ實に我伯林巡査隊の大なる名譽なり。

と、此の如き筆法で、特にヘーン警察大尉の肖像をも其五十年史中に揭げて、之を稱揚した上、更に言つてあるのに。

既に千八百八十六年に於て、警察大尉ヘーン氏は日本政府の依賴に應じ、日本警察の改善を圖るが爲めに派遣せられたり、彼は巡査敎習所の敎官たる警察曹長フイガスセウスキ氏と共に、東京に達して、日本の少壯なる警察官を養成する爲めに、東京に警察學校を創設し、氏の盡力に依り、日本に於ける警察の新組織の制定を見るに至れり。而して此學校を卒業したる生徒は、殆ど日本全國の諸處に分配せらるゝに至れり、此學校の數年の後に於て閉鎖さるゝや、ヘーン氏は日本全國に出張して、警察上の視察は勿論、自ら其新組織を監督し、是が改良を圖るが爲めには、其處に應じて適切なる劃策を當該官吏に提出し、又自己の經驗に基ける警察改良上の意見は、之を內務大臣に報告せり。氏は自己の抱持せる目的を殆ど六年間に於て成就し、功成り名遂げて、千八百九十一年再び伯林に歸りて、警察大尉の職に復し、方面監督官の任を帶ぶるに至れり。

此俊秀なる警察士官の成功と同時に、日本駐在獨逸公使フォルレーベン氏は、外務大臣閣下に向つてヘーン氏の事績を報告せり、其一節に徵するも、如何に彼の國に於て、當時氏が尊敬を受けしかを知るに足るべし、其一節に言へるあり。

ヘーン氏は、各の歡迎に於て又總ての時に於て、日本政府より大なる同情を以て迎へられ、非常に稱贊の意を表せられたり、彼の人格及行動が、古の普魯西官吏の嚴格なる態度に於て、官吏の忠實に事務を執るべき摸範を示し、大に日本警察の爲めに光輝を放つに至らしめたり。余は日本內地を旅行するに當り、其南たると北たるとに拘らず、上は縣知事より下は巡查に至る迄、警察官の階級の何れたるを問はず、ヘーン氏に對しては、將來に向つて益〻多福ならん事を祈る者の言を爲す事を屢ゝ耳にせり。　此事柄は日本政府よりヘーン氏に對して、如何なる贊辭のありしや否やを研究するの必要なきなり、否夫れより正確なることは、以上の事實を見て分明なるべしと思考す、故に余は茲に獨逸外務省に向つて、此報告を爲す所以なりと。

此有名なるヘーン警察大尉は千八百九十二年十二月に於て、二豎の侵す所となり逝去したるは、實に吾々伯林巡査隊に對し、非常なる苦痛を與へたりしなり。

蓋しヘーン氏は永き六年間異鄕に在りて、氣候の異るか爲めに、其身を侵され、遂に逝去せらるゝに至りしなるべし(此の如き言は、吾々日本人の頗る迷惑する所なれども、原文の儘なれば詮方なし。) 日本の首府東京に於ては、彼の爲めに特に紀念碑を建設し、其碑面は山縣侯爵の題辭にして、淸浦男爵の選文に係り、而して其碑陰には學校出身者の姓名を掲げたり。

茲に於て余は、更にヘーン氏の碑文に付て一言するの必要を認むるのである、其要點は即ち次ぎの樣である。

警察の態は規律にあり、警察の要は勤勉にあり、嗚呼普國警察大尉ヘーン氏は、實に一身を以て此二者を備へ、警察の師表たるに餘りありと謂ふべし、我國王政維新以來、諸事廣まれり、而して警察のこと只全美を盡す能わざるものあり、時に內務卿山縣伯即ち警察の事務に訓練を要するの必要を感し、遠く君を普國に聘す君の內務省にあるや、專ら警官練習に從事して、各府縣の警官を薰陶し、其間卒業生を出すこと凡そ五百五十三人、偶〻疾病に罹るも、務めて其業を執り、幾微も職を怠られしことなし、君は之を以て警察の勤勉を說きし而己ならず、其身是が儀表となれり、其生徒に接するや、些少のことも諄諄として敎へられたり、其口若しくは之に及ばざる時は、手槎を以て語り、授業に付ては一秒時間を誤らず、容貌端正其服は粗野を極めたれども、敢て汚を着けず、其靴は古色を帶びたれども、澤々として光りあり、君は只警察の規律を說くのみならず、其身自ら此等の摸範となれり古人の言は行を顧み、行は言を顧むと云ふは、君の謂にあらずや、君は敎授の暇には、全國の警察の實況を視察し、西は九州に赴き沖繩縣に航し、東は奧州の地方より北海道に至る、苟も其非なるものは、悉く擧げて之を處理し、其信ずる所は細大是が匡正を努められたり、君が我國の警察に於ける、直接に間接に其力を效したる所實に大なりと謂ふべし、故に我朝廷は君の功を表し、勳四等に叙し、旭日小綬章を授與せられ、次で又勳三等に進められたり、君の此土を去るに臨みて語るらく日本の警察は今や進歩の途に上れり、余は他日再遊して必ず刮目して之を見んと、其後余(清浦奎吾氏自から謂ふ)歐洲各國を巡遊するや、君伯林の警察方面監督たり、又余の爲に東道の主人となり、大に視察の便を與へられたり、而して余の歸朝してより、未だ幾干ならざるに君は病を以て伯林市に沒したり、實に我明治二十五年十二月三十日なり、此頃舊好の士相計りて碑を墨水に建て、以て君が功を不朽に傳へんとす、嗚呼君にして靈あらば、幽魂遠く來つて再遊の約を履め、只我輩の君を思ふの至誠は、希くは君を慰するに足るものあらん。

ヘーン氏は、此の如く獨り我國で尊敬を受くるばかりでなく、亦歐洲でも左樣である、惜むらくは余は遂に氏の謦咳に接することを得なんだが、敬慕の念は自ら禁ずる能はざる所である。 蓋し當時獨逸がヘーン氏の樣な、卓絶な良警察官を我國に派遣したのも、或は日本を開拓する外交的政策から、殊に同氏を選拔して、其招聘に應ぜしめたのであろう。 余の曩に彼地に在つて屢〻警察官と往來するや、談が偶ゝヘーン氏の事に及ぶと、皆言ふのに、氏は伯林でも最も有爲なる警察士官の一人で、其警察官の摸範的人物であることを稱揚した。　尙此頃舊刊の警察眼を閱するに、氏が伯林に歸朝の後、一時臨時代理として警察大佐の職を執つたことさへ記載して居る、こは余の彼地では曾て聞かなんだ所で、又伯林巡査隊五十年史にも其事を記載しないから、事の信僞は保し難いが、兎に角同氏が單に日本ばかりでなく、本國でも亦重きを置かれた、良警察官であつたことを知るに足るであろう。

尙これからヘーン氏の隨從者であつた、警察曹長フイガスセウスキ氏に付て一言しよう氏は千八百八十七年の春、我國の氣候が氏の身に適しなんだ爲め病に罹り任を解いて伯林警察隊に歸任したが、遂に千八百八十七年六月十日死去してしまつた、其際我　天皇陛下は特に勳六等旭日章を贈與せられて、千八百八十九年五月我警察官は、氏の未亡人に對して五千圓を醵出したと云ふことである。

次ぎに余の紹介しようと思ふのは、故伯爵ハンス氏の日本と日本人なる著書中に記載した一節である、本書の著者は軍人で、曾て我國にも來遊した人である、而して其書は再版迄も發行したるもので、其中に日本の警察を批評して、左の如く言ふてある。

余の青森停車場を去らんとするや、余は其出口にある憲兵の爲めに差止められたり、而して余は漸く通譯に依て、憲兵の希望する所を知るを得たり、其意蓋し余の旅行劵を檢せむが爲めなり、抑も日本の警察官は、此の如き點に付ては其監督頗る嚴重に過ぎ、屢々外國人の嫌忌する所となるも、概して日本の警察官は、實に懇切なる良警察官にして、吾人は之に對して同情を表せざるを得ず、日本の警察官は、全く獨逸主義に依りて組織せられ、憲兵も亦同樣なりとす。蓋し日本の憲兵及警察官は、世界中最良なる警察の組織に屬するものと言ふを憚らず、彼等は事務に巧妙なる良官吏なり、外國人は到る處に是等官吏の適切なる保護を受け又到る處に警察官を發見して、援助を請ふの機會を得べきなり。此の如き法律の保護者たる警察官吏は、既に其堅忍なる思想及秩序的なる歐洲的姿勢の制服なる二者に於て、世界に卓絶するものと稱するを得べきなり。余の見る所によれば、日本警察官の職務は、概して困難のものには非ざるなり、何となれば、日本人は數千年來の歴史に依り、一種の秩序的氣風に養成せられ、今日の社會的文明に馴致したるものにして、警察官吏は又　天皇陛下の名に於て法律を執行するが爲めに、日本人の政府に對する尊敬は、亦之に準ずべきものなればなり。又日本警察官は、其職務を行ふに當り、決して其職權を濫用することなく、概して活潑にして規則を重じ、皇帝の名に於て拘留を行ひ、拘留者たる者も亦能く其命令に服從せり、實に日本帝國の長足の進歩を爲したることは、此點に於ても、吾々歐洲人をして驚嘆せしむるに足る。

以上はハンス伯爵か批評したものであるが、此人は日本に留つたことが短日月なる爲めには、日本の事情に精通しなかつたから、前段のレンホルム氏の記事及巡査隊五十年史の樣に、重きを置くには足らないが、外形上の觀察に至つては、亦吾々の一顧に價せぬとは言はれぬ。

尙終りに臨みて外國人が日本の警察に對して、平生希望する所の些細なる點に付て、其二三の例を擧げんに、外國人が我警察に對して注意を望むものは、人力車夫の取締である、此取締に付ては、外國人の往々議論を試むる所で、曾て司法省顧問カークード氏からも、不平の聲を聞いたことがある、又先年來朝せられた、ボンベー警察長官も、人力車夫の不秩序に付て、余の許に親しく訴へ來たことがある。又余は彼の地で、曾て日本に在留して歸省した多くの獨逸人からも、屢〻此點に對する非難の聲を耳にしたる事がある。然れば人力車夫の取締は、尙一層之を嚴重にしなければならぬことは、內外人の何れに對するとを問はず、刻下の急務であると思ふのである。

三十五年四月余が歸朝の際、船の橫濱港口に入るや、先づ眼に映じたものは、白扇倒懸の芙蓉峰で余は實に此好風光に對して、愉快な感情を惹起したのは勿論、外國人も皆其絕景を賞して撮影を試むるものさへあつて、余は外國人に對し、何となく神州の好風景を誇るに足るの感さへあつたが、忽ちに銳く一の余の眼底に入つたのは、即ち一舟夫が裸體で、僅に襯衣を纏ひ烟管を咬へて船を漕ぐ者であつた、之を見た余の感覺は、實に愧恨の情を禁ずることが出來なんだ、其時余は船友獨逸人ウヱストフワーレン氏に對して、所感如何を尋ねたのに、氏は前に永く日本に在つて、此樣な狀態は屢〻眼に慣れて居たから、左程に怪まなんだが、他の紳士貴女は、彼の國風として他人の面前に皮膚を現はす事を大恥辱とするから、初めて貴國に來る者は、貴説の様に大に贊態するや必せりと答へた。嗚呼此の如く外國人が、先づ日本の第一關門である所の、横濱港で瞥見した一事は、彼等の頭腦を支配すべきもので其觀念は必ず我國人に對し、輕蔑の傾向を生ずるのは、實に已むを得ないことである、乍併これが我國今日の眞相で、亦如何ともすることは出來ないのである。

余は徒に形式的な、レンホルム氏ハンス氏等の甘言に服することなく、實質的に世界中卓絕の警察たる樣に努力しなければならぬ、而して此榮稱は斷じて未だ今日の我國警察の荷ふべきものではなくて、其是が域に達しようと思ふには、先づ以て警察官の氣風養成の點から實行し、漸次組織等の改善に及ぼすべきである、而して之が責任に當るべき者は、我警察官諸氏であるから、各自大に自重して、一日も速に其時期の到來することを、期せなければならぬ。

附錄　警視廳存續論

本論は第二十二帝國議會に於て、警視廳廢止論の熾なりし當時、余が其存續の必要なる所以を、論じた所の一篇である、兎角に警察の事は、理論や經驗を別にして感情一片より立論する人が多いから、何時復是等の議論が發生せぬとも限らぬ夫れ故余は本書の終りに之を附錄して、世人の參考に資せんとするのである。頃日警視廳廢止の議論頗る世に囂々なり、所論殆と採るに足ずと雖も、苟も一たび帝國議會の問題となりたる以上は、亦之を默視するに忍びず、乃ち左に其誤謬の點を指摘し、識者の公明なる判斷に任せんとす。尙末項附記する論說は、余の曾て新聞紙上に於て論難ありたる點を駁擊したる要旨なりとす、附記して以て參照の料に供す。

第一　時勢の進運と相伴はざる事

請願論者曰く、明治の初年政府の意見未だ確定せず、專ら中央集權の政治を要したる時代に在りては、警視廳の存在も無用ならざりしも、時勢の進運は、此制度の存續必要なきに至れり云々。

惟ふに時勢の進運に伴ひ、警察事務の日を追ふて劇甚に趨くは、火を見るよりも明かにして、殊に東京の如き人口は益〻増殖し、外人の來往は愈〻頻繁に向ひ、犯罪人の數は其增殖を加へ、特に行政警察の如きは、昔時に在りては其發達頗る遲々たりしも今や殖產工業の發達に伴ひ、各種の營業警察は最も其頻繁を加ふるに至り、且交通警察の如きも、交通機關の發達に隨ひ、其警察事務の範圍亦昔日の比にあらず、殊に衞生警察の如きは、殆ど昔日と其日を同くして語るべからざるものあるに至れり隨て警察吏員の數も自ら其不足を感ずるに至りしは、旣に輿論の等しく認むる所なり、此の如く警察事務の益〻繁劇なるは、愈〻警視廳存立の緊要なる所以を證するものなり。

論者又曰く、警視廳の創設は徒に佛國巴里の制に摸倣したるものなりと、蓋し當時川路大警視の警視廳創設建議書なるものを觀るに、西洋諸國に於ても其首府には警視廳の設けありて、府下の警察事務を管掌せり云々と、是を以て之を觀れは東京に警視廳を置きたるは、單に佛國の制に依りしにあらずして、廣く歐洲各國の制度を參照したるや明かなり。

之を聞く歐洲に於ける大都會に在りては、警視廳の設あらざるはなく、英國倫敦の如きは二個の警視廳を有し、尙獨逸國伯林の如きも、現にこれが設けあり。殊に獨逸國普魯西王國の如きは、伯林市よりも小都會に於て、到る處是が設けありて其數七箇所の多きに達せり、即ちケーニヒスブルグ、ステッチン、ブレスラウ、マグデブルグ、ハンノベル、フランクフルト・アム・マインツ、ケルン、の如き是なり、其他小警視廳とも稱すべき警察管理局の設けは十箇所以上に及べり。尙墺國に於ても、維納の外多數の警視廳の設けありと聞く。又米國の如きも、紐育其他の都府に於ては、獨立的警視廳の設けあることは、他の歐洲諸國に於けると異ならずと云ふ。

論者の稱するが如く、警視廳の存在は時運の進歩に伴はずとせば、文明國は何が故に警視廳の存在を認むるや、又之を諸國警察の沿革に徵するに、其初め警視廳の存在せざるも、世運の進歩に伴ひて新に之を設くるあるは、既に歷史の證する所なり倫敦又は伯林の如きも、古昔に在りては市に屬せしも其行動敏活ならざるが爲め遂に國家的警察機關を設くるに至りたり。倫敦に於ては市の警視廳あるも、歷史的特別の理由に基きたるものにして、其以外に倫敦都府全體に對し、別に都府警視廳の設けあるにあらずや。又小なる都會例へば白耳義ブラッセル等に在りては市長の下に屬する警視廳なきにあらざるも、大都會に於ける警視廳は、必ず國家的機關となすを以て常とす、但し紐育の如きは大都會なりと雖も、國體の然らしむる所市に屬するあるも、これ蓋し例外に屬する所なり。

以上述べたる所に依りて之を察するに、警視廳を獨立官衙として之を設くるは、寧ろ世運の進步に伴ふとも、敢て後れたりと云ふの理由を發見する能はず、余輩は寧ろ曾て板垣伯が主唱せし如く、世運の進步に伴ひ、大阪其他の大都會に於ても、新に警視廳增設の必要を認むるものなり。此の如く警視廳其物の存置は、時運の進步に伴ふべきは疑なき所にして、若し萬一我國の警視廳にして、時運の進步に伴はずとせは、是警視廳其物の罪にあらずして、寧ろ之に從事する吏員の責任なり、又其內容組織等に關しては、警察改善問題として之を研究して可なり、故に時運に伴はずとの論は、何れの點より觀るも、其根據なきものと言はざるべからず。

第二　權力濫用の弊ある事

請願論者曰く、警視廳を獨立官衙となすときは、勢ひ自己の勢力を擴張し、其權力を濫用するの弊に陷り易し、殊に警察權は他の行政事務と異りて、法規の束縛を受くること少く、認定を以て事を斷ずるの權あるが爲めに、不測の危害を釀すは、警視廳の歷史に付て其事例の證明する所にして、而して之を知事の管掌に屬せしめんか此弊なきに至るべし云々。

此論旨は蓋し左の四點に分つことを得る故に、各別に之を論究せんとす。

(一)獨立官衙とする時は自己の勢力を擴張し、其權力を濫用するの弊に陷る事。

(二)警察權は他の行政事務と異り、法規の束縛を受くる少く、認定を以て事を斷ずるの權を有するが故なりとの事。

(三)前二項の事實は警視廳の歷史に付て、其事例の證明する所なりとの事。

(四)若し警察事務を以て知事の管掌に屬せしめんか、知事は一般の行政を執行するものなるを以て、警察事務に偏するの弊なく、隨て其權力濫用の虞なきに至るべしとの事。

(一) 獨立官衙とする時は、自己の勢力を擴張し、其權力を濫用するの弊に陷るとの事に附て。

此點に付ては、我國も歐米も同様の事にして、余輩も亦警察權は、往々にして其權力を濫用するの弊害ある事に付ては、論者と其意を同くするものなり。然れども警察の職權は、之を獨立の官衙に委ぬると否とに依りて、左右すべきものにあらず、故に假令警察權を知事の管掌に歸するも、權力を濫用せんと欲せば、之を爲し得ざるの理由なし。而して警察の權力濫用を防止するの救濟方法は、行政訴訟行政訴願等是なり、故に萬一我國の警視廳にして權力濫用の弊ありとせば、或は行政訴訟法を改正し、或は行政訴願法を修正し以て是が救濟を講じて可なり、是を以て之を觀れは、反對論者の主唱する如きは、毫も警視廳廢止の理由とならざるなり。

（二）警察權は他の行政事務と異り、法規の束縛を受くること少く、認定を以て事を斷ずるの權を有するか故なりとの事に附て。

警察權が他の行政事務と異り、法規の束縛を受くること少く、認定を以て事を斷ずる云々の事は、論者の説蓋し其要を得たり、是警察行政の本來の性質の然らしむる所にして、警察が認定を以て事を斷ずるは、洋の東西を問はず固より其所なり。若し是が爲めに不測の危險を釀生する事ありとせんか、即ち警察應用の弊なり應用の弊を以て直に警視廳を廢せんとするは、是即ち一面に於て認定權あるが爲めに能く迅速に安寧を維持するの特色を、滅却するの暴論なりと言はざるべからず。抑も弊害を除去するは、監督權の作用に屬し自ら別問題なり、認定を以て事を斷ずるは、迅速に事を處理し、危害を未發に防ぐ所以にして、是蓋し警察の當然なる本能なり、若し夫れ認定權を有するが爲めに警視廳を廢止すべしと論ずるは、警察の本能を辯せざるの暴論なり、況んや認定を以て事を斷ずるの權力を有するが爲め、不測の危險を釀すと云ふは、其獨立機關たると否とに由りて、危險を釀すと否とを區別するの理由とならざるに於ておや、是寧ろ警察全般に通ずる弊害にして、單に警視廳其物の問題にあらず。故に是に對して萬一危險を生ずるの虞ありとせば、前項に依り是が救濟方法を講じて可なり、若し斯る理由に基き、警視廳を廢すべしと論ずるときは、陸海軍は至大なる權力を有するが故に、是等の官府をも、亦他の行政官府に合併せしめざるを得ざるの結論を生ずるに至らんのみ。

(三) 前二項の事實は、警視廳の歷史に徵し、其事例の證明する所なりとの事に

附て

假りに一歩を讓り、之を警視廳の歴史に付て其事例を證するとするも、慣習を改むることは、必しも歴史を飜すを要せざるが故に、歴史を以て警視廳を廢止するの理由とするは、全く感情論にして、恰も僧を惡んで其袈裟を惛むと一般なり、若し歴史にして不完全なる所あらんか、新に善良なる歴史を作製するに何の不可あらんや。

（四） 若し警察事務を以て知事の管掌に屬せしめんか、知事は一般の行政を執行するものなるを以て、警察事務に偏するの弊なく、隨て其權力濫用の虞なきに至るべしとの事に附て。

此點に付ては、曩きに時勢の進運と相伴はざるとの論難に對して辯じたるが如く警察行政は世運の進歩に伴ひ、都市の警察事務を知事に委任するの餘地を存せざるが故に、此問題は自ら消滅すべきものとす。況んや先きに論せし如く、假りに知事をして兼攝せしむるも、知事にして權力濫用の弊ある人物なるに於ては、其結果は果して何の擇ぶ處あらんや、殊に假令知事の管掌の下に屬するとも、其屬僚には助長的行政と警察行政の事務に從事する者とは、之を分離すべきものなるが故にこれが爲めに警察權の濫用の弊ありとせば、是亦免る能はざる所ならん。然れば此點より是が弊害を除去せんとするは、其根本を謬りたるの議論なりとす、之を要するに此問題は、唯だ警視總監其人の適材を得ると否とに依りて決すべき問題なり。

第三　事務の統一を缺く事

請願論者曰く、他の各府縣に於ては、一人の長官をして一般行政事務と共に、警察事務を兼攝せしむるが故に、能く其統一を保つを得るも、東京には府知事と警視總監と相對立するが故に、市民は殆ど其適從する所を知らざるの慨あり云々。

由來行政事務は、土地の狀況に由り之を組織するを要す、蓋し首府の警察事務と地方警察事務とを混同するは、既に根本に於て其比較を誤りたるものにして、是が理由は第四に論すべきも、若し論者の如く府廳及警視廳の兩官廳あるが故に、事務の統一を缺くことありとせんか、是行政の運用其宜きを得たるものと言ふべからず此點に於て余輩亦論者と其意を同くする處なきにあらず。然りと雖も若し市民にして適歸する所を知らざれば、宜く是が事務取扱方法を改良し、或は官制を改め以て市民の便宜を圖りて可なり、例へば電氣鐵道の出願事務若くは道路の使用等に關し、兩級官廳の許可を要する如きは、便宜上是が事務を何れかの一廳に委ね、其手續を省略して可なり。蓋し是等は畢竟するに事務取扱改善の方法問題にして亦毫も警視廳廢止の理由となすべからず、又假りに獨立官衙となす以上は、事務の種類に由りては、徒に便宜のみを圖ることを得ざるものなきにあらず、而して假令多くの中に斯るもの存在することあるも、是畢竟十中の一部に屬し、極めて例外に屬するのみ、例外を以て一般を論ぜんとするは、其根本に於て已に誤まれるものと言ふべし、例へば電氣鐵道の如きは內務省及遞信省に對し、出願に關する手續を要するが故に、遞信省をも廢して、是を內務省に合併せしめざるべからざるの論結を生ずべし。

第四　獨立官衙となすの理由なき事

之に關する論旨は、又左の三つに分離して觀察することを得。

(一)東京は帝國の首府にして警察事故頗る多く、隨て之に相當する吏員を置き警視廳を廢すべしとの事。

(二)高等警察事務は、警保局に一任するも可なりとの事。
(三)警視廳の威信失墜せりとの事。

（一） 東京は帝國の首府にして警察事故頗る多く、隨て之に相當する吏員を置き警視廳を廢すべしとの事に附て。

請願論者曰く、東京は帝國の首府なるを以て、警察事故繁多なりと、何ぞ夫れ自家撞著の甚しきや、既に警察事故多き以上は、自ら其獨立官衙の必要を生ずる所以にして、毫も警視廳廢止の理由とはならざるなり。抑も警視廳が殊に獨立官衙たるべき所以は、既に論者の自白せる如く、東京の地たる帝國の首府にして、宮城の在る處各國公使館の在る處にして、日を追ふて人口は增殖し、人事は愈〻複雜を極め、工業の發達、衞生の進步、一として警察事務に關聯せざるはなく、加之交通機關の發達に隨ひ、犯人は益〻出沒極まりなく、外人は年を追ふて來往頻繁となり一として警察事務の劇甚を來たす原因とならざるはなし、而して斯る狀況は、他の都府に觀ること能はざる東京の特色にして、又各國首府に於て警視廳を以て獨立の官衙となす所以蓋し此理由に基くものなり。

請願論者又曰く、警察事故多ければ、之に相當する吏員を置きて可なりと、是亦自家撞著の論なりとす。既に吏員多ければ是が監督を要する益〻繁多なるは自然の數なり、從來敏腕なる警視總監も屢〻其職に在りしも、尙且監督上遺憾なきを免れず、若しこれに加ふるに、從來東京府廳の所管事務をも合せ監督せしむるとせば、事務は自ら澁滯に陷り易く、適切なる監督は得て望むべからざるなり。

(三) 高等警察事務は、警保局に一任するも可なりとの事に附て。

請願論者曰く、若し强て政府に於て、高等警察事務を直轄するの必要ありとせば、別に警保局の設けあり、何ぞ警視廳を獨立せしむるの要あらんやと。蓋し警視廳官制を案ずるに、其第一部に於ては警察署事務、刑事警察事務、其第二部に於ては營業風俗交通等の事務、其第三部に於ては衞生事務、其消防署に於ては消防事務を管轄し、所謂高等警察事務は官房に三課を設け、僅に其一課たるに過ぎず、故に公平に之を論ずる時は、高等警察事務の如きは、警視廳全體より觀察すれば、其一小部分の事務たるに過ぎず、故に假りに論者の如く、之を警保局の管掌に屬せしむるとするも、是が爲めに毫も警視廳警察事務減少の大理由となるものにあらざるなり、然れば此點に付ては、殆ど之を論ずるの必要なきなり、況んや其所謂高等警察事務に屬する吏員は僅に數人に過ぎざるに於ておや。

(三) 警視廳の威信失墜せりとの事に附て。

請願論者又曰く、近來警視廳の威信頗る失墜し、東京市民に信頼の念なしと、是畢竟するに感情の論にして、殆ど之を辯駁するの價値を見ざるなり、之を以て警視廳廢止の理由とするが如きは、徒に感情に依りて國家の機關を論議する淺薄論者にして、余輩の首肯し得ざる所なり。又九月五日の東京騷擾事件の際、警察官が妄りに人を殺傷したりとの論難は、毫も警視廳廢止の理由となるものにあらず、若し警察官にして不法の行爲ありとすれば、國家には檢察官の設けあり、宜く其の不法行爲を檢擧して可なり、又警察官にして當時其措置を過まりしものありとせば、監督官は宜く是が處置を匡し、免職若くは懲戒等の方法に據り、之に制裁を加へて可なり然れば是亦毫も警視廳廢止の理由とするに足らざるなり。

之を要するに、萬一警視廳を以て東京府廳に合併するものとせば、實際上其結果の良好ならざるは鏡に懸けて見るが如く、所謂二兎を追ふて一兎を獲ざるの迂を學ふに過ぎざるなり。蓋し警視廳は一時の警視廳にあらずして、國家の神聖なる警察機關なり、徒に一時の感情に驅られ、根據なき議論を試み、之を廢止せんとするが如きは、余輩の深く遺憾とする所なり。

警視廳存廢說 (明治三十一年八月起稿)

東京の地たる帝國の首府にして宮城の在る所、各官廳の設けある所、各國公使館の存在する所、年を追ふて住民は益〻增殖し、人事は愈〻紏紛し、工業の發達衞生の進步、一として警察事務に關係を有せざるものなく、交通機關の發達に伴ひ犯人は益〻出沒極りなく、政治上に關係せる事件の如き、東京に發するものは忽ち地方に波及し、高等警察上より見るも東京は政治上の中心にして、帝國議會の設けある所、政黨事務所の存在する所たり、是より內地雜居の期に際せんか、警察事務の益〻複雜を極むるに至るべきは、鏡に懸けて見るが如し。歐洲諸國に於て、佛蘭西の如き、獨逸の如き、巴里、伯林等の首府は勿論、其他重なる都市に於て、夙に警視廳を設けたる所以、偶然に非ざるなり、歐洲の如き自治の精神發達し、公共心の進步せる邦國に於てすら尚且然り我國に於ては社會は漸次進步せりと雖も、未だ歐米の如く完全なる自治心の發達を見ず、然れば是が爲に警察事務の輕減せらるゝ理由なし、況んや高等警察事務の如きは、常に政治上の變動に注目し、萬一の虞なき樣平素に於て充分之に注目せざるべからず、殊に是より內地雜居に際し、外國人出入し、或は軍事の偵察を試み、或は政治上の視察をなす者あらんか、警察は益ゝ是が注意を怠るべからず、或論者の如き單に政府は人民の政府となり、警察は人民と戰ふの必要なきの理由を以て警視廳を廢すべしと論じたる如きは、實に謂はれなき論據なりと言ふべし。論者或は曰く、今日の如き保安條例を廢したる時代に際しては、高等警察事務は益ゝ減却せんと、然れども假令保安條例を廢したりとするも、警察官は不休不眠常に不時の虞なき樣注目せざるべからず、然れば警察の實際上は、毫も裏面の觀察を怠るべき限りに非ざるなり。或は言はん、高等警察は內務省警保局に於て主管すべしと、警保局の事務は、今に於て尙非常に繁忙なりとす、之に加ふるに東京警察事務を直轄する如きは、實際言ふべくして行ふべからざるなり。

論者或は警視廳創設の理由を論じて曰く、川路利良曾て命を奉して佛國に遊び、偶ゝ佛國に於ては人心動搖警察の職は、主として政府に異心ある者の、擧動を精細に偵察するにあるを以て、當時偶ゝ我國に於ても維新革命の後を承け、人心恂々不平の士族到る所に伏在し、政府顚覆の企畫をなす者多く、隨て當時の事情に徵する時は東京に警視廳を創設するの必要ありしと。然れ共余輩の見る所に由れば、當時川路氏の說く所を聞くに、警察は國家平常の治療なり、能く良民を保護し內國の氣力を養ふ者なり、故に古より、帝權を盛にし、版圖を廣めんと欲する者は、必ず先づ茲に注意せり、一世那翁是なり、方今普魯西の威武を世界に輝すも、警察を以て能く內政を治め常に能く外國の事情を探れり、故に佛蘭西の强國も終に敗れたりと言ふにあり。其他警視廳創設建議書を見るも、西洋諸國に於ても、其首府には警視廳を設け、府下の警察事務を管掌せり云々とあり、以て知るべし東京に警視廳を置くに至りたるは、單に佛國の形勢に鑑みたるに非ずして、廣く歐洲各國の制度を參照したるや明かなり。

或は說をなす者あり、我國の警察は歐米の警察に比し嚴格にして、歐米諸國の警察が何が故に人民と相親み、我國の警察は何が故に此の如く人民に畏怖せられたりやと云ふに、昔時は不平士族に對し警察權を施行し、其後に至り、人民壓抑に力を致せるに原因せり、然れども時世は政府と人民と相親むべきに至れり、故に今や警視廳は廢止すべしと。　按するに警察の沿革は、洋の東西を問はず、社會の未だ進歩せざる際に於ては、權力の應用多かりしは、之を事實に照して明かなり、獨逸の如き十八世紀の政術は、公益の最上策として、國家權力の外其他を知らざりしなり、換言せば個人及團體自立の行爲に付ては、又一の餘地を見ざりしなり、而して憲法發布の後立憲國家たるに至り、茲に初めて個人自由を認めらるゝに至りしなり、而して是獨り獨逸のみならず、各國亦之に準す。　我國警察の實際を顧るも亦此の如し、試みに現時の警察を昔時の警察に比するときは、警察の人民に對する待遇上に於る措置、人民の警察に對する感情共、雲泥の差を生ずるに非ずや、然れば歐洲の警察の親むべくして、我國現時の警察の、嚴格なるは、國家文明程度の問題に屬し、我國に於ても漸次歐洲の如き傾向を、呈するに至るは論を待たざるなり。　數歩を讓り論者の說の如く、東京に警視廳を置きたるは佛國政事上の理由に胚胎すと言はゞ、今日人權の最も發達し、共和政治の制度を採れる佛國に於て、何の必要ありて、特に巴里に警視廳を設くるを要せん、然れば假令今時に於て政府が人民と親むに至りたりとするも、警視廳廢止の理由とはならざるなり。　又或論者の如き、今の政黨中の政治家は、大抵一度は警視廳の爲めに罪人視せられ要するに警視廳の來歷は、今の政黨と兩立すべからざるものにして、此來歷は一たび警視廳を廢止するに非ずんば、滅盡すべからずと、是所謂僧を惡んで袈裟に及ぶと同論のみ、警察事務の當時干涉主義を採りたるの適否は、茲に之を論ずるの必要なし、警視廳にして其事務上之を設くるの必要あれば之を存續せんのみ、何ぞ沿革の何たるを問はん、又旣に警察事務上之を存續するの必要ありとせば、弊所は之を改め益〻改善の途を講ずべきのみ、何ぞ之を廢止するを要せん。　論者槪ね高等警察事務の減少を以て、警視廳廢止の理由となせり、然れども將來高等警察事務の減せざることは、先に述べたるが如く條約改正後に於ける外國人關係等に照して明なり、又假令高等警察事務は減せりとするも、行政警察事務の益〻頻繁なるべきは明にして、森林警察、鑛山警察、田野警察、鐵道警察、狩獵警察、漁業警察は勿論、殊に工場警察、營業警察等の如き、寧ろ愈〻頻繁を來すべきなり。　尙司法警察の如きも、人權の發達と共に大に權域を明かにし法律勅令の範圍内に於て嚴正に警察權を執行せざるべからざるを以て、司法警察事務は益〻發達せしむべきの必要あり、其他衞生警察の如き、殊に傳染病豫防の事務増殖するが爲め、大に改善を要すべきものあり、然れば論者の如く、單に高等警察を以て立論の根據となすは、其當を得たりと云ふべからず。 東京は全國の中心にして、警察事務の他府縣に比し非常に錯雜せるは、先に述べたるが如し、而して今若し假りに府縣をして之を兼ねしむるとせんか、到底機敏なる警察事務の實を擧ぐること能はざるのみならず、人民に及ぼす不便は推して知るべきなり。

論者或は曰く、警視廳は之を廢せざれは、兩廳の事務互に重複して無益の手數を煩はすことあり、戶口、民籍、交通、衞生等に關する事項の如き、道路規則の如き是なりと是謂はれなきの議論にして、內務行政と警察の事務とは、府縣共に內務部警察部として兩立し、以て事務の權限を明にせり、而して、警視廳は猶府縣廳の警察部の如し然れば人民にして二重の手續を要する場合は、便宜上之を改むべきのみ、論者の說の如きは、郡役所と警察署も遂に之を合併せざるべからざるの論結を生ずるに至らん論者或は鐵道廳と鐵道局の關係を以て、警視廳を論ずる者ありと雖も、鐵道事務と警察事務は日を同くして語るべからざるなり。

警視廳は明治七年一月之を創設し、明治十年一月之を廢したりしも、是經費節減の爲めに非ずして、他に理由ありて存す、然るに明治十四年一月復び警視廳を設け、正副總監を置けり、是畢竟東京は帝國の中心にして、之を再置するの必要を生じたるに由るなり、明治二十四年四月一日官制を改正し、大に冗員を省き、一時に奏任官以下雇員に至る迄、三百四十餘名を休退せしむ、其後に至り再び組織を縮少し、遂に今の狀況を呈するに至れり。而して今日の制度は寧ろ人員の不足を生ずるに至るを是より警察事務は益〻頻繁を加へ、人權の保護は愈〻愼重を要せざる可らざるを以て、警視廳現時の實況は寧ろ之を擴張すべきも縮少する事を得ざるなり。外國人の我國警察に對する感情は、其の生命財產の保護に對し、危惧心を抱くも、安堵の念を生ずる事なきやの風說あり、是畢竟誤解の然らしむる所にして、敢て省るに足らずと雖も、人權自由の發達せる彼國に於てすら、警視廳の設けあるに係らず、今や我國に於て之を廢止するに至ては、徒に彼等に對し危惧心を抱かしむるものにして、國際上より論ずるも、適切なる處置なりと言ふを得ざるなり。

尙假に警視廳を廢し、これが爲め若干の經費を節減せりとするも、一方に於て爲めに犯罪捜査の成績其宜きを得ず、火災の虞多き等警察の不取締を來すに於ては、合併の效何くにかある、今日に於て警察事務の進歩は尚遲々たり況んや之を以て東京府廳に合するに於ては、斷じて今日に優るの改良を期すべからざるなり。或は言はん他の府縣に於ては、知事は警察長官として毫も事務の不都合を來さずと、地方の警察を以てこれを東京の警察に比するは、既に其比較の標準を誤りたるの甚しきものなり、警察事務の統計住民の數以て證明すべきなり。之を聞く墺國の如き五箇所に警視廳の設けありと、以て知るべし歐洲に於ては首府に非ざるも、尚重要なる都市には獨立警視廳の設けあるを。今假りに數歩を讓り警視廳を東京府に合併するとなすも、人員を減するの理由なし、何となれば警察事務の改良は、今後益〻必要にして、時期正に切迫せり吏員は寧ろ之を增加せざるべからざるなり、況んや論者の所謂高等警察の事務に從事せる吏員の如きは、其數實に僅少なるに於ておや。又假りに經費節減の爲め多少之を減じ得るとするも、警察官と府廳吏員とは、全く其性質を異にするが故に、兩官之を兼ぬるは到底なし得ざる所なり、而して警視廳は之を獨立せしむるも吏員は尚減じ得らるべきなり。

論者又曰く、吾人は民心を一新するを要する新政府が、第一著手の施設として、敢て警視廳廢止案の斷行を政府に勸むるものなりと、余の信ずる所に據れば、此の如き斷行は暴斷にして、寧ろ警察事務の敏活を缺き、其結果人民の安寧を妨ぐる者と言ふべし、故に願くは刷新の方法に依り、人心を新にするの便なるに如かざるなり。

論者或は曰く、警視總監の職は知事を以て之に代へ得べしと、然れ共東京警察事務の頻繁なる知事をして、之を兼攝せしむるに於ては、爲めに機敏を缺くの虞あるのみならず臣民の權利自由に直接關係ある警察事務に對しては、其頻繁なるに隨ひ又之に伴ふの長官を要すべきは必然の理なり、且警察社會には、他に比し最も嚴正なる規律を要す、上は警視總監より下は巡査に至る迄、一貫の制度ならざるに於ては、多數の部下に對し規律を維持すること能はざるなり、況や警察の職務は、殊に監督の實ありて始めて其效を奏すべきに於てをや。 現今警視總監監督の下に立つへき巡査三千人、加之に警視、警部、典獄、看守長、看守、消防士、警察醫、警視屬を以てせば其數實に枚擧するに遑あらざるべし。 或は言はん、警視總監なきも知事にして地方の如く、部下に警察專務官を置けば、敢て差支を生せずと、是大なる誤なり、既に知事にして監督官たる以上は、上は高等警察より下は營業の許否に至る迄、知事に於て之を掌握せざるべからず、而して殊に晝夜間斷なき警察事務は、通常吏員に於て掌握し得べき限に非ず、隨て到底知事に於て兼攝するを得ず。之を聞く墺國維納英國倫敦警視廳の如きは、總監の外尙勅任副總監の設けありと。又知事の職と警視總監の職とは、全く其趣を異にするを以て、其知事に適する者必しも總監に適せず、而して一人にして兩職に適する者は、到底得て望むべからず、此點より見るも、警察の實を擧げんと欲せば、必ず警視總監を置くの必要あり。或は說をなす者あり東京は宮闕の下なるが故に、警視總監を置くの必要ありとせば、尙一層愼重を要する爲め、內務大臣に於て直接當るべしと、是極端論の甚敷者にして、殆ど之を辯妄するの價値なし。要之に警視廳は、時世の進步に伴ふて益〻之を必要とするものにして、之を廢せんとするに至ては、殆ど其理由のある所を知る能はざるなり。

警察叢譚 終

明治四十年三月七日印刷
明治四十年三月十日發行
明治四十年四月十日再版發行

禁漢譯

警察叢譚奥附
定價金八拾錢

著者　松井茂
發行者　葉多野太兵衛
東京市神田區今川小路二丁目四番地
印刷者　山田英二
東京市小石川區久堅町百八番地
印刷所　博文館印刷所
東京市小石川區久堅町百八番地

發行所
東京市神田區今川小路二丁目
淸水書店

法學士　松井　茂先生著書目錄

●各國警察制度沿革史
菊版全一冊
正價金貳拾五錢
郵稅金四錢

●各國警察制度
菊版全一冊
正價金參拾錢
郵稅金四錢

●警察叢譚
菊版全一冊
定價金八拾錢
郵稅金八錢

●消防叢譚
菊版全一冊
定價金四十錢
郵稅金六錢

●日本警察要論
菊版全一冊
定價金六十五錢
郵稅金八錢

警察叢譚　　別巻 1422

2024(令和6)年9月20日　　復刻版第1刷発行

著　者　松　井　　茂
発行者　今　井　　貴
発行所　信　山　社　出　版
〒113-0033　東京都文京区本郷6-2-9-102
モンテベルデ第2東大正門前
電　話　03 (3818) 1019
ＦＡＸ　03 (3818) 0344
郵便振替　00140-2-367777(信山社販売)

Printed in Japan.

制作／(株)信山社，印刷・製本／松澤印刷・日進堂

ISBN 978-4-7972-4435-9 C3332

別巻　巻数順一覧【1349 ～ 1530 巻】※網掛け巻数は、2021 年 11 月以降刊行

巻数	書　名	編・著・訳者 等	ISBN	定　価	本体価格
1349	國際公法	W・E・ホール、北條元篤、熊谷直太	978-4-7972-8953-4	41,800 円	38,000 円
1350	民法代理論 完	石尾一郎助	978-4-7972-8954-1	46,200 円	42,000 円
1351	民法總則編物權編債權編實用詳解	清浦奎吾、梅謙次郎、自治館編輯局	978-4-7972-8955-8	93,500 円	85,000 円
1352	民法親族編相續編實用詳解	細川潤次郎、梅謙次郎、自治館編輯局	978-4-7972-8956-5	60,500 円	55,000 円
1353	登記法實用全書	前田孝階、自治館編輯局(新井正三郎)	978-4-7972-8958-9	60,500 円	55,000 円
1354	民事訴訟法精義	東久世通禧、自治館編輯局	978-4-7972-8959-6	59,400 円	54,000 円
1355	民事訴訟法釋義	梶原仲治	978-4-7972-8960-2	41,800 円	38,000 円
1356	人事訴訟手續法	大森洪太	978-4-7972-8961-9	40,700 円	37,000 円
1357	法學通論	牧兒馬太郎	978-4-7972-8962-6	33,000 円	30,000 円
1358	刑法原理	城數馬	978-4-7972-8963-3	63,800 円	58,000 円
1359	行政法講義・佛國裁判所構成大要・日本古代法 完	パテルノストロ、曲木如長、坪谷善四郎	978-4-7972-8964-0	36,300 円	33,000 円
1360	民事訴訟法講義〔第一分冊〕	本多康直、今村信行、深野達	978-4-7972-8965-7	46,200 円	42,000 円
1361	民事訴訟法講義〔第二分冊〕	本多康直、今村信行、深野達	978-4-7972-8966-4	61,600 円	56,000 円
1362	民事訴訟法講義〔第三分冊〕	本多康直、今村信行、深野達	978-4-7972-8967-1	36,300 円	33,000 円
1505	地方財政及税制の改革〔昭和12年初版〕	三好重夫	978-4-7972-7705-0	62,700 円	57,000 円
1506	改正 市制町村制〔昭和13年第7版〕	法曹閣	978-4-7972-7706-7	30,800 円	28,000 円
1507	市制町村制 及 関係法令〔昭和13年第5版〕	市町村雑誌社	978-4-7972-7707-4	40,700 円	37,000 円
1508	東京府市区町村便覧〔昭和14年初版〕	東京地方改良協会	978-4-7972-7708-1	26,400 円	24,000 円
1509	改正 市制町村制 附 施行細則・執務條規〔明治44年第4版〕	矢島誠進堂	978-4-7972-7709-8	33,000 円	30,000 円
1510	地方財政改革問題〔昭和14年初版〕	高砂恒三郎、山根守道	978-4-7972-7710-4	46,200 円	42,000 円
1511	市町村事務必携〔昭和4年再版〕第1分冊	大塚辰治	978-4-7972-7711-1	66,000 円	60,000 円
1512	市町村事務必携〔昭和4年再版〕第2分冊	大塚辰治	978-4-7972-7712-8	81,400 円	74,000 円
1513	市制町村制逐条示解〔昭和11年第64版〕第1分冊	五十嵐鑛三郎、松本角太郎、中村淑人	978-4-7972-7713-5	74,800 円	68,000 円
1514	市制町村制逐条示解〔昭和11年第64版〕第2分冊	五十嵐鑛三郎、松本角太郎、中村淑人	978-4-7972-7714-2	74,800 円	68,000 円
1515	新旧対照 市制町村制 及 理由〔明治44年初版〕	平田東助、荒川五郎	978-4-7972-7715-9	30,800 円	28,000 円
1516	地方制度講話〔昭和5年再版〕	安井英二	978-4-7972-7716-6	33,000 円	30,000 円
1517	郡制注釈 完〔明治30年再版〕	岩田德義	978-4-7972-7717-3	23,100 円	21,000 円
1518	改正 府県制郡制講義〔明治32年初版〕	樋山廣業	978-4-7972-7718-0	30,800 円	28,000 円
1519	改正 府県制郡制〔大正4年 訂正21版〕	山野金蔵	978-4-7972-7719-7	24,200 円	22,000 円
1520	改正 地方制度法典〔大正12第13版〕	自治研究会	978-4-7972-7720-3	52,800 円	48,000 円
1521	改正 市制町村制 及 附属法令〔大正2年第6版〕	市町村雑誌社	978-4-7972-7721-0	33,000 円	30,000 円
1522	実例判例 市制町村制釈義〔昭和9年改訂13版〕	梶康郎	978-4-7972-7722-7	52,800 円	48,000 円
1523	訂正 市制町村制 附 理由書〔明治33年第3版〕	明昇堂	978-4-7972-7723-4	30,800 円	28,000 円
1524	逐条解釈 改正 市町村財務規程〔昭和8年第9版〕	大塚辰治	978-4-7972-7724-1	59,400 円	54,000 円
1525	市制町村制 附 理由書〔明治21年初版〕	狩谷茂太郎	978-4-7972-7725-8	22,000 円	20,000 円
1526	改正 市制町村制〔大正10年第10版〕	井上圓三	978-4-7972-7726-5	24,200 円	22,000 円
1527	正文 市制町村制 並 選挙法規 附 陪審法〔昭和2年初版〕	法曹閣	978-4-7972-7727-2	30,800 円	28,000 円
1528	再版増訂 市制町村制註釈 附 市制町村制理由[明治21年増補再版]	坪谷善四郎	978-4-7972-7728-9	44,000 円	40,000 円
1529	五版 市町村制例規〔明治36年第5版〕	野元友三郎	978-4-7972-7729-6	30,800 円	28,000 円
1530	全国市町村便覧 附 全国学校名簿〔昭和10年初版〕第1分冊	藤谷崇文館	978-4-7972-7730-2	74,800 円	68,000 円